유·초이음교육 혁명

일러두기

- 이 책에서는 폭넓은 이해를 돕기 위해 아이의 나이를 2가지로 구분하여 표기했습니다. 1부에서는 유·초이음교육이라는 국가 교육 정책과의 연계를 고려하여 만 나이(만 3~5세)로 표기하되, 일부 필요하다고 판단한 경우에만 세는 나이(5~7세)로 표기했습니다. 이어서 2부에서 5부까지는 세는 나이를 우선적으로 표기하되, 역시 일부 필요하다고 판단한 경우에만 만 나이로 표기했습니다.
- 이 책에 등장하는 사례들은 교육 현장에서 만난 다양한 인연들을 바탕으로 재구성한 내용으로, 모두 가명을 사용했습니다.

5~7세 부모가 지금 가장 먼저 알아야 할 새로운 교육 패러다임

유·초이음 교육 혁명

허승희 지음

whale books

프롤로그

5~7세, 유·초이음교육으로
아이의 첫 전환기를 준비하라

"우린 준비할 건 다 했으니, 학교에 가면 잘 지내겠지."

아이의 초등 입학을 앞둔 부모님들이 흔히 하는 말입니다. 사실 저 역시 그랬습니다. 지금까지 유치원에서 아무 탈 없이 잘 지냈으니, 초등학교에 들어가서도 스스로 준비물을 잘 챙기고, 수업 시간에 자리에 잘 앉아 있고, 급식도 잘 먹고, 친구와도 잘 지내겠지… 자연스럽게 학생이 되어갈 거라 믿었지요. 그런데 정작 마주한 현실은 크게 달랐습니다.

"엄마(아빠), 나 유치원으로 다시 가면 안 돼?"
"선생님이 나한테만 뭐라고 하는 것 같아."
"친구들이랑 노는 게 어려워……."

아이는 낯선 환경 앞에서 당황하고 두려워하며 때로는 자신감을 잃어버립니다. 그제야 깨달았습니다. '학교에 들어간다고 해서 저절로 괜찮아지는 건 아니구나…….'

아이의 첫 전환기, 5~7세

유아기에서 초등기로 넘어가는 길목의 나이인 5~7세는 아이 인생에서 처음으로 맞이하는 '전환기'입니다. 자기중심의 자유분방한 사고에서 벗어나 규칙 중심의 생활을 배우고 새로운 관계가 정립되는 시기지요. 스스로 선택하고 책임지며 실패와 회복을 경험하는 시기이기도 합니다. 그런데 이 변화는 아이에게만 낯설지 않습니다. 부모에게도 처음 맞닥뜨리는 도전입니다. 언제까지 도와줘야 하고, 언제부터 한발 물러서야 할까요? 무엇을 우선으로 가르쳐야 할까요? 바로 이 지점에서 많은 부모님이 불안해하고 흔들립니다.

저는 20여 년 넘게 초등 교사로 재직하면서 1학년 담임을 꽤 많이 맡았습니다. 그런데 최근 몇 년 사이에 아이들의 모습이 예전과는 달라졌다는 사실을 분명히 느낍니다. 다음과 같은 질문들이 저의 머릿속과 마음속을 떠나지 않을 정도로 말이지요.

왜 아이들이 자기 스스로 할 줄 아는 게 점점 줄어들까?
왜 아이들이 자기 생각을 표현하기를 주저할까?
왜 아이들이 자주 아프다고 호소할까?
왜 아이들이 "못 해요. 안 할래요"라는 말을 입에 달고 살까?

엄마이자 교사로서 바라보고 경험한 '유·초이음'

저는 유아 교육과 초등 교육을 모두 전공한, 지금은 초등 교사로 일하면서 4남매를 키우고 있는 엄마입니다. 첫째는 고등학생, 둘째는 중학생, 셋째는 초등학생이며, 막내는 아직 7세 유치원생으로 막내를 키우며 다시금 유아기의 중요성을 뼈저리게 느끼고 있습니다. 그래서 이 책을 쓰는 동안에도 자연스레 유아기를 더욱 애정 어린 눈으로 바라보게 되었지요. 유아기의 경험을 통해 키우는 힘이 초등까지, 아니 그 이후까지 이어진다는 사실을 누구보다 가까이에서 봤기에 저는 이 이야기를 꼭 부모님들과 나누고 싶었습니다.

아이 셋을 이미 초등학교에 보내거나 졸업시켰고, 막내의 입학을 준비하는 지금까지 저는 10번이 넘는 입학식을 치렀습니다. 입학식 전문 엄마라고 농담처럼 말하곤 하지만, 사실 그만큼 저는 부모로서 아이들의 전환기를 직접 겪으며 무엇이 필요한지를 실감해온 사람입니다.

교사로서의 관찰과 엄마로서의 경험이 맞물리며 저는 확신하게 되었습니다. 아이가 초등학교라는 새로운 세계에 잘 서기 위해서는 단순히 체크 리스트에 따라 입학 준비를 하는 것이 아니라 '유·초이음'이라는 다리를 단단히 놓아줘야 한다는 것을요.

유·초이음교육, 양육과 교육을 잇는 새로운 패러다임

'유·초이음교육'은 유아 교육 기관에서 초등학교로 이어지는 시기를 끊기지 않고 자연스럽게 연결해주는 과정에서의 교육을 뜻합니다. 이를 위해 교육부는 '유·초이음학기'를 도입했습니다. 사실 정책만으로는 부모가 가정에서 실질적으로 무엇을 해야 할지 와닿지 않습니다. 그래서 저는 이 책에서 국가 정책의 개요를 토대로 하되, 21년 차 교사로서의 실천, 4남매를 키운 18년간의 육아 경험에 유·초이음 선도 교사로서의 관찰과 해석을 덧붙여 부모와 아이의 삶과 현실에 직접 닿을 수 있도록 내용을 풀어냈습니다. 이 책은 부모가 아이를 초등학교에 잘 적응시키기 위해 읽어야 하는 단순한 준비서가 아닙니다. 유·초이음이라는 지금껏 숨겨졌다가 이제 재조명된 시기를 통해 아이가 변화무쌍한 세상을 살아갈 힘을 기초부터 다질 수 있도록 돕는 실천 안내서입니다.

저는 유·초이음 시기, 즉 5~7세 아이에게 반드시 길러줘야 할 힘을 다음과 같이 3가지로 정리했습니다.

- **생활의 힘**: 자기 물건을 스스로 챙기고, 약속을 지키며, 하루 일과를 관리하는 자립심
- **정서의 힘**: 자기감정을 표현하고 조절하며, 친구와의 갈등을 해결하고 관계를 맺는 힘
- **학습의 힘**: 놀이와 탐구를 기반으로 배우는 즐거움을 발견하고, 실패를 두려워하지 않고 다시 도전하는 태도

3가지 힘은 교육부가 제시한 유·초이음교육의 4대 기초 역량(신체 운동, 생애 학습, 자기 조절, 사회 정서)과도 맞닿아 있으며, 결국 아이가 학교에서 행복하게 배우고 지내는 데 탄탄한 기반이 되어줍니다.

5~7세 아이를 둔 많은 부모님은 걱정합니다. 우리 아이만 느린 건 아닐까, 혹시 부모로서 내가 중요한 것을 놓치고 있는 건 아닐까, 초등학교 입학 준비는 언제부터 해야 할까… 이러한 불안은 지극히 자연스러운 마음이지요. 하지만 불안을 그대로 두기보다는 준비된 자신감으로 바꿔가는 것이 부모의 몫이라고 생각합니다. 저는 불안을 자신감으로 바꾸는 그 길을 안내하기 위해 이 책을 썼습니다.

부모는 완벽할 필요가 없습니다. 아이와 함께 때로는 실수도 하고, 때로는 지치기도 하면서 결국 아이의 성장에 튼튼한 다리를 놓아주는 사람, 그런 존재가 부모지요. 다리를 건너는 동안 아이는 스스로 힘을 키워나가고, 부모는 그 곁에서 가장 든든한 동반자가 되어줄 것입니다.

이 책은 부모님만을 위한 책이 아닙니다. 유치원과 어린이집 교사, 초등학교 교사에게도 유·초이음교육의 현장을 알고 이해하여 적용할 수 있는 지침이 될 것입니다. 정책과 현장을 잇고, 또 양육과 교육을 잇는 최초의 실천서로, 저는 이 책이 5~7세 아이의 첫 전환기를 가장 든든하게 지켜줄 거라고 믿습니다.

이제, 우리 아이의 첫 전환기를 준비할 시간입니다. 부모가 길을 열어주면 아이는 스스로 나아갑니다. 《유·초이음교육 혁명》이 그 여정의 시작을 함께하겠습니다.

차례

프롤로그 5~7세, 유·초이음교육으로 아이의 첫 전환기를 준비하라   005

1부   5~7세 아이를 위한 새로운 성장 공식, 유·초이음교육

01	유아 만 5세 반과 초등 1학년, 어떻게 다를까?	017
02	10년 전 초등 1학년과 요즘 1학년, 무엇이 다를까?	025
03	유·초이음교육으로 새롭게 준비하는 초등 입학	030
04	혼란을 성장으로 이끄는 유·초이음교육	037
05	유·초이음교육을 알고 실천할 때 일어나는 놀라운 변화	042
06	5~7세 아이에게 꼭 키워줘야 할 3가지 힘	050
	* 유·초이음교육 기초 역량 체크 리스트	061

2부 5~7세 아이를 성장시키는 유·초이음 혁명 코드 I. 생활의 힘

01	유아기 vs 초등, 생활의 힘은 어떻게 다를까?	065
02	생활의 힘이 부족할 때 생기는 일	070
03	가정에서 생활의 힘을 키워주는 방법	076

방법 ① 루틴 만들기 077 · 방법 ② 일상생활 약속 정하기 087 · 방법 ③ 아이의 자립을 이끄는 생활 습관 6가지 094 · 방법 ④ 건강한 몸 만들기 118 · 방법 ⑤ 일상 관리하기 126 · 방법 ⑥ 집안일하기 131

| 04 | 생활의 힘을 키우는 부모의 대화법 | 138 |

3부 5~7세 아이를 성장시키는 유·초이음 혁명 코드 II. 정서의 힘

01	부모가 정서 지능을 알아야 하는 이유	147
02	유아기 vs 초등, 정서의 힘은 어떻게 다를까?	156
03	정서의 힘이 부족할 때 생기는 일	162

| 04 | 가정에서 정서의 힘을 키워주는 방법 | 170 |

방법 ① 감정에 이름 붙이기 171 • **방법** ② 감정 조절 모델링과 코칭 182 • **방법** ③ 공감 대화 습관 187 • **방법** ④ 좌절 경험을 존중하고 다루기(feat. 회복탄력성) 194 • **방법** ⑤ 관계 놀이 200 • **방법** ⑥ 일관된 약속과 규칙 만들기 208 • **방법** ⑦ 긍정적 자기 인식 키우기 214 • **방법** ⑧ 정서 표현 활동 219

| 05 | 정서의 힘을 키우는 부모의 대화법 | 226 |

4부 5~7세 아이를 성장시키는 유·초이음 혁명 코드 Ⅲ. 학습의 힘

01	유아기 vs 초등, 학습의 힘은 어떻게 다를까?	237
02	학습의 힘이 부족할 때 생기는 일	243
03	가정에서 학습의 힘을 키워주는 방법	248

방법 ① 언어 감각 키우기 249 • **방법** ② 수 감각 키우는 생활 놀이 255 • **방법** ③ 집중력과 탐구심을 키우는 환경 만들기 261 • **방법** ④ 질문하는 아이로 키우기 266 • **방법** ⑤ 실패를 뛰어넘는 학습 태도 기르기 270 • **방법** ⑥ 생활 속 통합 놀이 275 • **방법** ⑦ 강점 지능 맞춤형 학습 278 • **방법** ⑧ 자기 주도 학습 기초 다지기 280

| 04 | 학습의 힘을 키우는 부모의 대화법 | 284 |

5부　초등 1학년부터 다른 아이는 이렇게 시작합니다

01　유·초이음교육으로 초등 입학 바라보기　293

02　학교 적응 스트레스를 예방하는 생활의 힘 　296
　　급식실과 화장실 사용법 익히기 297 • 건강한 등교 루틴 만들기 301 • 준비물 파악하고 이름 쓰기 303 • 신입생 예비소집일 200% 활용하기 305

03　학교생활에 자신감을 심어주는 정서의 힘　309
　　새로운 환경에 적응하는 현명한 방법 310 • 새로운 관계를 효과적으로 맺어나가는 방법 313 • 부모의 불안을 아이에게 전이하지 않기 316 • 아이의 작은 선택과 도전을 격려하기 319

04　초등 6년 공부의 기본기를 세우는 학습의 힘　322
　　초등 1학년 교육 과정 톺아보기(feat. 국어, 수학, 통합 교과) 323 • 국어 : 한글 읽고 쓰는 자신감 키우기(feat. 소근육 단련) 325 • 수학 : 생각하고 놀이하며 수학과 친해지기 327 • 표현하는 힘과 질문하는 힘 키우기 331

05　초등 1학년 학교생활 미리 보기　334
　　초등 1학년 주요 행사 살펴보기 335 • 학교 행사 전후로 생각해야 할 것들 345

06　방과후 활동의 모든 것　348
　　늘봄학교 : 초1·2 맞춤형, 선택형 돌봄, 선택형 교육 349 • 지역별·학교별 마을 연계 프로그램 351 • 아이에게 맞는 방과후 활동 설계하기 354

01
유아 만 5세 반과 초등 1학년, 어떻게 다를까?

"아이의 하루가 달라지면, 아이의 세계도 달라집니다."

유치원 졸업식이 끝난 지 한 달, 알록달록한 책가방을 메고 학교 교실에 들어서는 아이는 여전히 만 5세의 마음을 품고 있습니다. 몇몇 부모님은 "한글도 다 뗐고, 준비물도 잘 챙기는데 뭐가 문제예요?"라고 생각할 수도 있어요. 하지만 눈에 보이지 않는 낯섦과 두려움이 아이를 조용히 감쌉니다.

⭐ 발달의 차이:
신체·정서·지적 측면에서 살펴보기

신체 발달

만 5세 유아는 여전히 성장기 초반, 즉 신체와 감각, 인지 기능이 활발히 발달 중인 단계에 있습니다. 이 시기의 아이는 소근육보다 대근육이 더 활발하게 발달하기에 손가락을 섬세하게 움직이는 활동보다는 온몸을 사용한 활동에 더 큰 흥미를 보입니다. 아직 손과 눈의 협응력과 소근육 조절 능력은 미완성 단계로, 그림 그리기나 글씨 쓰기 같은 정적인 활동보다는 뛰고, 구르고, 만지고, 부딪히는 역동적인 놀이를 통해 더 잘 배우고 자랍니다. 이러한 움직임 중심의 경험이 곧 아이의 인지와 정서, 사회성 발달로 이어지지요.

초등 1학년이 되면 손가락 근육이 점차 단련되면서 쓰기, 오리기, 붙이기 같은 소근육 활동이 보다 안정적으로 가능해집니다. 유아기에도 자주 하던 활동이지만, 초등에서는 이러한 소근육 활동이 본격적인 학습의 기초로 자리 잡기 시작합니다. 예를 들어 낱말이나 숫자를 정해진 칸 안에 또박또박 쓰거나 선을 따라 그리고 색칠하는 활동 등은 모두 교과 수업에서 반복적으로 등장하며, 점차 학습의 중심이 됩니다.

하지만 여전히 몸이 먼저 반응하는 시기이기에 가만히 앉아 있는 것 자체가 큰 도전이 되곤 합니다. 수업 중 몸을 흔들거나 자리에서 일어나는 모습은 흔한 일이며 자연스러운 성장 과정의 일부입니다. 그런데도 초등학교에서는 아이가 '책상에 앉아 있기'를 기대합니다. 이는 단지 자세 유지를 넘어서 집중력과 자기 조절력, 그리고 집단생활에 필요한 기본 습관 형성으로까지 이어지기 때문입니다.

정서 발달

유아는 감정과 생각의 경계가 아직 뚜렷하지 않습니다. 기분이 좋으면 놀이에 집중하고, 속상하면 갑자기 울음을 터뜨리기도 하지요. 감정을 다루는 상황을 아직 외부의 도움에 크게 의존하고 있습니다. 그럴수록 부모나 교사의 '감정 조절 코칭'이 꼭 필요합니다.

초등 1학년이 되면 '학생'으로서의 역할을 기대받습니다. 울음을 참고, 양보하고, 줄을 서며, 친구와의 갈등을 스스로 해결해야 하는 상황에 놓이지요. 이 시기의 아이는 '나는 여전히 힘든데, 어른들은 왜 내가 다 컸다고 생각하지?'라며 이중적인 부담을 느끼기도 합니다. 이를테면 무서워서 부모님 손을 꼭 잡고 싶어도 "넌 이제 학생이야"라는 말에 억지로 손을 놓아야 하거나, 친구와 다투고 속상해서 울고 싶은데 "이젠 울면 안 되지"라는 말을 들을 때 아이는 속으로 갈등을 겪습니다. 하지만 이러한 감정은 누구나 처음 겪으며, 익숙해지고 조절해가는 데 시간이 필요할 뿐입니다.

지적 발달

만 5세 유아는 언어, 수 개념, 논리 사고의 기초를 '놀이를 통해 익히는 단계'에 있습니다. 한글을 완전히 읽고 쓰지 못해도 상상의 이야기를 만들며 사고력을 확장해나갑니다. 자기만의 놀이 규칙을 세워 "이건 불을 피우는 마법 지팡이야!"라고 말하는 상상 놀이가 아이의 사고력과 창의성을 길러주는 방식이지요. 아직은 정답보다는 상상과 시도가 중요한 시기입니다.

초등 1학년부터는 유아기의 상상력을 글로, 그림으로, 말로 표현해야 하는 시기로 접어듭니다. 낱말을 읽고 쓰기, 숫자 익히기, 질문하고 설명하기 등 표현 양식이 점차 정리되기 시작하지요. 그리고 하루 4~5시간 동안 국어, 수학, 통합 등 다양한 과목의 수업을 받고 간단한 숙제나 평가도 병행됩니다. 여기서 통합은 유아기의 생활 중심 접근과 닮은 과목으로 하나의 주제 안에 여러 교과(사회, 과학, 예체능 등)의 요소를 녹여내 수업합니다. 예를 들어 '학교'가 주제라면 교실 모습을 살펴보고, 교실 규칙을 이야기하며, 친구 얼굴을 그리는 활동까지 연결하는 방식이지요. 숙제나 평가는 '오늘 느낀 점 그려오기', '소리 나는 글자 찾기' 등과 같은 간단한 과제 위주로 진행됩니다.

유아기에서 초등기로의 전환은 단지 공간의 변화가 아니라 학습 방식의 커다란 전환입니다. 아이의 상상과 놀이가 점차 구조화된 표현과 학습으로 연결되는 중요한 변화의 시기지요.

⭐ 교육 환경의 변화:
물적·인적·제도적 측면에서 살펴보기

물적 변화

유치원·어린이집 등 유아 교육 기관은 주로 '놀이 중심 공간'입니다. 교실 곳곳에 책 읽기, 역할놀이, 쌓기, 조형 영역 등이 따로 있고, 교실이 작은 테마파크처럼 꾸며져 있기도 하지요. 바닥은 카펫이나 매트가 깔려 있어 자유롭게 앉고 눕고 구를 수도 있습니다.

하지만 초등학교는 '교과 중심 공간'입니다. 아이들은 각자의 책상과 의자에서 생활하며, 교실의 구성도 칠판과 수업 자료 중심으로 이뤄져 있습니다. 신체 활동의 빈도가 급격히 줄어들고, 정리된 상태를 유지해야 하는 공간인 셈이지요.

인적 변화

유치원·어린이집의 교사 1인당 학생 수는 평균 15~20명 내외입니다. 지역에 따라서는 10명 이하인 소규모 학급도 있지요. 온종일 돌봄과 교육이 혼합된 구조 속에서 아이와 교사의 정서적 밀착도가 높고, 아이의 일과 및 사진과 영상 등이 매일 부모에게 비교적 상세하게 공유됩니다.

하지만 초등학교는 한 반에 보통 25~30명 정도의 학생이 있으며, 지역에 따라서는 10명 이하의 소규모 학급이나 30명 이상의 과밀 학급도 있습니다. 초등학교는 수업 시간 외에는 각자 생활하는 게 보편적이며, 담임 교사마다 다르지만, 유치원·어린이집과 비교했을 때 아이의 생활이 부모에게 공유되는 빈도는 상대적으로 낮습니다. 수업은 개별 맞춤보다는 집단이나 모둠 활동 중심이며, 아이는 그 속에서 자율성과 독립성을 동시에 키워나가야 하지요.

제도적 변화

유아 교육 기관은 '생활이 곧 교육'인 공간입니다. 일과 속에 식사, 낮잠, 화장실 사용, 자유 놀이 등 모든 활동이 교육의 일부로 자연스럽게 녹아들어가 있습니다. 교육이 아이의 생활 리듬에 맞춰 유연하게 진행되며, 놀이와 생활이 곧 배움이 되는 구조지요.

하지만 초등학교에 입학하면 상황이 달라집니다. 교과 중심의 국가 교육 과정이 본격적으로 적용되며, 시간표에 따른 교과별 수업 시수, 학기별 진도, 평가 기준이 명확히 존재합니다. 아이의 하루는 시간표라는 틀 안에서 움직이며, 교과 수업과 휴식, 급식, 청소 등 각 활동이 정확한 시간 안배 속에서 이뤄지지요.

다시 말해 유아 교육 기관이 하루 전체가 배움으로 가득한 유연한 흐름이라면, 초등학교는 배움과 생활이 구분된 시간표 중심의 구조로 전환되는 셈입니다. 이러한 전환은 아이의 생활뿐만 아니라 부모의 인식과 지원 방식에도 중요한 변화를 요구합니다.

⭐ 부모의 불안과 아이의 혼란을 줄이는
📊 유·초이음교육

유아 교육 기관과 초등학교 사이, 부모가 가장 크게 체감하는 변화는 아이에게 요구되는 '독립성'입니다. 유치원이나 어린이집에서는 교사가 아이의 생활 전반을 세심히 살펴 일과를 알림장으로 꼼꼼하게 공유해 주는 경우가 많습니다. 반면에 초등학교는 수업 운영 방식과 학급 규모, 그리고 교사 스타일에 따라 가정으로 전달되는 정보가 달라지기도 합니다. 교사는 교과 수업과 아이들의 생활을 동시에 살피며 최선을 다하고 있지만, 부모는 이전과는 다르게 소통이 줄어들었다고 느낄 수도 있지요.

아이 역시 변화를 고스란히 마주합니다. 급식 먹기, 화장실 가기, 준비물 챙기기, 수업 시간 지키기 등 일상의 작은 일들이 전부 <u>스스로 해야 하는 일</u>로 다가옵니다. 부모는 아이의 혼란과 부주의를 미성숙으로 오해해 더 챙기고 가르치려 하지만, 오히려 아이는 그 관심을 압박으로 느낄 수 있습니다. 이 시기의 아이는 할 줄 아는 게 없는 것이 아니라 처음이라 낯선 것임을 잊지 말아야 합니다.

유·초이음교육이 필요한 이유가 바로 여기에 있습니다. 아이가 유아 교육 기관과 초등학교 사이에서 겪는 '단절'의 경험을 '연결'의 기회로 만들고, 부모가 느끼는 '불안과 혼란'을 '이해와 기다림'으로 바꾸는 교육적 접근이 필요합니다.

- 유아기의 놀이는 초등기의 생활과 학습으로 연결되어야 합니다.

- 교실 환경의 차이는 아이가 탐색과 관찰을 통해 스스로 익혀야 합니다.
- 부모는 가르치기보다 함께 준비하고 응원하는 동반자로 역할을 전환해야 합니다.

유아 만 5세 반과 초등 1학년은 단 1년 차이지만, 그 1년이 아이에게는 인생에서 첫 번째로 도약하는 시기입니다. 도약의 발판이 흔들리지 않도록 유·초이음교육은 아이와 부모, 교사와 학교 모두가 함께 짚고 가야 할 중요한 시작점임을 기억하기를 바랍니다.

10년 전 초등 1학년과 요즘 1학년, 무엇이 다를까?

"아이와 교실이 변한 만큼
아이의 시작을 바라보는 시선도 함께 달라져야 합니다."

초등 1학년 담임을 맡은 지 6년째입니다. 20년이 넘는 교직 생활 동안 많은 학년을 지도했지만, 그중에서도 1학년 교실은 늘 가장 역동적이고 특별한 공간이었지요. 그런데 최근 10년 사이, 교실 분위기와 아이들의 모습이 달라졌다는 것을 자주 실감합니다. 집중력, 표현력, 자기 주도성, 친구와의 관계 맺기 방식 등 학교생활에서 드러나는 아이들의 행동과 감정의 결이 확연히 달라졌거든요.

10년 사이에 달라진 것들

집중력과 인내력의 약화

10년 전 1학년 교실. 그림일기를 쓰자고 하면 아이들은 "선생님, 저 어제 놀이동산에 다녀왔어요!"라며 신나서 이야기를 풀어놓곤 했습니다. 자리에 앉아 그림일기를 쓰는 시간을 제법 잘 버텼지요. 하지만 요즘 1학년 교실에서는 시작하기도 전에 "몇 줄 써야 해요?", "그림을 다 못 그리면 어떡해요?", "언제 끝나요?" 등 질문부터 하는 아이들이 많습니다. 시작을 미루거나 집중하지 못하고 자꾸만 주변을 두리번거리는 모습도 보입니다. 왜 그럴까요? 요즘 아이들은 스마트폰이나 유튜브 등 짧고 빠른 자극에 익숙해져 있습니다. 그 영향으로 특정 활동에 집중하거나 기다리는 일이 점점 어려워지고 있지요.

표현력과 상호 작용의 변화

예전에는 "얘가 제 자리에 앉아서 속상했어요", "제가 먼저 놀자고 했는데 얘가 무시했어요" 등 친구와 다툰 일을 겪은 그대로 표현하는 아이들이 많았습니다. 하지만 요즘은 같은 상황에서 "몰라요. 그냥 싫어요"라고 짧게 대답하거나 아예 말을 하지 않고 눈물로 표현하는 아이들이 대부분입니다. 왜 이런 현상이 나타났을까요? 핵가족화로 아이 혼자 생활하는 시간이 많아지고, 가정에서의 디지털 기기 사용 시간이 늘어나면서 아이가 자기감정을 차분히 정리해 말로 표현하는 경험이 줄어들었기 때문이지요. 또 형제자매가 없는 외동아이가 많아졌고, 가족과의 접촉 시간이나 또래 친구들과 자유롭게 노는 시간보다는 정해진 목표와 결과를 중심으로 움직이는 사교육 기관에서 보내는 시간이 늘어난 것도 아이의 상호 작용 방식에 영향을 미쳤습니다. 이처럼 자기감정을 조율하고 타인의 마음을 헤아리는 경험이 줄어들면서 아이는 자기가 느낀 것을 적절한 말로 표현하거나 상대와 감정을 주고받는 데 어려움을 겪는 경우가 늘어났습니다.

스스로 해보는 경험의 감소

요즘은 학교에서 수업을 시작하려고 하면 필통을 꺼내지 못해 쩔쩔매는 아이가 여럿 보입니다. 가방을 열고 뭘 꺼내야 할지 몰라 우왕좌왕하거나 줄 맞춰 이동하는 것조차 어려워하는 아이도 있습니다. 예전에는 마주하기가 드물었던 모습입니다. 이러한 차이는 어디에서 비롯된 것일까요? 아이가 스스로 해보는 경험보다는 부모나 어른이 먼저 손을 써주는 경우가 많아졌기 때문입니다. 바쁜 일상 속에서 아이가 스스로 준비하는 것을 느긋하게 기다려주기보다는 부모가 대신 챙겨주는 것이 더 빠르고 수월하다고 느끼는 환경이 만들어졌지요. 물론 그것은 아이를 아끼는 마음에서 비롯되었겠지만, 오히려 자립의 기회를 놓치는 결과를 낳게 된 셈입니다.

10년 사이 아이들이 달라진 이유와 내용

측면	변화 내용
가정 환경	맞벌이 가정 증가, 외동아이 비율 증가 → 일상적 대화와 상호 작용의 기회 감소
미디어 환경	유튜브, 게임, 단시간 콘텐츠 사용 증가 → 집중력 저하, 감정 조절 어려움
놀이 기회	실외 놀이 감소, 관계 중심 놀이 축소 → 협업, 공감, 문제 해결력 발달 저하
교육 환경	유아 교육의 다양화와 초등 교육 간 간극 존재 → 유·초이음교육의 필요성 대두

★ 10년 전, 요즘, 그리고 앞으로의 교육

요즘 아이들이 10년 전보다 부족하다고 단정 지을 수는 없습니다. 단지 자라고 배우는 방식이 달라졌을 뿐이지요. 지금의 아이들이 보여주는 방식에 맞춰 이해하고 응원하는 어른이 곁에 있다면 아이들은 자기만의 속도로 충분히 성장할 수 있습니다. 10년 전과 지금, 아이들도 교실도 달라졌습니다. 그러나 아이들이 어른에게 바라는 본질은 크게 다르지 않습니다.

"기다려주세요. 아직 배우는 중이에요."
"제가 할 수 있다는 걸 믿어주세요."

이제부터의 교육은 차이를 문제 삼아 해결하는 것이 아닌, 차이를 자연스럽게 이어주는 과정이 되어야 합니다.

유·초이음교육으로
새롭게 준비하는 초등 입학

"초등학교 입학 준비가 아이의 외면을 다듬는 일이라면,
유·초이음교육은 아이의 내면을 단단하게 채우는 일입니다."

초등학교 입학을 앞두고 부모는 열심히 준비합니다. 책가방, 실내화, 입학식, 한글 떼기, 숫자 익히기 등 체크 리스트는 점점 줄어드는데 이상하게도 마음은 점점 무거워집니다. 혹시 가장 중요한 것을 놓치고 있는 것은 아닐까요?

★ **완벽하게 준비해도**
불안이 사라지지 않는 이유

서점에 가면 초등학교 입학 준비를 주제로 한 다양한 구성과 형식의 책들이 넘쳐납니다. 책을 보면서 입학 준비 체크 리스트를 하나씩 지워나가면 '이제 우리 아이는 학교 갈 준비 완료!'라는 안도감이 느껴지기도 합니다. 하지만 그 과정을 무사히 거친 후에도 입학하고 한 달이 지나고 나면 많은 부모님이 비슷한 이야기를 꺼냅니다.

"아이가 학교에 잘 다니기는 하는데, 뭔가 괜히 불안해 보여요."
"별일 없다고 이야기하는데, 자꾸 울컥하거나 짜증을 내요."

완벽하게 준비를 해줬는데 왜 아이는 여전히 흔들릴까요? 눈에 보이는 것만 중심으로 입학을 준비했기 때문입니다. 지금까지 이어져온 보통의 초등 입학 준비가 눈에 보이는 영역에만 집중되어 있었다면, 유·초이음교육은 눈에 보이는 것과 보이지 않는 것, 모든 영역을 함께 아우르는 교육입니다. 유·초이음교육에서는

- ☑ 가방 챙기기, 시간 맞춰 이동하기, 정돈된 생활 습관이 자리 잡고 있는지,
- ☑ 감정이 얼마나 안정되어 있는지,
- ☑ 낯선 공간에서 불안을 이겨내는 힘이 있는지,
- ☑ 다른 사람과 함께할 줄 아는 사회성이 자라나고 있는지,
- ☑ 실수했을 때 회복하는 회복탄력성이 있는지

등을 함께 바라보고 다듬어갑니다. 유·초이음교육은 가르치기보다는 '이어주기'입니다. 유아기에서 초등기로 넘어가는 전환의 시기에 단순히 '아이가 무엇을 할 수 있는가'에 사로잡히지 않고, '무엇을 이해해야

하나', '어떤 마음으로 준비해야 하나'를 함께 살피는 교육입니다.

왜 유·초이음교육일까?

유·초이음교육은 어느 날 갑자기 등장한 개념이 아닙니다. 교육 현장의 교사들과 초등 입학을 앞둔 부모들의 오랜 고민과 절실한 목소리 속에서 시작된 하나의 흐름이지요.

"유치원이랑 어린이집에서는 잘 지냈는데, 학교에 간 이후로 딴 아이가 됐어요."
"입학 준비를 완벽하게 해줬다고 생각했는데, 학교에서는 왜 아무 말도 못 하고 가만히 앉아만 있을까요?"

입학 직전 몇 달 동안, 아이의 사회성, 감정 상태, 생활 습관, 한글 실력 등 모든 것이 갑자기 '점검 대상'이 되어버린 부모님들은 "분명히 아무 탈 없이 잘 자라고 있었는데, 입학을 앞두고는 무엇부터 어떻게 해야 할지 잘 모르겠어요"라며 혼란스러워합니다. 유치원 선생님들도 "그동안 잘 놀면서 잘 컸다고 생각했던 아이가 왜 학교에 가서 적응을 못 하는 걸까요?"라고 자책 섞인 고민을 안고 있었지요. 또 초등 1학년 담임 선생님들은 "아이들이 학교 시스템을 낯설어하는 건 당연한데, 아무리 그래도 너무 자주 무너지고 너무 쉽게 상처받아요"라는 현장에서 비롯된 문제의식을 갖고 있었습니다.

　게다가 기관 간의 단절도 존재했습니다. 유아 교육 기관은 만 5세까지만, 초등학교는 만 6세부터라는 제도적 구분 속에서 서로의 교육 내용을 이해하거나 아이의 흐름을 공유하는 문화는 매우 제한적이었지요. 이를테면 유치원에서는 놀이 중심 활동을 통해 사회성이나 자율성을 기르지만, 이러한 경험이 초등 입학 후 어떻게 학습으로 전환되는지에 대한 연계 논의는 거의 이뤄지지 않았습니다. 또 아이의 기질이나 생활 습관, 정서적 특성 같은 중요한 정보가 초등학교로 자연스럽게 이관되는 시스템도 대부분 부재한 상황이지요. 이처럼 부모의 혼란, 교사의 고민, 기관 간의 단절이 반복되며 국가 차원에서 유·초이음교육이라는 연결 장치를 정책으로 추진하게 된 것입니다.

　최근 10년 사이에 아이들의 발달 특성과 환경은 빠르게 바뀌었습니다. 대화보다는 영상에 더 익숙한 아이들, 실수가 두려워 도전보다는 회피를 선택하는 아이들, 혼자 노는 데 더 익숙한 아이들, 형제자매가 없어 사회적 상호 작용에 서툰 아이들… 이러한 환경 속에서 자라는 아이들에게 필요한 것은 심리적 안정감, 관계 능력, 감정 조절, 학습 태도 등을 아우르는 전인적 접근의 교육입니다. 바로 이것이 유·초이음교육의 핵심 가치지요. 따라서 유·초이음교육은 단지 '무엇을 준비했는가'를 점검하는 교육이 아니라, '어떻게 자라고 있는가'를 함께 지켜보면서 이끌어가는 성장의 가이드이자 변화에 대한 새로운 교육적 응답인 것입니다.

★ 유·초이음교육의 진정한 가치

누군가는 유·초이음교육을 단지 유치원에서 초등학교로 가는 다리쯤으로 여기기도 합니다. 하지만 유·초이음교육은 단순한 물리적 연결을 넘어 발달 과정과 교육 과정, 생활 문화까지를 유기적으로 이어주는 복합적이고 전문적인 교육 형태입니다.

> 유아기의 놀이와 탐색 중심 교육에서
> 초등학교의 교과 학습과 생활 자율성으로

매끄럽고 건강하게 이행하도록 설계된 교육이 바로 유·초이음교육입니다. 교육부에서도 유·초이음교육을 '**만 5세 유아가 초등학교에서의 생활을 자연스럽게 받아들이고, 학생으로서의 정체성과 자율성을 형성할 수 있도록 기관, 교사, 가정, 지역 사회가 함께 협력하는 연계 중심 교육 과정**'이라고 정의하고 있습니다. 사실 유·초이음교육은 만 5세 앞에만 닥친 일이 아닙니다. 정책적으로는 만 5세를 중심으로 시행되고 있지만, 실제 아이의 '초등 생활 적응력'은 만 3세부터 축적된 생활·정서·학습의 경험 속에서 형성됩니다.

> 만 3세의 자조 습관은 초등 1학년의 자기 관리로 이어지고,
> 만 4세의 친구와의 갈등 경험은 교실 속 사회성의 밑바탕이 되며,
> 만 5세의 탐색 중심의 놀이 경험은 초등 교과 학습의 기초가 됩니다.

그러기에 유·초이음교육은 단지 몇 개월간의 준비가 아닌, 만 3세부터 초등 저학년까지 아이의 삶 전체를 긴 호흡으로 바라보는 교육이어야 합니다. 시중의 초등 입학 준비서는 부모에게 실용적인 정보를 제공하는 데 의의를 둡니다. 하지만 딱 거기까지지요. 유·초이음교육은 그보다 한 걸음 더 나아가 아이의 내면 발달, 생활 기반, 정서 안정까지를 바라보는 전인적인 접근입니다. 초등 입학 준비는 유·초이음교육의 일부일 수는 있어도 전부가 될 수는 없습니다.

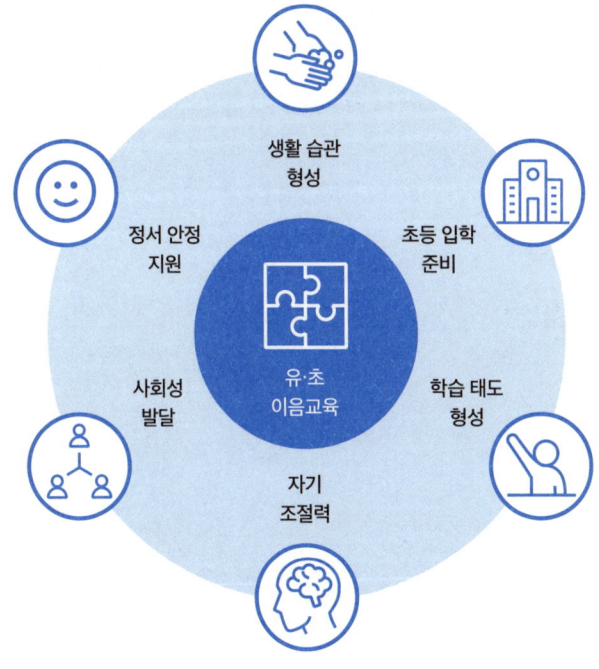

유·초이음교육을 구성하는 다양한 요소들

체크 리스트는 지울 수 있지만 아이가 느끼는 낯섦과 두려움은 쉽게 사라지지 않습니다. 유·초이음교육은 아이의 모든 마음을 인정하고, 기다려주면서, 함께 준비하는 가장 따뜻하고 본질적인 교육입니다. 이것이야말로 초등 입학을 진정한 교육으로 만드는 시작입니다.

혼란을 성장으로 이끄는
유·초이음교육

"아이의 혼란이 성장의 계기가 되는 것,
유·초이음교육이 지향하는 방향입니다."

초등 입학은 단순히 새로운 시작이 아니라 아이의 감정·환경·관계·역할이 모두 뒤바뀌는 인생의 첫 전환점입니다. 이때 부모에게 가장 필요한 건 아이가 거대한 변화로 혼란을 겪는 순간을 성장의 계기로 만들어주는 교육적인 안내자 역할입니다.

 처음 마주하는 낯섦이
자라남이 되도록

"초등학교에 들어가면 많은 것이 크게 달라질 거야."

"유치원에서 많이 놀았지? 이제부터는 공부하자."

앞서 언급했듯 초등 입학은 아이의 감정·환경·관계·역할이 한꺼번에 뒤바뀌는 인생의 첫 격변기입니다. 사실 만 5세의 삶도 완전히 안정적이진 않았습니다. 친구와 다툴 때마다 속상했고, 단체 활동을 하면서 눈치를 보기도 했지요. 선생님의 지나가는 한마디에 서운함이 오래 남기도 했고요. 그런데 유아기의 불안이 미처 사그라들기도 전에 아이는 더 크고 구조화된 초등학교라는 새로운 공간으로 들어갑니다.

"책상이 너무 많아요. 어디에 앉아요?" 입학식 날, 교실 문을 열고 들어간 아이는 그저 책상과 의자가 있는 교실일 뿐인데도 낯선 질서에 압도당합니다.

"아까 급식 먹을 때 친구들이 먼저 가버렸어요." 유치원에서는 식사 시간이 선생님의 도움 아래 천천히 진행되었지만, 초등학교에서는 줄을 잘 서야 하고 식사 속도도 빨라집니다. 조금만 머뭇거려도 자기만 뒤처지는 경험을 하게 되지요.

"선생님이 저를 안 좋아하나 봐요." 교사 1명이 25~30명의 아이를 돌보는 현실에서 모든 아이에게 일일이 눈을 맞추고 반응해주기란 어렵습니다. 특히 유아기에 정서적 밀착 경험이 많았던 아이일수록 선생님의 시선이 나에게 머무르지 않는 느낌에 상처받기 쉽지요.

"화장실에 가고 싶었는데, 언제 말해야 할지 몰랐어요." 낯선 규칙, 처음 듣는 신호, 새로운 구조. 모든 것이 아직은 불확실한 세계 속에서 아이에게는 작은 말 한마디 꺼내는 것조차 용기가 필요합니다.

★ 혼란을 성장으로 이끄는 3가지 방법

만 5세에서 초등 1학년으로 넘어가는 시기의 아이들은 혼란을 겪습니다. 하지만 그 혼란을 무조건 없애는 것이 유·초이음교육의 목적은 아닙니다. 혼란을 정상적인 발달 과정으로 받아들이고, 그 안에서 아이가 안전하게 탐색하고 적응할 수 있도록 안내하는 것. 이것이 바로 유·초이음교육의 핵심입니다. 유·초이음교육은 아이에게

> 처음 보는 교실을 탐색할 시간을 주고,
> 처음 만난 선생님과 관계를 다질 기회를 제공하고,
> 낯선 환경에서도 자신감을 조금씩 회복할 수 있도록 구조화된 적응 단계를 마련합니다.

유·초이음교육은 초등 입학 전후 수개월에 걸쳐 아이의 생활·정서·학습 면을 함께 바라보며 교사, 부모, 기관이 함께 연결되어가는 과정입니다. 그렇다면 어른은 아이 곁에서 무엇을 할 수 있을까요? 다음은 부모와 교사가 아이의 혼란을 성장으로 이끄는 데 실천할 수 있는 3가지 방법입니다.

방법 ① 불안의 표현을 바로잡으려고 하지 않기

| 아이 | 나 학교 안 갈래. 무서워.

| **어른** | 왜 그래? 울지 마. 하나도 안 무서운 곳이야.
| **아이** | 싫어! 나 그냥 집에 있을래!
| **어른** | 그렇게 말하면 안 되지. 이제 다 컸잖아.

아이가 혼란스러운 상황에서 감정을 드러낼 때 어른들은 이렇게 말하곤 합니다. 이러한 반응은 아이에게 감정을 부정당했다는 인상만 남기지요. 그 대신에 감정을 먼저 받아주는 언어로 말해보세요.

"그랬구나. 처음엔 누구나 무서울 수 있어."
"괜찮아. 엄마(아빠, 선생님)(이)랑 같이 천천히 해보자."

방법 ② 새로운 경험을 작게 나눠 안내하기

초등학교의 모든 것이 처음인 아이에게 너무 많은 정보를 한꺼번에 주면 혼란과 두려움이 오히려 더 커지기 마련입니다. 다음과 같이 새로운 경험을 작게 나눠서 제시하면 아이 스스로 상황을 예측하고 대처하는 힘을 키울 수 있습니다.

"여기가 네 자리야. 먼저 앉아봐. 이따가 선생님이 화장실도 알려줄게."
"급식실로 가기 전에 줄 서는 연습부터 해보자."
"오늘은 교실이랑 화장실만 둘러보고, 급식실은 내일 같이 가보자."

방법 ③ 혼란을 성장의 징후로 받아들이기

- 수업 중 멍하게 앉아 있거나 자주 산만해진다.
- 사소한 일에도 눈물이 터진다.
- 화장실이나 급식실에 가기 전에 머뭇거린다.
- "선생님이 나를 안 좋아하는 것 같아"라는 말로 불안을 표현한다.

입학 초기의 아이가 보일 수 있는 모습입니다. 불안하고 어수선한 모습은 '아이가 아직 준비되지 않았다'라는 뜻이 아니라 '아이가 지금 변화에 적응하고 있다'라는 신호일 수 있습니다. 어른이 신호를 정확히 읽고 '아이가 지금 성장의 과정을 통과하고 있구나'라는 긍정적인 시선으로 바라볼 때 아이의 혼란은 어느새 내면을 단단하게 키우는 시간으로 전환됩니다.

아이는 초등 입학이라는 새로운 과정을 거치면서 혼란을 겪고, 실수하며, 조용히 울기도 합니다. 그러나 혼란은 실패가 아니라 '지금 변화하고 있다'라는 신호입니다. 이미 유아기부터 아이는 관계 안에서 눈치를 보고 혼자 남겨질까 걱정하며 살아갑니다. 중요한 것은 혼란을 없애는 것이 아니라 아이의 상황과 마음을 알아주고 곁에 있어주는 어른의 태도입니다.

05
유·초이음교육을 알고 실천할 때 일어나는 놀라운 변화

"아이의 속도에 맞춘다는 건, 때로는 멈춰서 기다려주고, 때로는 나란히 걸어가는 것입니다."

아이의 성장을 말할 때 우리는 대개 '잘 크고 있나'에만 집중합니다. 하지만 '어떻게 자라고 있나'를 들여다보면 각기 다른 이야기가 담겨 있습니다. 유·초이음교육은 아이의 전부를 심층적으로 바라보는 렌즈입니다. 단순한 초등 입학 준비가 아닌, 아이의 삶 전체를 관통하는 변화의 시작이기도 하지요. 그렇다면 유·초이음교육을 알고 실천한 부모와 교사, 그리고 아이에게는 어떤 변화가 일어났을까요?

⭐ 서두르는 육아와 교육을
⋮⋮⋮ 멈추게 된다

"이제 영어 학원도 보내야 하고, 수학 선행도 시켜야 해요."

"아이가 다른 애들보다 느린 것 같아서 불안해요."

요즘 부모들에게서 흔히 나오는 말입니다. 유아 교육조차 선행 학습을 중심으로 흐르면서 유아기 본연의 발달과 놀이가 밀려나고 있는 실정이지요. 특히 4세 고시, 7세 고시라는 말까지 등장하며 서열을 정하려는 세태는 아이의 자존감을 위협하고 부모를 조급하게 만듭니다. 하지만 유·초이음교육을 알고 나면 이러한 조급함에 건강한 브레이크가 걸립니다.

아이의 발달 단계를 기준으로 삼는 교육은 비교 대신 '관찰'을 가르치고, 경쟁 대신 '성장'을 강조합니다. 이를테면 아이에게 한글이나 숫자 쓰기를 억지로 연습시키는 대신에 일상 속에서 "사과 3조각만 접시에 담아볼까?"라고 물으며 수 개념을 가르쳐주거나 친구와 역할놀이를 하며 자연스럽게 어휘와 사회성을 키워주는 것이지요. 이러한 접근은 아이의 현재를 인정하면서 배움의 싹을 틔우는 방식입니다.

"매일 문제집을 풀 때면 울던 아이가 요즘은 블록 놀이를 하면서 수 개념을 자연스럽게 익히고 있어요. 아이가 웃으니까 제 마음도 놓이더라고요."(만 5세 아이 부모의 사례)

놀이 시간은 지식의 씨앗을 심는 시간입니다. 정서적으로 안정된 상태에서 익히는 개념은 오래갑니다. 부모가 유·초이음교육을 알고 실천하면 그동안 무의식적으로 아이에게 강요하던 빠름의 기준을 내려놓게 됩니다.

⭐ 아이의 발달을
〽 있는 그대로 관찰하게 된다

유·초이음교육은 부모가 '지금 우리 아이는 어디쯤 와 있을까?'를 스스로 묻게 합니다. 처음에는 질문이 낯설고 막막하게 느껴질 수 있지만, 결국 질문 끝에서 '아이를 있는 그대로 바라보는 눈'이 자라납니다.

저 역시 4남매를 키우며 같은 부모 안에서 이렇게나 다른 기질과 성향이 나올 수 있음을 매번 새롭게 경험했습니다. 첫째에게 잘 통했던 방식이 둘째에게는 전혀 먹히지 않았고, 셋째와 넷째는 각기 다른 모습으로 저를 당황스럽게 했습니다. '왜 이렇게 말을 안 들을까?', '왜 이 아이는 느릴까?', '내가 뭘 잘못한 걸까?' 한때는 모든 걸 제 탓으로 돌리고 스스로 양육 능력을 의심한 적도 있었습니다. 하지만 아이마다 자기만의 속도와 결을 가지고 있다는 사실을 어느 순간 비로소 깨닫게 되었지요. 깨달음은 바로 '관찰'에서 시작되었습니다. 내가 기대한 모습이 아닌, 눈앞에 있는 아이의 기질과 표현을 바라보는 것이지요. 부모가 아이의 기질, 흥미, 생활 습관을 관찰하면 그에 따라 맞춤형 접근을 하게 됩니다. 예를 들어 말이 늦은 아이라면 억지로 따라 말하게 하는 대신에 아이가 좋아하는 주제의 그림책을 반복해서 읽어주며 자연스럽게 언어 자극을 주는 방식입니다.

"수업 시간에 가만히 있어서 글자를 배우는 속도가 느린 줄 알았는데, 쉬는 시간에 그림책을 혼자 소리 내어 읽는 모습을 보니 다르게 배우고 있었던 거였어요."(초등 1학년 담임 교사의 교실 관찰 사례)

유·초이음교육은 부모와 교사가 조급해지지 않도록 돕고 아이의 발달을 있는 그대로 바라보게 합니다. 그래서 아이 중심의 양육과 교육 철학을 정립할 수 있게 하지요.

★ 아이의 자기 효능감과 자존감이 자라난다

유·초이음교육은 아이의 존재를 인정하고 작은 성공을 반복적으로 경험하게 하는 교육입니다. "이 정도는 해야 해"라는 요구 대신에 "너만의 속도로 가보자"라는 메시지를 주는 순간, 아이는 자신을 믿기 시작합니다. 이를테면 또래가 모두 한글을 뗐다는 말에 흔들리지 않고, 아이가 좋아하는 동화책을 반복해서 읽고 그림을 따라 그리며 자연스럽게 낱말에 흥미를 갖게 되는 과정을 응원하는 것이지요. 부모의 기다림과 믿음은 아이 안의 '할 수 있다'라는 감각을 키워줍니다.

"혼자 신발 끈을 묶고 칭찬을 받았을 때 아이 눈빛이 반짝였어요. 그

때부터는 뭐든 도전하려고 하더라고요."(만 6세 아이 부모의 사례)

자존감은 타인의 칭찬보다는 자신의 성취 경험에서 자라납니다. 이러한 경험이 반복되면 아이는 '나는 할 수 있다'라는 자기 효능감을 갖게 되지요. 자기 효능감은 스스로 도전하고 문제를 해결하는 힘의 근원이자, 이후 학습의 지속성을 만들어주는 중요한 심리적 자산입니다.

★ 아이의 감정 표현과 사회성이 좋아진다

유·초이음교육은 정서 안정을 기반으로 한 전인 교육입니다. 아이가 낯선 환경에 적응하려면 먼저 긴장을 풀어야 합니다. 처음 보는 교실, 새로 사귀는 친구, 처음 만나는 선생님과의 관계 속에서 아이는 불안을 느끼기 마련이지요. 이때 유·초이음교육이 아이가 안전하다고 느끼는 관계와 익숙한 활동을 통해 완충 지대를 만들어줍니다. 예를 들어 유치원에서 사용하던 노래나 인사말을 초등 입학 전 놀이 활동에 녹이거나, 학교마다 다르겠지만 입학할 학교의 선생님과 미리 온라인에서 만나 인사하는 경험을 제공하는 것이지요. 이러한 작은 연결이 아이의 마음을 편안하게 해줍니다.

"예전에는 아이가 놀이터에서 친구랑 싸우면 울기만 했는데, 요즘은 '이건 내 마음이 아니야'라고 말해요. 감정을 정확하게 말로 표현하게

된 거죠."(만 5세 아이 부모의 사례)

감정 표현은 학교 적응력을 끌어올리는 가장 중요한 열쇠입니다. 자기감정을 잘 알아차리고 정확한 말로 표현하는 아이는 갈등 상황에서 폭발하거나 회피하기보다 관계를 잘 조율할 수 있기 때문입니다. 또 교사에게 도움을 적절히 요청하거나 친구와의 협력 활동에서 안정감을 느끼는 데에도 중요한 역할을 하지요.

유·초이음교육은 아이들이 놀이, 이야기, 감정 카드 등 다양한 방식으로 마음을 표현하게 도와 사회적 유능감을 길러줍니다. 이를테면 '화났을 때 이렇게 말해요'라는 감정 카드 놀이를 통해 "지금 화가 많이 났어" 또는 "기분이 나빴어"라고 말하는 연습을 하거나, 역할극에서 친구와 나의 역할을 바꿔서 해보며 입장이 달라지는 활동을 경험할 수 있습니다. 이러한 경험은 초등 입학 후 교실에까지 자연스럽게 이어집니다. 아이들은 갈등 상황에서 눈치를 보며 우는 대신에 말로 감정을 표현하거나 교사에게 도움을 요청하는 등 긍정적인 상호 작용을 시도하게 되지요. 이처럼 유·초이음교육은 아이가 사회적 관계 속에서 자신을 안전하게 드러내는 힘을 키우는 데 밑바탕이 되어줍니다.

★ 부모도 성장하는 기회를 얻게 된다

유·초이음교육은 아이만 변화시키지 않습니다. 부모 역시 좋은 부모가 되기 위한 새로운 시선과 마음가짐을 갖게 하지요.

"아이를 바꾸려고 마음먹기보다는 나부터 아이를 더 잘 이해해야겠다는 생각이 들었어요." (유·초이음교육 참여 부모의 사례)

처음에는 아이가 뒤처지지 않도록 도와야겠다는 조급함이 앞서지만, 유·초이음교육을 접하면서 부모는 점차 아이의 발달 단계와 기질을 존중하며 기다리는 법을 배웁니다. '내가 뭘 해줘야 하지?'에서 '지금 우리 아이가 무엇을 느끼고 있을까?'로 질문이 바뀌는 순간, 부모는 훈육자에서 동반자로, 지시자에서 관찰자로 변신하게 됩니다.

제가 4남매를 키우며 실감한 것은 육아는 단기간에 끝나는 프로젝트가 아니라 전 생애에 걸쳐 이어지는 긴 여정이라는 사실입니다. 지금은 고등학생, 중학생, 초등 고학년이 된 첫째부터 셋째가 자라온 과정을 되돌아보면 어린 시절 깊이 고민하고 걱정했던 일들이 자라면서 계속 다른 모습으로 바뀌었습니다. 아이의 성장 단계마다 부모의 역할과 질문이 달라지는 셈이었지요.

그 모든 여정 중에서 저에게 가장 중요하고도 소중했던 시기를 꼽으라면 단연 유아기에서 초등 저학년까지입니다. 이 시기는 아이가 부모와 가장 가깝게 연결되어 있어, 그만큼 부모가 깊이 관여하고 영향을 미칠 수 있는 육아의 황금기이기 때문입니다. 건물을 지을 때 기초 공사가 가장 중요하듯, 이 시기의 경험과 관계가 이후 성장의 토대가 된다는 사실을 아이 하나하나를 키우며 절실히 깨달았습니다. 특정 시기에 맞춰 아이를 바꾸려고 애쓰기보다는 유아에서 초등으로 이어지는 흐름 속에서 아이의 속도에 맞춰 함께 걸어가려는 마음이 부모에게는 더 필요합니다.

부모가 성장을 멈추지 않을 때 아이도 두려움 없이 도전할 수 있습니다. 부모의 시선은 아이에게 가장 따뜻한 환경이 되어줍니다. 그래서 저는 믿습니다. 아이가 자기만의 속도로 자라날 수 있도록 기다려주고 응원해주는 단 한 사람이 있다면, 아이는 언젠가 자기만의 빛을 내게 된다는 사실을요. 유·초이음교육은 기다림만으로는 놓치기 쉬운 아이의 신호를 부모가 더 잘 알아차리고 적절히 도와줄 수 있는 성장의 징검다리가 되어줄 것입니다.

06
5~7세 아이에게
꼭 키워줘야 할 3가지 힘

"아이는 가장 사랑받는 공간에서 가장 진짜의 모습을 드러냅니다."

아이를 이해하고 키워내기 위한 첫 번째 관찰 지점은 '환경'입니다. 그 중에서도 아이가 가장 오랜 시간을 보내고, 있는 그대로의 모습을 드러낼 수 있는 '가정'이라는 환경이 무엇보다 중요하지요. 초등 입학을 앞두고 학습 준비를 먼저 떠올리는 지금, 우리는 아이에게 필요한 진짜 준비가 무엇인지 다시 물어야 합니다.

★ 아이가 키워나갈 기초 역량의 밑바탕, 가정

"이제 공부를 본격적으로 시작해야 하지 않을까?"

"한글은 다 뗐는지, 숫자는 얼마나 셀 수 있는지 점검해야겠지?"

"학교 수업을 따라가려면 미리 학습지를 시켜야 할까?"

아이가 초등학교에 입학하기 전, 많은 부모들이 '입학 준비=학습 준비'라고 생각합니다. 한글 떼기, 수 세기 등 선행 학습 여부가 마치 아이의 학교생활을 좌우할 것처럼 여기는 것이지요. 하지만 이런 접근은 더 본질적인 준비를 놓치게 만듭니다.

아이의 진짜 준비는 학습보다 훨씬 넓은 영역에서 이뤄집니다. 아이는 혼자 자라지 않습니다. 가정, 교육 기관, 사회 등 다양한 환경 속에서 자라고, 그 속에서 상호 작용하며 성장하지요. 인간의 발달에서 환경의 중요성을 설명한 대표적인 인물은 미국의 발달 심리학자 유리 브론펜브레너Urie Bronfenbrenner 입니다. 그는 아이를 씨앗으로, 주변 환경을 토양과 햇빛, 물과 같은 요소로 바라봤습니다. 브론펜브레너의 생태학적 이론은 아이를 둘러싼 환경을 다음과 같이 구분합니다.

- **가장 가까운 환경(미시체계)**: 가족, 친구, 교사처럼 아이가 직접 경험하는 관계
- **환경 간의 연결(중간체계)**: 부모와 교사가 소통하는 방식 등
- **간접적 영향(외체계)**: 부모의 직장, 가정의 경제 환경 등
- **문화적 가치(거시체계)**: 문화적 환경, 공동체 가치 등
- **시간의 흐름(시간체계)**: 아이가 자라면서 겪는 변화와 사회적 사건들

이 중에서 아이와 가장 밀접하게 연결된 환경은 단연 '가정'입니다. 아이가 하루 중 가장 많은 시간을 보내고, 가장 자연스럽게 감정을 드러낼 수 있는 공간이기 때문이지요. 가정에서의 생활, 대화, 놀이, 부모의 반응 등이 아이의 모든 기초 역량의 바탕이 됩니다. 부모는 아이의 첫 번째 교사이자 가장 든든한 조력자입니다. "유치원에서는 괜찮았는데, 왜 학교에서는 힘들어할까요?" 유치원에서 초등학교 사이, 아이가 겪는 환경의 변화를 부모가 온전히 이해하고 미리 준비할 수 있다면 아이는 훨씬 부드럽게 안정적으로 적응할 수 있을 것입니다.

★ 유·초이음교육의 4가지 기초 역량과
가정에서 꼭 키워줘야 할 3가지 힘의 상관관계

제가 유·초이음교육에서 가장 중요하게 바라보는 3가지 힘은 **생활의 힘, 정서의 힘, 학습의 힘**입니다. 아이가 하루하루 생활하고, 사람들과 관계를 맺고, 배움에 주도적으로 참여하는 데 꼭 필요한 근본적인 힘이지요. 전통적으로 교육학에서는 인간의 전인적 성장을 지智, 덕德, 체體로 구분해서 설명해왔습니다. 뇌 교육에서는 이러한 흐름을 체, 덕, 지 순으로 강조합니다. 몸의 감각과 정서의 안정, 그리고 인지적 사고가 서로 영향을 주고받으며 통합적으로 작용한다는 것이지요. 그래서 저는 유아부터 초등까지, 어쩌면 전 생애에 걸쳐 중요하다고 여겨지는 3가지 힘을, 아이의 일상과 눈높이에 맞춰 생활의 힘, 정서의 힘, 학습의 힘이라고 명명했습니다.

4남매를 키우며 유아 교육과 초등 교육 현장을 두루 경험한 부모이자 교사로서, 저는 아이의 성장에서 가장 먼저 단단히 자리 잡아야 할 것은 '생활의 힘'이라고 생각합니다. 그다음은 타인과 연결되는 '정서의 힘', 마지막으로는 그 위에 쌓아가는 '학습의 힘'입니다. 물론 3가지 힘은 단절된 영역이 아니라 서로 영향을 주고받으며 동시에 자라고 이어지는 힘입니다. 그러나 가장 먼저 무엇을 마련해줘야 하는지에 대한 실천 기준이 필요했기에, 저는 이 책에서 '생활 → 정서 → 학습'의 순서로 구조화했습니다.

- **생활의 힘은 아이가 일상을 스스로 돌보며 주도적으로 살아갈 수 있는 능력**입니다. 혼자 밥을 먹고, 화장실을 가고, 물건을 정리하고, 스스로 계획하고 행동하는 힘이지요.
- **정서의 힘은 감정을 인식하고 조절하며 타인과 건강한 관계를 맺는 능력**입니다. 속상함이나 기쁨을 표현할 줄 알고, 갈등을 말로 풀며, 친구와 협력하는 데 필요한 기반이지요.
- **학습의 힘은 놀이와 일상 속에서 스스로 질문하고 탐구하며 문해력과 수리력을 키워가는 능력**입니다. 단순히 문제를 푸는 기술이 아닌, 배움을 즐기고 이어가는 기초 체력이라고 할 수 있지요.

이 책은 3가지 힘을 중심으로 유아기와 초등기의 연결을 돕는 실천을 제안합니다. 3가지 힘은 유·초이음교육에서 강조하는 4가지 기초 역량(신체 운동, 생애 학습, 자기 조절, 사회 정서)과도 긴밀하게 연결되어 있습니다.

신체 운동 기초 역량 : 자조 기술, 기초 체력, 운동 능력

초등학교는 이동이 많고 수업 시간도 깁니다. 혼자 화장실 다녀오기, 점심 급식 받기, 바르게 앉아 있기에 필요한 몸의 힘은 모든 생활의 기본입니다. (예: "혼자 준비물을 다 챙기고 정리했어요!"라고 뿌듯해하는 아이)

> **초등학교 생활을 돕는 신체 운동 기초 역량**
>
> - 초등학교 공간에서 이동하기 위해 기초 체력이 필요합니다.
> - 바른 자세로 의자에 앉아 수업에 참여할 수 있는 체력이 필요합니다.
> - 학습 도구(가위, 풀, 연필 등) 활용을 위한 소근육 조절이 필요합니다.
> - 급식 시간에 식판과 수저를 올바르게 사용하는 등 기본적인 자조 기술이 필요합니다.
>
> (내용 출처: 교육부, 충청남도교육청(2023) 유치원 교육 과정 연계 지원자료 개발)

생애 학습 기초 역량 : 탐구 성향, 문해력, 수리력

"몇 반이야?", "몇 번이니?", "2교시 끝나고 뭐 하지?" 등 수는 학교에서 자연스럽게 쓰입니다. 규칙 만들기, 자기 생각 말하기, 또래와 협의하기 등을 통해 아이는 문해력과 수리력을 발현해나갑니다. (예: 일과표를 보며 "지금은 놀이 시간이잖아"라고 정확히 짚는 아이)

> **초등학교 생활을 돕는 생애 학습 기초 역량**
>
> - 초등학교에서 놀이 및 활동을 할 때 적극적 태도로 주도적으로 참여합니다.
> - 교사나 또래에게 자신의 상황을 단어보다는 정확한 문장으로 전달할 수 있어야 합니다.
> - 대화를 주고받을 때 주의 깊게 듣고, 자신이 말할 차례를 알고 생각을 표현합니다.
> - 학교생활 중에서 '수'의 의미, 필요한 상황을 알고 적절하게 활용합니다.
>
> (내용 출처: 교육부, 충청남도교육청(2023) 유치원 교육 과정 연계 지원자료 개발)

자기 조절 기초 역량 : 집중력, 감정 조절, 순서 지키기, 상황 판단

아이는 자신의 욕구를 상황에 따라 조절하고, 기다리며, 멈출 수 있어야 합니다. (예: 하고 싶은 말이 있지만, 친구의 발표가 끝날 때까지 손을 들고 기다리는 아이)

> **초등학교 생활을 돕는 자기 조절 기초 역량**
>
> - 초등학교 수업 시간에 이뤄지는 학습 활동의 대부분은 선생님 안내를 주의 깊게 듣고 기억하여 수행하게 됩니다.
> - 가정에서와는 달리 학교에서 적용되는 규칙에 대해 알고 이에 맞춰 자신의 행동을 조절할 수 있어야 합니다.
> - 발표하는 학생이 있을 경우, 내가 하고 싶은 이야기가 있더라도 참고 기다릴 수 있어야 합니다.

> - 주변과 관계없이 지금 하는 일에 집중할 수 있어야 하며, 때에 따라서는 하고 있는 것을 멈춰야 할 때 그만할 수 있어야 합니다.
>
> (내용 출처: 교육부, 충청남도교육청(2023) 유치원 교육 과정 연계 지원자료 개발)

사회 정서 기초 역량 : 공감, 배려, 협동, 사회적 언어 표현

갈등을 말로 해결하고 친구에게 "괜찮아?"라고 묻는 아이가 잘 자랄 수 있습니다. 모둠 활동, 또래와의 놀이 등은 정서적 유연성과 관계 기술을 익힐 기회입니다. (예: "도와줄까?"라고 먼저 물어보는 아이, "미안해"를 자연스럽게 말하는 아이)

> **초등학교 생활을 돕는 사회 정서 기초 역량**
> - 자신의 감정과 입장을 '말'로 표현하고, 자신의 언행으로 생긴 상대방의 감정을 이해할 수 있어야 합니다.
> - 교사에게 높임말과 문장으로 말하고, 예의를 지켜 행동하도록 배웁니다.
> - 친구를 도울 때 "도와줄까?"라고 물어보고 상대방의 생각을 존중하여 도움을 줄 수 있습니다.
> - 모둠 활동은 양보, 타협, 배려, 경청 등 사회적 기술을 연습하고 발달시키는 좋은 기회가 됩니다.
>
> (내용 출처: 교육부, 충청남도교육청(2023) 유치원 교육 과정 연계 지원자료 개발)

기초 역량은 '목표'가 아닌 '흐름'입니다. 4가지 기초 역량은 각각 따로가 아니라 통합적으로 아이의 삶 전반에 걸쳐 자라납니다. 초등 입학 전까지 반드시 완성해야 하는 도달점이 아니라, 아이마다 발달 속도에 맞춰 길러나가는 평생 학습의 출발점임을 잊지 말아야 합니다.

유·초이음교육에서 강조하는 4가지 기초 역량은 유아기에만 중요한 것이 아니라 초등학교 교육 과정과도 긴밀하게 연결됩니다. 2022 개정 교육 과정에서는 기초 소양(언어, 수리, 디지털 역량)과 더불어, 학생이 자기 삶을 주도하면서 배우는 데 필요한 6대 핵심 역량을 강조하고 있습니다.

- 자기 관리 역량
- 지식 정보 처리 역량
- 창의적 사고 역량
- 심미적 감성 역량
- 협력적 소통 역량
- 공동체 역량

이러한 역량은 하루아침에 길러질 수 있는 것이 아닙니다. 유아기에 키운 기초 역량이 든든한 바탕이 된 상태에 초등학교의 배움이 어우러질 때 자연스럽게 발현되고 확장됩니다. 즉, 유·초이음교육은 단순한 초등 입학 준비가 아닌, 아이의 삶 전반을 아우르는 기초 역량을 바탕으로 미래의 배움과 성장의 뿌리를 다지는 교육입니다.

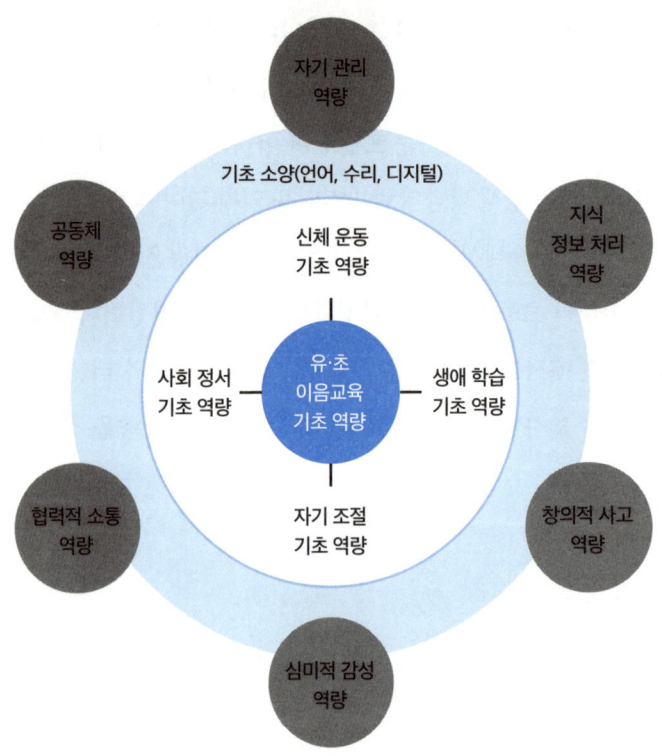

유·초이음교육 기초 역량과 2022 개정 교육 과정 기초 소양 및 핵심 역량의 연계

　제가 아이의 일상과 가정 환경에 기반하여 고안한 생활·정서·학습의 3가지 힘과 유·초이음교육 기초 역량과의 관계를 정리하면 다음과 같습니다.

　신체 운동 기초 역량은 '생활의 힘'과 맞닿아 있습니다. 자조 능력과 기초 체력은 일상생활을 스스로 해내는 데 꼭 필요한 기반이며 아이가 하루를 주도적으로 살아가는 동력이 됩니다.

　사회 정서 기초 역량은 '정서의 힘'과 연결됩니다. 감정을 인식하고 표현하며 타인을 이해하고 관계를 맺는 능력은 정서적 안정감과 공동체 감각을 길러주는 바탕이 됩니다.

생애 학습 기초 역량은 '학습의 힘'을 구성합니다. 문해력과 수리력, 탐구 성향은 놀이와 일상 속에서 발현되며 배움의 즐거움을 느끼고 표현하는 힘으로 확장됩니다.

자기 조절 기초 역량은 3가지 힘 모두를 아우르며 작용하는 메타 역량입니다. 생활에서는 '행동 조절력', 정서에서는 '감정 조절력', 학습에서는 '사고 조절력'으로 구체화되며, 아이의 성장에서 전반적인 균형과 조화를 이끄는 중심축입니다.

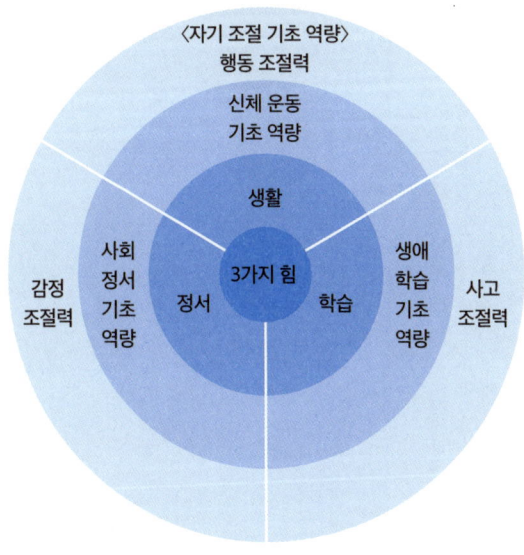

5~7세 아이에게 꼭 키워줘야 할 3가지 힘

유·초이음교육의 4가지 기초 역량은 아이의 일상생활과 놀이, 대화 속에서 자연스럽게 통합적으로 발달하며, 아이의 성장은 단절된 훈련이 아니라 삶 자체의 연결과 흐름 속에서 이뤄집니다. 따라서 유·초이음교육의 핵심은 '아이에게 무엇을 가르쳤는가'보다 '아이가 어떤 환경 속에서 자라고 있는가'에 주목한다고 볼 수 있습니다.

유·초이음교육 기초 역량 체크 리스트

아이의 성장은 하루아침에 되는 일이 아닙니다. 시도와 반복, 실수와 회복의 시간 속에서 차근차근 이어지는 흐름이 아이의 성장입니다. 초등 입학을 앞두고 '지금 우리 아이는 얼마나 준비가 되었을까?'를 점검하고 싶은 부모의 마음은 너무나 자연스럽습니다. 그러나 이 시기에 진짜로 필요한 것은, 아이의 준비 상태를 단순히 평가하는 게 아니라, 아이를 있는 그대로 바라보고 관찰하는 렌즈를 갖추는 일입니다.

이어지는 체크 리스트는 교육부에서 개발한 '이음교육 기초 역량 체크리스트(학부모용)'를 기반으로 하되, 만 3세부터 초등 저학년까지의 연속된 성장 흐름을 고려하여 재구성했습니다. 이 체크 리스트는 흔히 생각하는 해야 할 일 목록 To-do list이 아닙니다. 무언가를 해냈는지 평가하기 위한 것도 아니지요. 이 체크 리스트는 아이의 성장을 한 걸음 뒤에서 지켜보는 부모의 시선, 즉 아이의 발달을 존중하며 기다리는 관찰자의 마음을 담기 위한 안내서입니다. 우리 아이가 지금 어떤 단계에 있으며, 어떤 방향으로 자라고 있는지를 함께 알아가고 고민하며 기다릴 수 있도록 도와주는 길잡이로 활용되기를 바랍니다.

※ QR 코드를 스캔하여 체크 리스트를 다운로드받아 활용하세요.

01
유아기 vs 초등, 생활의 힘은 어떻게 다를까?

"유아기에 놀이하며 기른 생활 습관이 학교에서 빛을 발합니다."

초등학교에 들어간 아이가 규칙적으로 시간표를 따르고, 자기 물건을 정리하며, 수업 중에 손을 들고 기다리는 모습 속에는 유아기부터 차곡차곡 쌓아온 생활의 힘이 깃들어 있습니다. 이어지는 내용을 통해 유아기의 생활 습관이 어떻게 초등 생활의 기초로 이어지는지를 살펴보며, 가정에서의 어떤 일상이 아이에게 생활의 힘을 길러주는지 구체적으로 안내하고자 합니다.

⭐ 유아기에 나타나는 생활의 힘

유아기, 즉 5~7세 시기에는 아이의 하루가 대부분 일상생활과 놀이 속에서 흘러갑니다. 아이가 생활의 힘을 기르는 장면은 사실 아주 평범한 순간 속에 숨어 있습니다. 스스로 양치하고 세수하기, 옷 입고 벗기, 가방 챙기기, 정리 정돈하기, 식사 예절 지키기, 놀이 규칙 지키기 등은 모두 생활의 힘과 연결되어 있지요. 유아 교육 기관에서는 이러한 과정을 단순히 생활 지도만을 위한 시간으로 보지 않습니다. 아이의 전인적 성장과 발달, 그리고 초등학교로의 연착륙을 하기 위한 기초 역량을 키우는 시간으로 인식하지요.

　유·초이음교육 기초 역량 중 신체 운동 기초 역량과 자기 조절 기초 역량이 생활의 힘과 밀접하게 연관되어 있습니다. 단지 몸을 쓰고 건강을 관리하는 능력뿐만 아니라, 자기 몸과 감정을 조절하며 생활 리듬을 익히는 습관 형성 과정까지를 포함하지요. 이를테면 아이가 놀다가도 정리 시간이 되면 장난감을 제자리에 놓고 손을 씻으러 가는 일상적인 행동, 아이가 더워서 땀이 났을 때 스스로 수건을 꺼내어 닦는 행동은 자기 조절과 일상 적응력이 함께 자라고 있음을 보여줍니다. 이처럼 반복되는 일상생활 속 활동은 아이가 스스로 돌보는 힘을 기르는 데 중요한 기반이 되지요. 유아기에서 생활의 힘이 나타나는 예시는 다음과 같으며, 이러한 활동 속에서 아이는 '나는 스스로 할 수 있어요'라는 자율성과 자기 효능감을 키워나갑니다.

- **등원 루틴**: 가방 메기, 인사하기, 자리 정돈 등
- **신체 활동**: 놀이 후 땀 닦기, 물 마시기, 교구 정리하기 등
- **생활 자립**: 대소변 가리기, 화장실 다녀온 뒤 손 씻기 등
- **감각·운동 협응**: 신발 벗고 정리하기, 식판 들고 자리로 이동하기 등

★ 초등 입학 후에 바뀌는 생활의 힘

초등 입학 후 나타나는 가장 큰 변화는 '놀이' 중심에서 '과제' 중심으로 생활의 흐름이 바뀐다는 점입니다. 생활의 힘은 여전히 필요하지만, 그 맥락과 요구 수준이 확연히 달라지지요. 다음은 초등학교에서 생활의 힘이 드러나는 예시입니다.

- 정해진 시간 안에 준비물 챙기기
- 혼자 힘으로 식판과 수저를 들고 급식 받기
- 수업 중 화장실 가는 것을 조절하기
- 쉬는 시간에 친구들과 충돌 없이 어울리기
- 교과 시간과 쉬는 시간을 구분하여 행동하기
- 책상 속과 사물함을 구분하여 정리하기

초등 입학 후에는 유아기와는 달리 정해진 시간, 정해진 공간, 정해진 규칙 안에서의 자기 조절력과 생활 자립력이 훨씬 더 강조됩니다. 초

등 입학 후 초기에는 부모님과 선생님의 적극적인 지원이 있겠지만, 시간이 지날수록 아이 스스로 생활을 조절해야 하는 경우가 많아지고, 이렇게 길러진 생활의 힘이 정서의 힘과 학습의 힘으로 이어지게 되는 것입니다.

★ 유아기 vs 초등 입학 후, 생활의 힘 정리

아이는 유아기부터 초등에 이르기까지 일상을 반복하며 자연스럽게 생활의 힘을 키워나갑니다. 유아기에는 일과를 따라 움직이며 놀이하고, 자기 몸과 물건을 챙기면서 자조 능력과 기초 체력을 발달시키는데, 특히 누리 과정에서는 신체 활동 즐기기, 건강하고 안전하게 생활하기, 나를 알고 존중하기와 같은 내용이 강조되지요. 이는 아이가 몸의 감각을 키우고 자기 생활을 돌보는 힘을 기르는 중요한 시작점입니다.

    이러한 기반은 초등 입학 후 1학년 교과인 바른 생활, 슬기로운 생활로 자연스럽게 연결됩니다. 아이는 정해진 시간표에 따라 움직이고, 교실에서 친구들과 함께 활동하면서 자신의 역할과 규칙을 배우고, 물건과 시간을 스스로 관리하는 법을 익히기 시작하지요. 처음에는 "지금은 무슨 시간이야?", "내 색연필 어딨지?" 등과 같은 질문을 반복하지만, 점차 하루의 구조를 익히고 생활 리듬을 만들어가게 됩니다. 그리고 생활의 힘은 단순한 습관 형성을 넘어 2022 개정 교육 과정에서 강조하는 3가지 핵심 역량과도 밀접하게 맞닿아 있습니다.

- **자기 관리 역량**(자기 생활과 정서를 주도적으로 관리하는 힘)
- **공동체 역량**(더불어 살아가는 감각과 책임 의식)
- **협력적 소통 역량**(일상 속에서 다른 사람과 관계 맺는 능력)

3가지 핵심 역량은 모두 아이가 자신의 일상생활을 어떻게 살아내느냐와 깊이 연결되어 있습니다. 따라서 생활의 힘은 단지 생활 습관이라는 기술이 아니라, 아이가 자기 삶을 주도적으로 꾸려가는 가장 기본이자 핵심 역량의 시작이라고 볼 수 있습니다.

유아기 vs 초등 입학 후, 생활의 힘 한눈에 보기

구분	유아기(5~7세)	초등(저학년)
주요 맥락	놀이와 생활 중심	놀이와 수업이 공존하는 전환기적 생활 중심
강조 역량	신체 운동 기초 역량, 자기 조절 기초 역량	자기 관리 역량, 공동체 역량, 협력적 소통 역량, 시간 감각(시간 구조 이해)
지원 방식	일상 속 모델링과 반복적 유도	자기 점검과 교사의 피드백 중심 지도
환경 특징	여유 있는 흐름, 감각 자극 중심	시간표 기반, 정해진 절차 강조
공통점	생활의 힘은 자율성, 습관화, 정서 안정이 핵심이며, 이후 학교 적응력과 학습 준비성에 직접 연결됩니다.	

02

생활의 힘이 부족할 때
생기는 일

"생활 습관은 아이의 하루를 지켜주는 가장 작은 울타리입니다."

아이는 스스로 하루를 보내며 세상을 배웁니다. 하루를 구성하는 건 공부가 아닙니다. 정해진 시간에 일어나고, 밥을 먹고, 화장실을 다녀오고, 물건을 제자리에 두는 평범한 행동이지요. 지극히 평범하지만 이런 행동이 몸에 배지 않으면 아이는 하루하루를 계속해서 누군가의 손에 의존하게 되고, 이는 자립심의 약화, 관계에서의 갈등, 반복적인 좌절로 이어집니다. 즉, 생활의 힘은 아이가 자신의 삶을 감당해보는 첫 번째 경험인 셈입니다.

★ 유아기에 나타나는 모습

생활의 힘은 하루아침에 생기지 않습니다. 5~7세 아이는 놀이와 일상을 통해 조금씩 스스로 할 수 있는 일을 늘려가며 자립심을 익혀야 하지요. 다음은 유아기에 생활의 힘이 부족할 때 나타나는 모습입니다.

- **늦잠 및 지각 반복**: 등원 루틴이 정립되지 않아 매일 아침을 전쟁처럼 시작함 → 아침부터 부모와 갈등이 생기고 아이가 등원에 부정적인 감정을 갖게 됨
- **정리 정돈 미숙**: 교구를 사용한 후 제자리에 두지 않거나 치워야 한다는 인식 자체가 약함 → 놀이의 마무리가 어렵고 새로운 활동으로의 전환이 매끄럽지 않아 활동 집중력 저하로 이어짐
- **대소변 실수**: 화장실 가는 시점을 놓치거나 다녀온 후 손 씻기 등의 후속 행동을 누락함 → 수치심, 불쾌한 경험이 누적되어 정서적 위축이나 친구 관계에 어려움이 생기기도 함
- **식습관 불균형**: 밥을 너무 오랫동안 먹거나 먹는 양이 일정하지 않고 편식이 심함 → 급식 시간에 혼자 남거나 식사 시간이 스트레스가 되면서 전반적인 생활 리듬이 흔들림
- **신체 리듬 깨짐**: 밤에는 늦게 자고 아침에는 힘들게 일어나며 낮에는 피곤해 보이는 패턴 → 활동 중 꾸벅꾸벅 졸거나 집중력이 급격히 떨어져 학습 의욕 저하로 이어짐
- **신체 조작 기능 미숙**: 지퍼 올리기, 물병 열기, 단추 잠그기 등에서 반복적인 어려움 호소 → 활동 중 자주 도움을 요청하거나 위축되어 또래보다 느리다는 인

식을 하게 됨

이러한 모습은 유아 교육 기관에서 교사의 반복 지시, 또래와의 충돌, 자기 효능감 저하로 이어질 수 있고, 이는 곧 정서 불안정, 활동 참여 저하로 나타나고 누적됩니다.

★ 초등 입학 후에 나타나는 모습

초등학교에 입학하면 이전과는 전혀 다른 일상이 시작됩니다. 가장 크게 달라지는 건 '자기 일은 자기가 하는 구조' 속에서 움직여야 한다는 점이지요. 준비물 챙기기, 급식실 이용, 화장실 타이밍 조절, 책상 정리, 수업 준비 등 모든 과정에서 생활의 힘이 곧 적응의 힘이 됩니다. 하지만 안타깝게도 여전히 많은 부모가 아이의 학습 능력, 즉 문자와 숫자 습득에 먼저 집중합니다. 정작 아이에게 하루를 스스로 감당할 만한 생활의 힘이 부족하면 학습은 물론이고 정서와 관계까지 좋지 않은 영향을 받는데도 말이지요. 다음은 초등 입학 후에 생활의 힘이 부족할 때 나타나는 모습입니다.

- **시간 감각 부족**: 쉬는 시간이 끝난지도 모르고 종이 울린 뒤에도 놀다가 수업 준비가 늦음
- **준비물 문제**: 준비물 없이 학교에 와서 "엄마(아빠)가 안 챙겨줬어요"라고 말함

- **급식실 시행착오**: 식판을 들고 가다가 넘어지거나 자리 찾기에 어려움을 느낌
- **손 조작 미숙**: 손을 조작하는 힘이 약해 스스로 음료 팩을 뜯지 못하거나 뚜껑을 열지 못해서 내용물을 흘리거나 쏟음
- **정리 습관 부재**: 가방 안이 어지럽고 공책이 구겨져 있거나 연필이 부러져 있는 경우가 많음
- **자기 조절 실패**: 수업 시간에는 자리에 앉아 있지 못하고, 쉬는 시간에는 친구와 자주 다툼

이러한 모습이 나타나는 이유는 단지 아이가 게으르거나 노력을 하지 않아서가 아닙니다. 그동안 스스로 해보지 않은 채 어른의 손에 의존하는 생활 구조에서 자라왔기 때문이지요. 초등 입학 후에 생활의 힘이 부족한 아이는 학교라는 새로운 환경에서 반복적으로 좌절을 경험하게 됩니다. 이는 자연스럽게 자신감 하락, 수업 참여도 저하, 교사나 또래와의 거리감 확대로 이어지지요.

★ 아이의 정서·학습·관계의 토대가 되는 생활의 힘

생활의 힘은 아이의 하루를 지탱하는 가장 기초적인 힘이자, 정서 안정, 학습 집중, 또래 관계의 토대가 되는 힘입니다. 생활의 힘이 약한 아이는 단순히 느리고 서툰 것을 넘어, 학교생활 전반에서 자신감을 잃고, 소극적인 태도를 보이게 되며, 교사나 친구와의 관계에서 위축되기 쉽

습니다. 생활의 힘이 부족할 때 아이가 겪게 되는 어려움을 정서·학습·관계 영역으로 나눠 살펴보면 다음과 같습니다.

- **정서**: 반복되는 실패와 지적이 자존감 저하로 이어짐

  [예시] 자주 지각하거나 준비물을 잊어버리는 아이는 아침마다 부모님의 잔소리를 듣고 등교합니다. 교실에 도착해서도 "왜 또 안 가져왔니?", "오늘도 늦었구나" 등과 같은 말을 듣지요.

  [결과] 작은 실수들이 쌓이면서 '왜 나는 맨날 혼날까?', '나는 잘 못 하는 아이인가 봐'라는 부정적인 자기인식이 생기고 자존감이 낮아지며 점점 위축됩니다.

- **학습**: 수업 참여도와 집중력이 떨어져 학습 회피로 이어짐

  [예시] 수업 시간에 책이나 학용품이 없어서 활동을 따라가지 못할 때 선생님이 "친구들은 벌써 다 했는데…"라고 말하면 아이는 스스로를 더 작게 느끼게 됩니다.

  [결과] 준비 부족으로 수업의 흐름에 편승하지 못하고, 선생님의 설명을 놓치며, 자신감이 떨어져 점점 수업에 소극적으로 참여하게 됩니다.

- **관계**: 또래와의 놀이나 협력 활동에서 갈등이 잦아짐

  [예시] 교실에서 몇몇이 같이 놀다가 누군가 정리하자고 말했을 때 어떤 아이는 바로 행동하지만, 또 다른 아이는 계속 놀기만 합니다. 그 결과 "왜 말을 안 들어?", "이제 우리 같이 못 놀아"라는 말로 갈등이 생기지요.

  [결과] 생활 습관 차이에서 불거진 오해는 친구 관계에 긴장감을 만들고, 이것이 누적되면 아이는 사회적 소속감을 잃거나 관계를 회피하려는 경향을 보일 수 있습니다.

이처럼 생활의 힘은 아이의 정서 안정과 학교생활 적응, 학습 참여, 또래 관계 형성 등 모든 영역에 걸쳐 영향을 미칩니다. 생활의 힘이 부족한 아이는 어딘가 늘 쫓기듯 하루를 시작하고, 항상 뒤처진다는 인식을 안고 살아가며, 결국에는 스스로를 '못 하는 아이'로 바라보게 될 위험도 커지지요. 생활의 힘은 한순간에 길러지지 않습니다. 무엇이든 스스로 할 수 있는 환경, 부모의 말 한마디, 그리고 하루하루 계속되는 루틴 속 실천이 쌓일 때 생활의 힘이 단단해질 수 있다는 사실을 꼭 기억하기를 바랍니다.

03
가정에서 생활의 힘을 키워주는 방법

"아이에게 하루는 흐름을 알고 안심할 수 있는 리듬이 되어야 합니다."

정신없이 서두르다 결국엔 손에 잡히는 옷을 입혀서 아이를 등원시키는 아침. 하지만 어떤 아이는 혼자 일어나서 날씨를 확인하고 옷을 고르며 가방을 챙깁니다. 도대체 왜 이런 차이가 생길까요? 답은 루틴, 즉 일과의 예측 가능한 흐름에 있습니다. 아이가 반복되는 질서 속에서 하루를 보내도록 돕는 일, 이는 곧 자기 조절력과 독립성의 뿌리를 키우는 일입니다.

★ **방법 ①**
│││ 루틴 만들기

"선생님, 저희는 아침마다 전쟁이에요. 일어나서 세수하고 옷 입는 데만 30분이 걸려요. 매일 아침 등원 시간에 쫓기느라 결국은 제가 아이를 씻기고 옷을 입혀요."

유치원 교사인 지인이 학부모 상담에서 가장 자주 듣는 말 중 하나라고 합니다. 아침만 되면 집 안이 분주해지고 아이와 부모가 모두 스트레스를 받지요. 반면에 같은 또래인데도 스스로 일어나서 준비를 척척 해내는 아이도 있습니다. 차이는 무엇일까요? 핵심은 '루틴'입니다.

아이에게 루틴이 필요한 이유

루틴을 만드는 이유는 단순히 일상을 편리하게 하는 데에만 있지 않습니다. 루틴은 아이가 시간의 흐름을 인식하고, 자율성과 선택 능력을 키우는 데 핵심적인 역할을 합니다.

러시아의 심리학자 레프 비고츠키 Lev Vygotsky 는 아이의 발달을 돕기 위해 성인이 제공하는 '스캐폴딩 Scaffolding'의 중요성을 강조했습니다. 스캐폴딩이란 비계飛階, 즉 높은 곳에서 공사할 수 있도록 임시로 설치한 가설물처럼, 아이 혼자 하기엔 어려운 일을 어른이 적절히 도와주면 아이가 그 일을 조금씩 스스로 해낼 수 있게 된다는 개념입니다. 예를 들어 아이에게 아침 루틴을 만들어주기 위해 "일어나자마자 뭐부터 해야 하지?"라고 물었을 때 "세수요!"라고 대답하면 함께 욕실로 가주고, 이어서 양치질까지 순서를 알려주면서 기다려주는 방식이 스캐폴딩입니다. 처음에는 부모가 많이 가이드해야 하지만, 반복되는 루틴 속에서 아이는 점점 스스로 일과를 시작할 수 있게 되지요. 이처럼 루틴은 일상생활이라는 과제를 스스로 해결할 수 있도록 돕는 단계적 지원입니다.

또 미국의 발달 심리학자 에릭 에릭슨 Erik Erikson의 이론에 따르면, 유아기에는 '자율성 대 수치심과 의심', '주도성 대 죄책감'이라는 발달단계를 거칩니다. 이 시기의 아이는 "내가 할 수 있어요!"라는 자율성과 주도성의 경험을 쌓으며 자신감을 키우는데, 부모가 이를 지지해줄수록 자기 효능감이 자라납니다. 반대로 "너는 못 하니까 엄마(아빠)가 해줄게", "빨리해!"처럼 모든 것을 대신해주거나 서두르게 하면, 아이는 '나는 잘 못 해', '내가 하면 틀릴 거야'라는 수치심과 의심, 그리고 죄책감을 품게 되지요. 예를 들어 잠옷 갈아입기를 늘 도와주던 부모가 어느 날 "네가 스스로 한번 입어볼래?"라고 권했을 때 아이가 다 입고 나서 "나 혼자 했어!"라고 웃는 그 순간이 바로 자율성과 주도성의 씨앗이 자라는 순간입니다.

이처럼 루틴은 단순히 시간 관리 이상의 의미를 가집니다. 반복되는 일과 속에서 아이가 선택하고 실행하는 경험을 통해 자기 주도성과 심리적 독립성을 키워가는 기반이 되어주지요. 이는 장기적으로 긍정적인 자아 정체감 형성에도 중요한 밑거름이 됩니다.

가정에서 루틴을 만드는 방법

루틴을 만드는 과정은 단지 아이가 현재를 잘 살아가기 위한 습관을 기르는 데 그치지 않습니다. 이는 초등 입학 후의 학교생활 적응력, 자기주도적 학습 태도, 사회적 관계 맺기에도 깊은 영향을 주지요. 특히 초등 1학년 시기에는 규칙에 따라 움직이는 생활, 혼자 준비하고 정리하는 일, 정해진 시간 안에 활동을 수행하는 능력이 기본으로 갖춰져야 합니다. 이러한 능력은 모두 유아기부터 자연스럽게 체득한 루틴과 시간 감각에서 비롯되지요. 이를테면 아이가 아침에 혼자 일어나 옷을 갈아입고 가방을 메는 습관은 초등학교에서 스스로 준비물을 챙기고 교실에서 책임감 있게 행동하는 기반이 됩니다. 그리고 일정한 생활 리듬 속에서 경험한 '예고-행동-정리'의 과정은 수업 전환과 쉬는 시간 활용, 과제 수행에서 자기 조절력과 시간 관리 능력으로 확장됩니다.

앞서 소개한 비고츠키의 스캐폴딩 개념처럼 루틴을 만드는 초기에는 부모의 지지와 안내가 필요하지만, 루틴을 반복함으로써 아이는 점점 더 독립적인 주체로 성장하게 됩니다. 또 에릭슨이 이야기한 자율성 대 수치심과 의심, 주도성 대 죄책감의 시기를 건강하게 통과하기 위해서도 하루의 작은 성공 경험이 담긴 루틴은 꼭 필요합니다.

😊 등원 루틴 : 부드럽게 시작하는 하루

우선 아이와 함께 '아침에 준비할 일'에 대해 이야기합니다. '일어나기 → 화장실 가기 → 세수하기 → 옷 입기 → 아침 먹기' 순서로 흐름을 단순하게 정리합니다. 이때 그림이나 사진으로 시각화하면 아이가 더 쉽게 이해할 수 있습니다. 그러다 익숙해지면 '물 마시기 → 과일 먹기 → 양치하기 → 립밤 바르기'처럼 세부 활동으로 점차 확장해나가면서 아침 준비를 완성하는 것이지요. 하지만 저녁에 일찍 잠자리에 들어도 아침마다 유독 일어나기 힘들어하는 아이도 있습니다. 이런 경우에는 반려식물 키우기를 추천합니다. 아침 햇살이 드는 창가에 식물을 두고 물 주기를 루틴의 한 부분으로 만들어보는 것이지요. 아이 스스로 식물을 돌본다는 책임감을 느끼며 자연스럽게 일어날 동기를 부여할 수 있습니다.

사실 등원 루틴에서 가장 중요한 것은 부모의 아침 루틴 정립입니다. 맞벌이 가정의 경우, 서로의 출근 준비부터 식사, 아이의 등원 준비까지 한두 시간 내에 모든 것들이 톱니바퀴가 맞물리듯 합이 맞아야 하지요. 부모 중 한쪽이 육아를 전담하는 경우일수록 등원 루틴이 명확하게 정립되지 않아 기관에 늦는 경우가 많다고 합니다. 결국은 시간이 문제가 아니라, 부모와 아이가 함께 하루를 시작하는 명확한 리듬을 만드는 것이 등원 성공의 열쇠입니다.

요즘은 아이와 함께 등원하는 주체도 점점 다양해지고 있습니다. 조부모님이나 아이 돌봄 선생님이 아침에 아이의 등원을 맡아주는 경우도 흔하지요. 무엇보다 중요한 것은 누가 함께 등원하든 루틴에 대해 아이와 충분히 이야기를 나누는 것입니다. 또 아이의 등원을 책임지는 분과도 긴밀하게 소통하며 루틴을 공유하고 조율하는 과정이 꼭 필요합니다.

아이의 하루가 안정적으로 시작되려면 준비된 마음과 일관된 생활 리듬이 무엇보다 중요합니다. 등원은 단순히 아이를 기관에 데려다주는 일이 아니라 아이 스스로 하루를 열고 성장할 수 있도록 돕는 소중한 일임을 기억해야 합니다.

😊 하원 후 오후 루틴 : 여유 있는 전환

하원 후에는 아이에게 곧바로 무언가를 시키기보다는 10~20분간 가벼운 휴식 시간을 마련해줍니다. 아이에게는 기관 생활을 마치고 나서 긴장을 풀 시간이 필요합니다. 휴식 후에는 간식 먹기 → 숙제 또는 간단한 활동하기 → 자유 놀이 → 저녁 먹기로 흐름을 만듭니다. 특히 활동 전환이 있을 때는 5분 전에 예고해줘야 합니다. "5분 뒤에 간식을 먹을 거야", "긴바늘이 10을 가리키면 놀이터에서 집으로 들어갈 거야" 처럼 아이가 심리적 준비를 할 수 있도록 구체적인 시간 언어로 안내해 주세요.

왜 시간 예고가 필요할까요? 유아기부터 초등 저학년까지는 아직 시간 개념이 미숙한 시기입니다. 이 시기의 아이는 지금 진행 중인 활동에 몰입하게 되면 스스로 멈추는 시점을 파악하거나 정리하는 것이 어렵습니다. 이때 부모가 갑자기 멈추라고 요구하면, 아이는 반발심을 보이며 고집을 피우게 되고, 부모는 그 모습을 보며 짜증을 내는 상황이 반복되기 쉽습니다. 하지만 5~10분 전 예고는 아이가 마음속으로 이제 곧 끝난다는 상황을 서서히 받아들이고 속도를 조절하게 하는 심리적 쿠션 역할을 합니다. 반복적인 예고를 통해 아이는 자연스럽게 활동을 마무리하고 다음 활동으로 전환하는 자기 조절력을 키울 수 있게 되지요.

교육학적으로도 '예고-예측-전환'은 매우 중요한 발달 요소입니다. 발달 심리학자 루스 샤플린 Ruth Shaplin 은 유아의 행동 전환이 성공적으로 이뤄지기 위해서는 예측 가능성 Predictability 이 뒷받침되어야 한다고 말합니다. 또 비고츠키의 '근접 발달 영역 Zone of Proximal Development, ZPD' 이론에 따르면 아이는 아직 스스로 할 수 없는 과제를 성인의 적절한 지원(스캐폴딩)을 통해 조금씩 해낼 수 있게 됩니다. 이때 5~10분 전 예고는 아이가 자기 주도적으로 활동을 마무리할 수 있도록 돕는 매우 효과적인 언어적 스캐폴딩인 셈이지요.

맞벌이 가정이라면 오후 시간은 대부분 기관의 방과 후 프로그램이나 연령 통합 활동 등 시간 연장 보육으로 채워지게 됩니다. 이러한 활동을 하고 집에 돌아온 아이에게도 간단한 대화와 자유 놀이 시간은 꼭 필요합니다. 하루 동안 긴장했던 마음을 풀고, '집에 오니 편안하다'라는 정서적 신호를 받을 수 있어야 안정적인 루틴이 정착되기 때문입니다.

😊 평일 저녁 루틴 : 따뜻하게 마무리하는 하루

저녁 식사 후에는 온 가족이 함께하는 간단한 놀이 시간을 가져봅니다. 보드게임, 그림책 읽기, 가벼운 몸놀이 등이 좋지요. 이후에는 양치하기 → 세수하기 → 가방 정리 및 준비물 챙기기 등의 순서로 루틴을 이어갑니다. 이때 아이의 기관에서 사용하는 앱을 활용하면 도움이 됩니다. 준비물을 챙기는 과정에서는 아이와 이렇게 대화할 수 있습니다.

"내일 유치원에 뭐 챙겨가야 해?"
"선생님이 내일 공원으로 놀러 간다고 했어요. 그래서 간식 가져가야 해요."

　이러한 대화를 함으로써 아이는 선생님 말씀을 떠올려 스스로 말로 표현하는 경험을 하게 되고, 부모는 그 내용을 경청해 함께 행동으로 옮기며 아이에게 정서적 안정감을 선사하게 됩니다.
　또 가방을 정리하면서 아이와 함께 오늘 쓴 물건을 꺼내고, 내일 필요한 물건을 넣어보는 활동은 생활 루틴 형성과 자기 주도성에 큰 도움이 됩니다. "오늘 컵은 잘 썼니?", "이 수건은 내일도 쓸 거야?" 등과 같은 말을 주고받으며 아이는 오늘을 정리하고 내일을 준비하는 생활의 리듬을 익힐 수 있습니다.
　사실 이런 루틴을 바쁜 부모가 매일 완벽하게 지키기란 생각보다 쉽지 않습니다. 그럼에도 저녁 시간, 단 5분이라도 아이와 함께 오늘을 돌아보고 내일을 준비하는 짧은 대화는 꼭 필요합니다. 그리고 취침 전에는 하루를 돌아보는 짧은 대화를 나눠보세요. "오늘 가장 즐거웠던 일은 뭐였어?", "고마웠던 일이 있었니?", "오늘 친구가 했던 말 중에 기억나는 게 있어?" 등과 같은 대화는 아이의 정서 발달과 자아 성장을 돕는 의미 있는 하루의 마무리가 됩니다.

😊 주말 루틴 : 여유 있는 경험

　주말은 평일보다 느슨하지만, 기본적인 기상이나 식사 시간은 비슷하게 유지하는 것이 중요합니다. 산책하기, 마트에서 장보기, 간단한 집안일 등을 함께하며 아이의 일상생활 경험을 풍성하게 해주세요. 특별한 일정이 없는 날은 아이가 하고 싶은 일을 직접 선택하게 합니다.

"오늘 하고 싶은 일 3가지를 말해볼래?"와 같은 식으로 아이가 스스로 계획을 세워보는 기회를 만들어줄 수 있습니다. 이는 자율성과 주도성을 키워주는 좋은 연습이 됩니다.

루틴을 단단하게 만드는 가정 환경

😊 준비 공간을 명확히 구분한다

아침에 일어나서 갈아입을 옷은 아이 키 높이의 낮은 옷걸이나 서랍에 준비하고, 가방, 모자, 신발 등 외출 준비물은 현관 근처 한눈에 보이는 장소에 정리합니다. 이때 준비물을 찾기 쉽게 이름표나 색상 분류를 활용해보세요. 이를테면 양말은 파란색 바구니, 속옷은 노란색 바구니, 외출용 모자는 초록색 바구니에 넣는 식으로 색을 정해두면, 아직 글자를 잘 모르는 아이도 색을 단서로 물건의 자리를 쉽게 기억하여 스스로 꺼내거나 정리할 수 있습니다. 이러한 시각적 단서는 아이의 독립성과 자기 관리 능력을 자연스럽게 키우는 데 큰 도움이 됩니다.

😊 시각적 안내 자료를 활용한다

일과 순서를 그림이나 사진으로 만들어 벽에 붙여주세요. 또 체크리스트를 활용하면 완료 항목을 아이가 직접 표시하게 되어 성취감을 높일 수 있습니다. 이러한 과정을 반복하다 보면 나중에는 체크 리스트 없이도 쉽게 루틴이 자리 잡게 되지요.

😊 물리적 흐름과 심리적 흐름을 일치시킨다

일어나기 → 세수하기 → 옷 입기 → 아침 먹기 등 루틴과 동선을 고려해 집 안 구조를 정리합니다. 예를 들어 옷장을 화장실 가까운 곳에 배치하면 동선이 간결해져 아이가 스스로 움직이기 수월해지지요.

😊 여유 있게 시간을 계획한다

촉박한 시간 배분은 아이를 불안하게 만듭니다. 주요 루틴 사이에 5~10분 정도의 여유 시간을 잡아주세요. 예를 들어 등원 전 아침을 먹은 후에 5분 정도는 좋아하는 그림책을 보는 시간으로 정하는 것이지요. 또는 하원 후 간식을 먹은 다음에 10분 정도 자유롭게 블록 놀이를 하는 시간을 두면, 아이가 전환에 스트레스를 받지 않고 그다음 활동에 더 집중할 수 있습니다. 이처럼 짧은 여백은 심리적 안정감을 주고, 시간 감각 조절 능력을 키우는 데 도움이 됩니다.

루틴을 만들 때 꼭 기억할 점

첫째, 아이의 발달 수준에 맞춰 기대치를 조정하세요. 이를테면 만 4세 아이에게 아침에 혼자 양치하기, 옷 입기, 가방 챙기기를 모두 완벽히 해내기를 기대하기보다는 "양치 컵을 정리하고, 옷 입는 것까지만 오늘 해볼까?"처럼 성공 가능한 목표를 설정해주는 것이 중요합니다. 아이가 조금씩 할 수 있는 범위가 넓어지도록 돕는 것이 루틴 훈련의 핵심입니다.

둘째, 일방적으로 지시하지 말고 아이와 함께 이야기하며 계획을 세우세요. "아침에 뭐부터 하면 좋을까?", "옷은 언제 입는 게 제일 편할까?" 등과 같은 대화를 나누면 아이도 자기 일상에 대한 주인의식을 갖게 됩니다.

셋째, 처음부터 완벽을 기대하지 말고 실패를 수용하는 여유를 가지세요. 루틴이 익숙해지는 데는 시간이 필요합니다. 오늘 잘 못 했더라도 내일 다시 시도해볼 수 있도록 기다려주세요.

넷째, 루틴을 잘 지켜서 칭찬한다면 결과보다는 과정을 구체적으로 인정해주세요. 단순히 "잘했어!"라고 하기보다는 "양치랑 옷 입기를 스스로 순서대로 해냈구나!", "가방에 물병을 먼저 넣은 거, 기억해서 잘했네"처럼 과정을 구체적으로 짚어주면, 아이는 자신이 무엇을 어떻게 잘했는지를 인식하게 되어 다음에도 반복하고 싶어 하는 내적 동기를 키울 수 있습니다.

루틴 만들기와 유·초이음교육

연계 항목	유아 교육 기관(누리 과정)	초등 교육 과정(1~2학년군)
교육적 의미	〈신체 운동·건강 영역〉 기본 생활 습관 실천, 자율성과 자기 조절력 기르기, 안전한 생활을 위한 약속·규칙 배우기	〈통합 교과 내 생활 주제〉 건강하고 안전한 생활, 규칙을 지켜요, 일상을 스스로 등 자기 관리 및 공동체 생활 기반 형성
교육 방법	놀이·주제 중심 활동, 이야기 나누기, 역할놀이 등을 통한 자연스러운 규칙 내면화	활동 중심의 체험 학습, 협동 놀이, 일상 속 생활 실천 중심 수업
가정 연계 포인트	아침 루틴 만들기, 약속 정하기, 부모의 스캐폴딩 제공	규칙 실천 경험과 습관화, 스스로 일과 계획하고 실행하기 경험 제공

⭐ 방법 ②
〽️ 일상생활 약속 정하기

아이에게 자율성을 주고 싶은 부모는 많습니다. 하지만 자율성이 진짜 힘을 발휘하려면 '약속'이라는 기반이 먼저 필요합니다. "하지 마"라고 100번 말해도 되풀이되는 상황, 그 이면에는 아직 아이 안에 '내면화된 규칙'이 자리 잡지 못했을 가능성이 큽니다.

"선생님, 우리 아이는 아무리 말해도 계속 뛰어다녀요. 엘리베이터 안에서도 뛰고, 마트에서도 갑자기 달려나가요. 심지어는 집에서 밥을 먹을 때도 가만히 앉아 있는 법이 없네요. 아무리 말을 해봤자 듣지 않아요. 제가 화내면 잠깐 그때뿐이고, 또 반복돼요."

7세 서준이 엄마는 외출할 때마다 마음이 조마조마합니다. 서준이가 갑자기 차도로 뛰어나가기도 하고, 공공장소에서 약속을 지키지 못해 민망한 상황이 반복되곤 하거든요. 그런데 기질적으로 활동량이 많고 반응성이 높은 아이는 낯선 공간에서 더 민감하게 반응하거나, 한번 감정이 고조되면 멈추기 어려운 경우가 많습니다. 하지만 그렇다고 모든 행동을 "우리 아이는 원래 에너지가 넘치는 성향이에요"라는 말로만 넘길 수는 없지요. 기질은 이해의 출발점이 될 수는 있지만, 교육의 면제 사유가 될 수는 없습니다. 기질에 따라 다르게 행동하는 아이에게 기본적인 규칙과 약속을 가르쳐야 하는 건 부모의 몫입니다.

아이에게 분명히 말했지만 반복되는 상황은 단순히 아이가 말을 안 들어서라기보다는 약속이라는 개념이 아이 안에 아직 내면화되지 않았기 때문일 수 있습니다. 즉, 아이가 엄마(아빠)의 "하지 마"라는 말은 기억하더라도, 왜 그 상황에서 하지 말아야 하는지, 내 행동이 다른 사람과 나에게 어떤 영향을 줄 수 있는지까지는 이해하지 못했을 가능성이 큽니다.

약속은 '규제'가 아니라 '보호'의 언어

아이에게 약속은 단순한 제한이 아닙니다. 예측 가능한 생활의 흐름을 만들고 안전한 행동의 이유를 이해시키는 자율성 훈련의 첫걸음이지요.

　길을 건널 때 "손을 들어야 해"라는 말은 단순한 약속이 아니라 아이가 스스로 위험을 인식하고 행동을 조절하도록 돕는 자율성 훈련입니다. 반복적으로 이러한 경험을 쌓은 아이는 시간이 지나면 부모가 굳이 지시하지 않아도 스스로 자기 안전을 지키는 행동을 선택하게 되지요. 또 마트에서 "엄마(아빠) 옆에서 함께 걸어가자"라고 계속 말해주는 것도 단순한 통제가 아니라 공공장소에서의 질서와 타인을 배려하는 태도를 함께 익히는 교육의 기회가 됩니다. 이러한 약속을 반복적으로 실천한 아이는 다음에 비슷한 상황을 마주하면 스스로 경계선을 인식해 행동을 조절하려는 모습을 보이지요. 친구와 장난감을 두고 다툴 때 "우리 차례대로 갖고 놀자고 약속했지?"라고 상기시키는 말 역시 단순한 훈육이 아니라 아이가 자기 욕구를 조절하고 타인과 조화롭게 지내는 연습이 됩니다.

이러한 과정을 거치며 아이는 약속을 지키는 일이 나의 기분뿐만 아니라 다른 사람의 감정까지 지키는 일임을 배웁니다. 약속은 단순한 규제가 아닌, 아이를 보호하고 자율적인 존재로 자라게 하는 따뜻한 울타리지요. 자율성은 아무 제약 없는 자유가 아니라 적절한 약속과 함께 행동을 조절하는 힘에서 비롯된다는 사실을 기억해야 합니다.

아이가 약속을 지키지 않을 때 부모가 해야 할 일

아이에게 아무리 약속을 설명해도 매번 같은 상황이 반복되거나 감정 조절이 어려워 울고 떼쓰거나 바닥에 드러눕는 경우도 많습니다. 특히 활동량이 많고 즉각적인 반응을 보이는 아이는 기분이 흐트러지면 약속이 없었다는 듯 행동하기도 하지요. 이때는 단지 상황 속에서 지적하는 것만으로는 충분하지 않습니다. 집을 나서기 전부터 상황 예고와 약속 정하기가 선행되어야 합니다.

> "민준아, 우리는 오늘 마트에 저녁 요리 재료를 사러 갈 거야. 그런데 마트에서 네가 갖고 싶은 걸 사달라고 조르거나 짜증을 내면 엄마(아빠)는 바로 집으로 돌아올 거야. 그리고 다음부터는 민준이를 마트에 데려가지 않을 거야."

이처럼 구체적인 장소, 행동, 결과를 함께 말해주는 것이 중요합니다. 아이에게는 "안 돼!", "하지 마!"보다 네가 어떤 행동을 하면 어떤 결과가 뒤따른다는 예고된 경고가 훨씬 효과적이지요. 물론 단번에 바뀌지는 않습니다. 하지만 이와 같은 대화를 반복하다 보면 아이는 점차 자기감정과 욕구를 조절하고, 약속이 단순한 제약이 아닌 신뢰와 일관성의 기준이라는 사실을 배우게 됩니다.

> **아이의 기질에 따른 부모의 대화법**
>
> - **고집이 센 유형**(자기주장이 강함): 협상보다는 선택지를 줘서 결정권을 느끼게 하세요. "이렇게 할까, 저렇게 할까?"처럼 대화의 구조를 조절해보세요.
> - **높은 활동성**(가만히 있지 못함): 약속은 '한두 가지'로 단순하게! 외출 전 구체적인 장소와 행동을 미리 시뮬레이션해보세요.
> - **느린 반응형**(새로운 환경에 적응이 어려움): 충분한 설명과 연습이 필요합니다. 약속을 '놀이처럼' 연습하고 실패했을 때는 위로와 재시도가 중요합니다.
> - **감정 반응이 빠름**(짜증, 울음, 떼쓰기): 말보다는 '결과'를 예고하고 일관성 있게 반응하세요. 예고한 대로 행동하는 것이 핵심입니다.

가정에서 '약속 문화'를 형성하는 방법

😊 아이와 함께 약속을 만든다

가정에서 약속은 부모가 정해주는 것보다 아이와 함께 정하는 것이 훨씬 효과적입니다. 아이에게 의견을 묻고 선택하게 해보세요. 아이가 스스로 약속을 만드는 방법은 다음과 같습니다.

질문을 통해 유도하기

"하원하고 나서 뭘 먼저 하면 좋을까?", "엘리베이터에서 지켜야 할 약속에는 뭐가 있을까?", "마트에서는 엄마(아빠)와 어떤 약속을 만들어서 지킬까?" 등 질문을 해서 아이가 답하면 그 내용을 글이나 그림으로 정리해 약속으로 정합니다.

그림책이나 상황극 활용하기

엘리베이터, 마트, 놀이 시간 등에서 생길 수 있는 상황을 그림책이나 상황극으로 먼저 경험하게 한 다음에 "이럴 땐 어떻게 해야 할까?"라고 물어보면 자연스럽게 약속을 만들 수 있습니다.

가정 약속 회의 시간 활용하기

매주 혹은 격주에 1회 정도 가정 약속 회의 시간을 정해 서로의 불편함과 고쳐야 할 점을 이야기하고 새로운 약속을 만들어봅니다.

😊 작고 구체적인 약속부터 시작한다

"착한 아이가 되자"처럼 결과를 판단하기 모호한 약속보다는 아이의 행동이 구체적으로 드러나는 약속이 효과적입니다. 다음의 예시처럼 작고 구체적인 약속을 만들어보세요.

- 놀고 나서 블록을 제자리에 치우자.
- 화장실에 다녀오면 손부터 씻자.
- 엘리베이터에서는 뛰지 말고 조용히 서 있자.

😊 약속을 잘 지켰다면 결과보다는 과정을 인정한다

아이가 약속을 잘 지켰다면 단순히 잘했다고 하기보다는 약속을 기억하고 지키려 한 노력을 구체적으로 언급해주세요. 예를 들어 다음과 같은 피드백은 아이의 자기 효능감과 책임감을 키워줍니다.

- 블록 치워서 기특해. → 네가 놀고 나서 블록 치우기로 했지? 스스로 잘 지켜서 정말 멋져.
- 손 잘 씻었네. → 화장실 다녀와서 손 씻기로 한 약속을 잘 기억해서 지켰구나.
- 엘리베이터에서 뛰지 않았네. → 약속을 지키려고 애쓰는 모습이 보여서 엄마(아빠)가 기뻤어.

😊 시각 자료를 활용한다

약속을 눈에 잘 보이는 곳에 붙여두면 아이는 '약속은 지킬 수 있는 것'이라는 인식을 하게 됩니다. 다음과 같은 시각 자료를 활용해보세요.

- **약속 보드**: 아이와 함께 정한 약속을 글로 쓰거나 그림으로 그려 화이트보드에 붙입니다.
- **그림 약속표**: '엘리베이터에서는 조용히 하기'는 조용히 서 있는 캐릭터 그림으로 표현해 표로 만듭니다.
- **스티커 차트**: 약속을 지켰을 때마다 스티커를 붙여보세요. 스티커 10개를 모을 때마다 작은 보상을 설정해도 좋습니다.
- **약속 공책**: 공책에 매주 하나씩 약속을 기록해보는 것도 의미 있는 활동입니다.

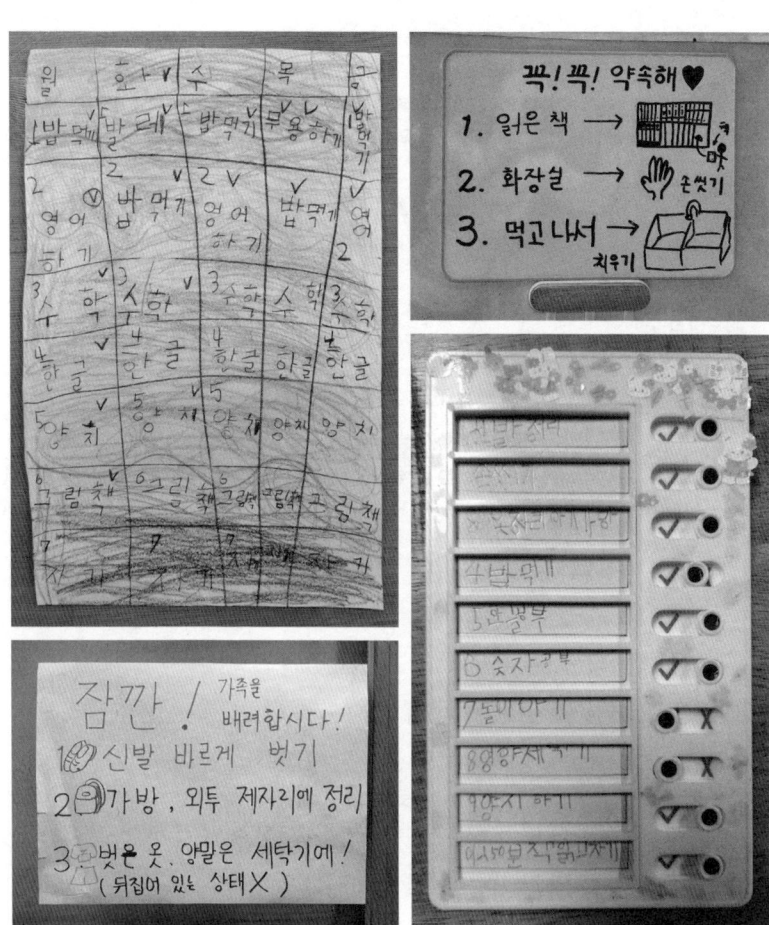

가정에서 약속 문화를 형성하기 위해 실제로 활용한 시각 자료들

일상생활 약속 정하기와 유·초이음교육

연계 항목	유아 교육 기관(누리 과정)	초등 교육 과정(1~2학년군)
교육적 의미	〈사회 관계 영역〉 약속을 지키며 생활하기, 다른 사람을 배려하기	〈통합 교과 생활 주제〉 규칙을 지켜요, 함께 지켜요, 서로 배려해요 등
교육 방법	또래와의 사회적 상호 작용, 자기 조절 능력 기르기	공동체 생활의 기본 규범 익히기, 자율성과 책임의 균형 잡기
가정 연계 포인트	가정 약속 정하기, 시각화 도구 활용, 감정 존중 대화법 적용	교실 규칙 익히기, 역할놀이·공동 규칙 만들기, 안전한 학교생활 습관화

방법 ③
아이의 자립을 이끄는 생활 습관 6가지

"선생님, 다른 집 아이는 혼자 머리도 감고, 단추도 잘 잠그고, 대소변도 다 가린다는데, 우리 아이는 왜 이렇게 느릴까요?"

부모라면 아무리 노력해도 누구나 한 번쯤 비교하게 됩니다. 하지만 아이의 생활 습관은 경쟁의 대상이 아니라 아이 각자의 리듬으로 익혀가는 자립의 과정이지요. 작은 생활 습관 하나하나는 아이가 세상을 살아갈 힘을 기르는 기초가 됩니다.

습관 ❶ 정리 정돈 : 자기 주변을 정돈하는 힘

"제발 정리 좀 해!" 부모가 아이에게 수도 없이 외치지만 잘되지 않지요. 정리 정돈은 단순히 공간을 깨끗이 유지하기 위한 생활 기술이 아닙니다. 아이에게는 나의 놀이, 나의 물건에 대한 책임, 그리고 질서의 개념을 배우는 첫 번째 훈련이자 자기 조절력의 시작점입니다.

정리 정돈은 단번에 이뤄지지 않습니다. 특히 5세 전후의 아이는 '정리'와 '놀이'를 명확히 구분하기가 어렵습니다. 이 시기의 아이는 사물과 자신을 동일시하는 경향이 있어 장난감을 마치 '나의 일부'처럼 느낍니다. 그래서 장난감을 치운다는 건 내 것을 빼앗긴다는 느낌일 수도 있지요. 반면에 6세 이후가 되면 카테고리화와 역할 인식이 조금씩 자리 잡으면서 정리에 대한 기준을 이해할 수 있게 됩니다. 비고츠키의 근접 발달 영역 이론에 따르면, 이 시기 아이는 어른의 언어적 안내가 함께한다면 보다 높은 수준의 정리 습관을 형성할 수 있습니다.

😊 연령별 정리 정돈 습관 기르는 방법

5세 전후: 정리와 놀이의 경계를 아직 구분하기 어려운 단계

아직 '정리'라는 개념 자체가 생소하고 장난감을 치우는 일에 거부감을 보이기도 합니다. 이 시기에는 "정리하자"라는 말보다는 정리 상황을 상상 놀이처럼 바꿔주는 말의 전환이 효과적이지요. 아이의 상상 세계에 맞춘 부모의 말과 행동이 정리에 대한 부담을 줄이고 자연스럽게 습관의 씨앗을 심는 방법이 됩니다.

"이제 블록이 지쳤대. 어디에서 쉬게 해줄까?"
"장난감들이 자기 집으로 돌아가고 싶어 해."

6세 이후: 정리 기준을 이해하고 실천하는 단계

이 시기의 아이는 물건을 분류하거나 위치를 기억하는 능력이 발달하고, 어른의 안내에 따라 행동을 모방하고 반복하는 과정에서 정리 습관이 형성되기 시작합니다. 특히 어디에, 무엇을 둬야 하는지를 시각적으로 제시(라벨, 색상표, 상자 등)해주면 더 쉽게 이해하고 실천할 수 있습니다.

"이 장난감은 집이 어디였더라?"
"붓은 물티슈로 닦아서 넣고, 물감은 뚜껑을 닫아서 넣자."

😊 정리 정돈 습관을 기르는 실천 팁

정리 도구를 활용하세요

상자, 칸막이함, 바구니, 투명 지퍼백 등은 아이가 물건을 구분하고 분류하는 연습을 하도록 도와줍니다. 블록은 색깔별로, 인형은 크기별로 담는 정리함을 준비해주세요. 소리 나는 상자, 레이스 게임 등으로 정리 자체를 재미있게도 만들어보세요. "파란 블록 출발! 누가 먼저 집에 갈까?"

시각화 도구를 사용하세요

아이는 글보다 그림을 더 빠르게 이해합니다. 정리 공간에 그림 라벨, 색깔 스티커, 사진 카드 등을 붙여주세요. 놀이 후에 정리 순서 사진 카드를 활용해 "이 순서대로 정리해보자"라고 안내하는 것이지요.

정리 시간을 정하세요

정리는 상황에 따라 하는 것이 아니라 습관으로 굳어져야 합니다. 하루 1번, 정리 시간을 정해보세요. "저녁 먹기 전은 우리 집 정리 시간!" 또 주 1회 정도 '가족 정리 데이'를 정해 온 가족이 함께 대청소하는 시간을 가져보는 것도 좋습니다.

놀이의 마무리에 정리를 포함시키세요

역할놀이 후에 "병원 문 닫을 시간이에요. 간호사 선생님, 병원 정리해주세요", 책을 다 읽은 다음에 "책은 자기 집으로 돌아가야 잠이 와"처럼 놀이를 마무리하면서 정리를 포함하는 것이 포인트입니다.

책상과 가방 정리를 생활화하세요

"책상(가방)을 정리할 시간이에요"라고 말하면서 매일 루틴에 넣어봅니다. 이때 물건을 2가지 기준(매일 쓰는 것 vs 가끔 쓰는 것)으로 나눠보게 하면 좋습니다.

😊 정리 정돈을 어려워하는 아이를 위한 효과적인 대화법

정리는 아이에게 결코 쉬운 일이 아닙니다. 억지로 시키기보다는 부담을 줄이고 작은 성공 경험부터 쌓아가는 접근이 필요하지요.

부담 줄이기: "이만큼만 해볼까?"

"우리 손바닥만큼만 치워볼까?", "먼저 블록만 정리해볼까?"

작은 영역만 정리하기는 정리에 대한 거부감을 줄이고 수월하게 첫걸음을 뗄 수 있게 합니다.

선택권 주기: "도와줄까? 네가 해볼래?"

"이건 네가 정리하기로 했던 거지? 엄마(아빠)가 도와줄까, 아니면 네가 해볼래?"

정리의 주도권을 아이에게 주되, 도움을 제안하여 부담을 덜어줍니다.

마무리 강조하기: "정리하기도 놀이야."

"정리까지 해야 놀이가 완성되는 거야. 끝까지 해보자!"

아이가 정리를 놀이 활동의 일환으로 받아들이게 하는 말입니다.

정리 정돈은 아이가 자기 일에 책임을 갖고 마무리하는 훈련입니다. 자율성과 책임감을 키우는 시작점을 어른이 따뜻하게 안내해주기만 해도 아이의 생활 태도는 달라질 것입니다.

습관 ❷ 수면 : 아이를 성장시키는 힘

미국수면재단NSF, 미국수면의학회AASM, 세계보건기구WHO 등 국제적 권위를 가진 기관들은 5~7세 아동에게는 하루 10~13시간, 초등학생에게는 9~12시간의 수면을 권장하고 있습니다. 수면은 단순한 휴식을 넘어 신경 발달, 감정 조절, 기억 형성, 면역 기능 회복을 돕는 결정적 행위이기 때문입니다.

 정서가 예민한 아이일수록 수면 패턴은 더 쉽게 흔들립니다. 실제 1학년 교실에서 만난 한 아이는 매일 아침 힘없이 등교하여 1~2교시를 게슴츠레한 눈으로 엎드려 있곤 했습니다. "왜 이렇게 힘이 없니?"라고 물으면 "어제 잠을 자다 자꾸 깼어요. 엄마 아빠가 늦게 오셔서요"라는 대답이 돌아왔습니다. 아이는 글씨 쓰기 등 사소한 활동에도 쉽게 짜증을 내거나 집중하지 못했고, 하품을 반복하며 고개를 꾸벅꾸벅 숙였으며, 수업 내용을 따라가지 못해 자책하거나 눈물을 보이는 일이 잦았지요. 이처럼 수면 부족은 피곤함은 물론 아이의 하루 리듬과 학습 몰입, 또래 관계에까지 영향을 미칩니다.

 가정 내 환경도 아이의 수면에 큰 변수입니다. 부모의 늦은 퇴근으로 인해 잠든 아이가 불빛과 대화 소리에 쉽게 깨고, 형제자매의 학습 시간이나 TV 시청, 전자기기 불빛 등이 집을 환하게 만들어 아이를 잠에 못 들게 하기도 합니다. 어떤 아이는 혼자 자는 게 두렵고 낯선 꿈을 꾸는 경험 때문에 자주 깨고 매일 밤 부모 곁을 찾기도 합니다.

 저 역시 터울이 있는 4남매를 키우기에 수면은 가장 현실적인 고민 중 하나입니다. 중고등학생인 첫째와 둘째는 학업으로 취침 시간이 늦고, 초등학생인 셋째는 또 취침 시간이 다르지요. 미취학 막내는 셋보다 일찍 자야 해서 서로 생활 리듬이 어긋나는 일이 다반사였고요. 특히 아빠의 불규칙한 퇴근 시간이 가족 모두의 저녁 루틴을 불안정하게 만들었습니다. 조용히 쉬어야 할 시간이 오히려 하루 중 가장 분주하고 정신없는 시간이 되기도 했지요. 그럴 때마다 저는 아이들의 나이와 발달 단계에 맞춰 각자 필요한 수면 리듬을 찾아 유지해주는 것, 그것이 부모의 과업임을 절감하곤 했습니다. 아이의 정서와 학습, 신체 발달에 있어 수면은 그만큼 기초 체력이며 마음의 안정이기 때문입니다.

😊 애착과 정서 안정으로 살펴보는 아이의 수면

수면은 아이가 심리적으로 안전하다고 느낄 때 가능한 깊은 휴식의 상태입니다. 영국의 정신 분석학자 도널드 위니컷Donald Winnicott은 '충분히 좋은 엄마Good enough mother'라는 개념을 통해 아이가 정서적으로 안정된 환경에서 자라야 건강한 애착이 형성되고 혼자 잠드는 능력도 자연스럽게 발달한다고 이야기했습니다. 그리고 영국의 심리학자이자 현대 애착 이론의 창시자 존 볼비John Bowlby는 아이가 양육자와 신뢰 관계를 안정적으로 형성했을 때 야간에도 불안에 쉽게 휘둘리지 않고, 수면 중에도 심리적 안정을 유지한다고 설명했지요.

이때 양육자는 단지 엄마만을 의미하진 않습니다. 아빠 역시 아이의 수면을 도와주는 중요한 정서적 존재입니다. 특히 엄마나 아빠가 늦게 퇴근해 집에 돌아와서 아이를 억지로 깨우거나 밝은 조명을 켠 채 대화하는 일은 아이가 잠들기 전 형성한 정서적 안정감을 깨뜨리는 요인이 될 수 있지요. 즉, 수면은 혼자 자는 기술이 아닌, 온 가족이 함께 지켜주는 정서적 루틴 안에서 길러지는 습관입니다. 그렇기에 아이의 수면에 문제가 있다면 기질을 탓하거나 노력 부족이라고 여기기보다는 정서 안정과 애착의 문제로 폭넓게 접근하는 시선이 필요합니다.

😊 건강한 수면 루틴

수면은 리듬이며, 이 리듬은 반복되는 작은 습관들로 만들어집니다. 다음은 아이의 수면을 도와주는 건강한 수면 루틴의 예시입니다. 잘 살펴보고 꾸준히 실천해보세요.

취침 30분 전부터 조명을 어둡게 한다

"이제 조명을 낮추고, 조용한 밤을 준비해볼까?"

아이가 활동 중에도 '잘 시간이 다가오고 있다'라는 신호를 자연스럽게 인식하도록 조명을 어둡게 합니다. 그러면 아이는 이제 잘 시간임을 자연스럽게 받아들입니다.

하루를 정리하는 대화를 나눈다

"오늘 가장 기분 좋았던 순간은 언제였어?"

잠들기 직전까지 TV나 스마트폰에 노출되면 뇌가 계속 자극을 받아 수면으로의 진입이 어렵습니다. 대신에 짧은 대화를 나누면서 하루를 마무리해보세요.

자장가를 불러주거나 그림책을 읽어준다

"오늘도 코끼리 친구 이야기를 읽고 나서 잘 자볼까?"

유아기에는 반복되는 자장가나 그림책 읽기가 심리적 안정감을 높이고, 수면 유도를 돕는 효과가 있습니다.

아이가 먼저 잘 자라고 말하도록 유도한다

"잠들기 전에 누가 먼저 인사해볼까? 우리 '굿나잇 게임' 해볼래?"

"엄마(아빠)가 재워줄게"보다는 아이 스스로 "잘 자요"라고 말하고 이불을 덮는 습관이 자율적인 수면 습관을 형성하는 데 도움이 됩니다.

형제자매와 수면 시간이 다를 경우 공간을 분리하거나 소리를 조절한다

밤늦게까지 공부하는 형제자매가 미취학 아이의 수면을 방해하지 않도록 작은 스탠드나 책상 가림막 등을 활용합니다. 그리고 형제자매가 동생에게 "잘 자"라고 먼저 인사하도록 유도하면 수면 루틴을 존중하는 가족 문화를 만들 수 있습니다.

😊 수면 습관을 만들기 전에 꼭 알아야 할 것들

연령별 수면 체크 리스트

연령	권장 수면 시간	수면 전 점검 사항
5~7세 (유아기)	하루 10~13시간	• 과도한 활동(뛰기, 흥분된 놀이 등) 줄이기 • 낮잠은 오후 3시 이전에 마치기 • 수면 전에 그림책, 자장가 등으로 안정감 주기 • 혼자 자기 어려워하면 인형, 촉감 놀이 활용하기 • 잠자리는 매일 같은 시간, 같은 순서로 준비하기
8~13세 (초등기)	하루 9~12시간	• TV나 스마트 기기는 잠들기 1시간 전부터 끄기 • 숙제 및 활동을 일정한 시간에 마무리하기 • 조도 낮추기, 조용한 분위기 조성하기 • 감정 정리 대화하기(오늘 감사한 일 나누기 등) • 간단한 스트레칭이나 명상으로 긴장 완화하기

취침 전 디지털 노출 방지 방법

수면 직전의 디지털 노출은 멜라토닌 분비를 억제하고 뇌를 각성 상태에 머물게 하여 수면의 질을 크게 저하시킵니다. 특히 영상 콘텐츠나 게임은 흥분과 자극을 유도해 잠드는 시간을 미루는 주요 요인이 되지요. 취침 전 디지털 노출 방지 방법은 다음과 같습니다.

- 온 가족이 지켜야 하는 '디지털 오프 시간' 정하기
- 거실에 스마트폰 충전 코너를 만들어 잠자는 방에는 두지 않기
- 잠자기 30분 전, 스크린을 대신할 루틴 준비하기(책 읽기, 오디오 북 듣기, 일기 쓰기 등)
- 함께 쉬는 시간을 선물처럼 표현하기

양육자 교대 수면 코칭 팁

수면 습관은 아이와의 신뢰 관계를 기반으로 형성되기에 엄마에게만 전적으로 맡기기보다는 양육자 간의 역할 분담이 중요합니다. 특히 맞벌이 가정이나 육아와 일상을 병행하는 부모에게 이러한 팁은 큰 힘이 되지요. 양육자 교대 수면 코칭 팁은 다음과 같습니다.

- 한 사람은 자기 전 루틴, 다른 한 사람은 아침 기상 루틴 전담하기
  → 엄마가 자기 전에 책을 읽어준다면 아빠는 아침 기상을 도와줍니다.
- 아빠가 수면을 이끄는 '아빠의 밤' 만들기
  → 부모 모두의 루틴 참여는 아이에게 정서적 안정감을 선사합니다.
- 수면을 이끄는 양육자가 바뀌어도 루틴은 똑같이 지키기
  → 아이가 혼란을 겪지 않도록 '자장가 → 잘 자 인사 → 불 끄기' 등의 루틴은 똑같이 유지합니다.
- 형제자매가 있다면 역할 나누기
  → 엄마는 첫째와 그림책 읽기, 아빠는 둘째와 인형 놀이로 역할을 나눠 잠자리를 유도합니다. 이때 첫째가 초등 고학년 이상이라면 스스로 수면 습관을 지킬 수 있도록 격려하면서 믿어주세요.

수면은 아이에게 단순한 휴식을 넘어 회복이고 성장입니다. 특히 유아기~초등 저학년 시기는 수면 습관을 바로잡을 수 있는 결정적 시기지요. 불규칙한 생활, 스크린 노출, 가족 소음, 정서적 불안정으로 인해 아이의 수면이 흔들리지 않도록 부모가 먼저 리듬을 만들어주는 것, 이것이 바로 아이의 오늘과 내일을 지키는 일입니다.

습관 ❸ 위생 : 자기를 돌보는 기본적인 힘

세수하기, 양치하기, 손 씻기 등과 같은 기본 위생 습관은 5세 이전부터 부모와 함께 반복하면서 익힐 수 있습니다. 처음에는 많이 미숙하더라도 함께하기를 통해 익숙해지는 과정이 중요하지요. 하지만 머리 감기, 샤워하기, 물기 닦기 등은 그보다는 어려운 자조 활동으로, 아이가 스스로 해내기까지는 훨씬 많은 반복과 시간이 필요합니다.

욕실은 습하고 미끄러워서 안전사고가 자주 발생하는 장소입니다. 실제로 가정 내 사고 중 많은 비율이 욕실에서 발생하며, 특히 미끄러운 바닥, 뜨거운 물, 샴푸로 인한 눈 따가움 등은 아이에게 매우 민감한 요소지요. 그런데도 SNS에서 '혼자 머리 감고 샤워하고 드라이기까지 사용하는 6세 아이'와 같은 영상을 보면 부모는 괜히 조급해지기도 합니다. "왜 우리 아이는 물을 무서워하지?", "왜 샴푸 거품만 보면 도망가지?"라는 마음에 아이가 준비되지 않았는데도 억지로 시키는 식의 접근을 하게 되는 경우가 많습니다.

저는 그동안 4남매를 키우며 확신하게 된 것이 하나 있습니다. 아이마다 속도는 다르지만, 결국은 다 스스로 하게 된다는 것이지요. 아이의 기질과 성장 속도를 세심하게 관찰하면서 맛보기 하듯 해보고, 반응이 괜찮다면 그다음 단계로 넘어가는 것이 가장 효과적입니다. 욕실에서의 위생 습관도 '함께-혼합-혼자'로 가는 과정이 중요합니다. 다음은 앞서 설명했던 비고츠키의 스캐폴딩(77, 82쪽 참고)을 활용한 구체적인 위생 습관 실천 방법입니다.

😊 놀이처럼 접근하는 위생 습관 실천 방법

양치하기: 모래시계나 타이머 활용하기

"모래가 다 떨어질 때까지 이를 닦자."

아이에게는 "3분 동안 양치질해"라는 말보다 눈으로 볼 수 있는 시간이 훨씬 효과적입니다. 3~5분짜리 모래시계나 스마트폰 타이머를 활용하면 아이는 스스로 시간을 조절하는 재미를 느끼면서 양치할 수 있습니다.

손 씻기: 노래 만들어서 부르기

"고양이 손! 두 손이 뽀득뽀득~ 세균아, 가라!"

외출 후 집에 돌아와서 손 씻기를 일상 속의 놀이로 만들어주세요. 마치 고양이 손처럼 두 손을 비비는 동작을 넣어 노래를 만들어 부르면 정해진 시간 동안 비누칠부터 물로 헹구기까지를 자연스럽게 이어갈 수 있습니다.

시각 자료 활용하기

아이가 매일 실천한 습관을 눈으로 확인할 수 있도록 작은 스티커나 칭찬 보드를 활용하면 동기 부여에 도움이 됩니다.

😊 샤워 및 목욕을 습관화하는 4단계 방법

1단계 부모와 아이가 함께 욕실에 들어가기

아이가 욕실에 들어가는 것을 두려워하거나 꺼린다면 장난감이나 인형을 활용해 접근합니다. 부모가 전 과정을 함께하되, 자세한 설명을 곁들여 아이가 과정에 익숙해지도록 하세요.

"지금 물이 따뜻하니까 먼저 발부터 적셔보자."

"이건 머리를 감을 때 쓰는 샴푸야. 눈에 들어가면 조금 따가울 수도 있어."

2단계 부모와 아이의 역할 나누기

부모가 아이를 도와주되, 각자의 역할을 명확하게 나누는 것이 핵심입니다. 부모가 샴푸를 묻혀준다면 아이가 문지르게 하는 식이지요. 이때 아이가 주도한 행동은 칭찬하고 구체적인 피드백으로 연결해주면 좋습니다.

"네가 몸에 물을 묻히면 엄마(아빠)가 비누칠 도와줄게."

"혼자 등을 잘 문질렀네. 등에 물도 잘 닿았어. 정말 기특해."

3단계 아이가 직접 시도하도록 순서 설명하기

샤워 및 목욕 순서 카드를 활용해 마치 놀이처럼 아이가 행동의 흐름을 기억하도록 돕습니다. '1번 머리 적시기 → 2번 샴푸 짜서 손에 문지르기 → 3번 눈 감고 머리 감기'처럼 구체적인 순서를 반복해서 알려주는 것이지요. 이때 잘 안 된다면 관련 사진 자료를 활용하면 효과적입니다.

| 4단계 | 아이는 주도자, 부모는 관찰자 역할 수행하기

처음부터 끝까지 아이가 혼자 하도록 두되, 부모는 욕실 문을 살짝 열어두고 필요한 경우 바로 도와줄 수 있는 위치에 있습니다. 아이가 부모의 도움 없이 다 해냈다면 머리 헹구기, 수건으로 물기 닦기 등 마무리까지 잘했는지 꼼꼼하게 확인합니다.

"샤워기 물 잠그기를 혼자 잘했네. 그러고 보니 오늘은 수건도 제자리에 잘 걸었잖아."

위생 습관은 단지 깨끗이 씻는 기술을 익히는 것으로 끝나지 않습니다. 내 몸을 스스로 돌볼 수 있다는 신뢰, 부모가 나를 믿고 있다는 확신, 2가지가 아이 안에 자리 잡을 때, 위생 습관은 자연스럽게 성장할 것입니다.

습관 ❹ 옷 갈아입기 : 소근육 조절 능력의 시작점

5세 전후의 아이는 아직 옷 입는 순서를 잘 모르거나 상의와 하의를 거꾸로 입는 등 엉뚱한 실수를 자주 합니다. 6~7세부터는 지퍼를 올리고 내리거나 단추를 잠그고 여는 등 세밀한 조작이 가능한 발달 시기로 접어들지만, 실제로는 일상에서 이러한 기술을 익힐 시간이 부족한 경우가 많습니다. 왜 그럴까요? 부모의 조바심 때문입니다. 아침에는 출근 및 등원을 준비하느라 시간이 빠듯해서, 외출할 때는 시간을 맞춰야 한다는 압박감에 아이에게 스스로 해볼 기회를 주기보다는 "엄마(아빠)가 해줄게. 얼른 하자"라고 서두르는 경우가 대부분이지요. 또 저녁에도 집안일이나 피곤 누적 등으로 인해 부모에게 아이의 옷 갈아입기는 빨리 끝내버려야 하는 일로 처리되기 쉽습니다. 이런 현실 속에서 아이는 시도조차 하지 못한 채 위생이나 자조 활동을 '항상 어른이 해주는 일'로 인식하게 되는 것이지요.

하지만 이 시기에 아이가 옷 갈아입기를 주도적으로 해보는 일은 단순한 생활 기술을 넘어, 자율성과 자신감을 키우는 출발점이 됩니다. 그래서 부모는 옷 갈아입는 방법을 가르칠 뿐만 아니라 아이가 직접 옷을 선택하고, 꺼내고, 시도해볼 수 있는 환경을 먼저 만들어주는 일에 집중해야 하지요. 많은 부모가 대신 옷을 입혀줘야 시간이 절약된다고 생각하고, 아이가 걸어둔 옷을 다시 정리하느라 아이의 시도를 무력화하는 경우도 적지 않습니다. 하지만 아이에게는 '내가 고르고 정리했다'라는 경험 자체가 자율성과 주인의식의 시작점임을 꼭 기억하세요.

😀 아이 스스로 옷 갈아입는 환경을 조성하는 팁

아이의 키에 맞는 가구를 준비한다

아이의 키에 맞는 옷걸이를 준비하거나 서랍의 높이를 조절해 아이가 스스로 옷을 꺼내고 정리할 수 있도록 합니다. (예: 높이가 낮은 옷걸이 설치, 아이 전용 서랍장 마련 등)

시각적인 안내를 제공한다

옷장이나 서랍에 그림이나 사진을 붙여 어떤 옷이 어디에 있는지 쉽게 알 수 있도록 도와줍니다. (예: 상의는 티셔츠 그림, 하의는 바지 그림, 속

옷은 팬티 아이콘 등으로 표현)

😊 옷 갈아입는 습관을 기르는 실천 방법

인형 옷 입히기 놀이하기

아이가 좋아하는 인형을 활용해 자연스럽게 옷 갈아입는 순서를 익히는 활동입니다. 특히 자기가 직접 해야 할 일을 인형을 통해 미리 반복하면 아이의 거부감이 줄어들지요.

단추 챌린지 하기

"10초 안에 단추 2개를 잠글 수 있을까?"처럼 시간제한을 두고 게임처럼 도전해보는 활동입니다. 물론 어느 정도 연습한 후에 시도해야겠지요. 손끝 감각과 집중력을 키울 수 있습니다.

'천천히 옷 입는 날' 지정하기

주말이나 공휴일 등을 '오늘 ○○(이)가 천천히 옷 입어보는 날'로 지정하고, 부모는 응원하며 옆에서 지켜봅니다. 잘하면 칭찬하고, 실수하면 격려하면서 과정에 집중하는 것이 중요하지요.

'오늘의 옷' 준비 습관화하기

아이 키에 맞는 옷걸이나 고리에 다음 날 입을 옷을 미리 아이가 직접 선택해서 걸어두는 루틴을 만들어보세요. 아이에게 선택의 기회를 주고, 스스로 계획하는 감각을 키워줍니다.

옷 갈아입기와 같은 자조 활동은 일상 속 독립의 연습이자 성장으로 가는 작은 실천입니다. 잘하지 못하더라도 해보는 것 자체가 아이에게는 자존감이 되고, 부모에게는 아이가 커가는 모습을 지켜보는 기쁨이 되지요. 무엇보다도 옷 갈아입기는 소근육 조절 능력과 깊이 연결되어, 연필로 글씨 쓰기, 가위질하기 등과 같은 초등 학습 및 생활 기술의 기초가 되어줍니다. 따라서 초등 입학 전까지는 속도나 완성도를 따지지 말고, 아이가 생활 속에서 옷 갈아입기를 꾸준히 반복해서 경험할 수 있도록 이끌어주세요.

습관 ❺ 대소변 가리기 : 아이마다 다른 속도를 인정하고 강요하지 않기

대소변 가리기는 아이의 신체적인 성숙만으로 이뤄지는 일이 아닙니다. 신체 성장, 자기인식, 생활 리듬이 함께 맞물릴 때 비로소 자연스럽게 시작되지요. 대개 3~4세 무렵에는 "쉬", "응가" 등 말이나 몸짓으로 신호를 주고, 5세 정도에는 스스로 참았다가 화장실에 갈 수 있으며, 6~7세가 되면 뒤처리를 포함한 대소변 가리기를 완성해냅니다.

　대소변 가리기에서 가장 중요한 건, 아이가 눈치 보지 않고 불편하지 않게 화장실을 사용할 수 있는 공간 환경을 만드는 일입니다. 화장실 문이 여닫기 힘들거나, 조명 스위치가 켜고 끄기 어려운 위치에 있거나, 변기 높이가 맞지 않아 매번 어른의 도움을 받아야 하는 환경이라면 아이는 화장실에 혼자 가는 경험을 반복하기가 어렵고, 화장실을 힘들고 불편한 곳으로 인식하게 됩니다. 반면에 아이의 키에 맞춘 발 받침대, 안정감 있는 보조 변기, 부드러운 휴지, 대소변 가리기를 주제로 한 그림책 등이 준비된 공간은 아이에게 화장실은 편안한 공간이라는 긍정적인 인식을 심어주지요. 이러한 심리적 안정감이 대소변 가리기의 출발점이 됩니다.

😊 대소변 가리는 환경을 조성하는 팁

아이 전용 변기를 마련한다

아이의 체형에 맞는 변기를 준비하면 아이 혼자 앉고 일어나는 일이 훨씬 수월해집니다. (예: 어른 변기에 올려놓는 보조 변기, 휴대용 소변기, 실내용 유아 변기 등)

발 받침대를 활용한다

변기를 사용할 때 발이 바닥에 닿지 않으면 아이는 불안함을 느낍니다. 미끄럼 방지 기능이 있는 발 받침대를 사용하면 안정적으로 앉을 수 있고 배변에도 도움이 되지요. (예: 유아용 발판, 유아용 발 받침대 등)

화장실로의 접근성을 향상시킨다

화장실 문을 항상 열어두거나 손잡이에 문이 쉽게 열리는 보조 손잡이를 부착해 아이가 스스로 사용할 수 있게 합니다. 센서 등을 설치해 밤에 아이가 무서워하지 않도록 도와주는 것도 효과적이지요.

시각적인 안내를 제공한다

아이가 눈으로 보고 쉽게 따라 할 수 있도록 화장실 사용 순서(문 닫기 → 하의 내리기 → 변기에 앉기 → 대소변 보기 → 뒤처리하기 → 물 내리기 → 손 씻기)를 그림이나 사진으로 만들어 벽에 붙입니다. (예: 코팅한 그림 카드, 자석 보드 등)

성장에 맞춘 전환을 고려한다

5~6세 무렵 대소변 가리기를 성공했다면 유아용 변기나 보조 물품을 계속 사용할 필요는 없습니다. 7세를 전후로 대소변에 대한 자기 조절력과 신체 균형이 자리를 잡았다면 일반 변기에 익숙해지는 전환 과정이 필요합니다. 처음에는 부모가 가까이서 도와주고, 점차 보조 물품 없이 아이 혼자 안전하게 화장실을 사용하는 연습을 시켜보세요. 이는 초등 입학 후 학교 화장실 사용에 대한 불안감을 줄여주는 훌륭한 연습이 됩니다.

😊 대소변 가리기를 성공으로 이끄는 방법

대소변 가리기를 주제로 한 책 읽기

배변 시간이 지루하거나 무서운 아이에게 즐거운 화장실 시간을 만들어주는 방법입니다. 화장실 옆 수납함이나 바구니에 대소변 가리기를 주제로 한 책을 두면 아이가 화장실 사용을 조금 더 친숙하게 느낄 수 있지요. (예:《응가 통 좀 보여 줘!》,《기저귀 좀 보여 줘!》 등)

대소변 가리기 관련 노래 만들기

"응가 송~ 응가 송~ 내 몸이 보내는 신호야~"처럼 노래를 만들어

배변 신호를 즐겁게 받아들이는 분위기를 조성해줍니다. 노래에 맞춰 동작을 만들거나 박수 리듬을 넣으면 아이가 배변을 놀이처럼 받아들일 수 있게 되지요.

실수했을 때 격려의 말 먼저 해주기

아이가 대소변을 실수했을 때 "왜 말 안 하고 가만히 있었어?"라고 하지 말고, "괜찮아. 다음에는 더 잘할 수 있어. 몸이 크고 있다는 증거야"처럼 실수 역시 신체 발달의 일부로 받아들이도록 도와주세요. 부모의 말 한마디가 아이의 자존감을 지켜주는 큰 힘이 됩니다.

대소변 가리기는 빨리 끝내야 할 과제가 아니라 아이의 몸과 마음이 준비되었을 때 자연스럽게 따라오는 발달의 흐름입니다. 정해진 나이보다 중요한 건, 아이 스스로 느끼고 시도해볼 수 있는 환경을 부모가 만들어주는 것이지요. 아이의 리듬을 존중하며 실수도 과정으로 받아들일 수 있다면 화장실은 어느새 아이의 자립과 성장을 응원하는 따뜻한 공간이 될 것입니다.

습관 ❻ 식사 예절과 생활 리듬 : 반복되는 일상의 힘

부모 교육 강연을 할 때 저는 "먹고 씻고 자는 일상이 안정되면 아이는 절반쯤 자란 것과 같아요"라고 자주 이야기합니다. 식사 예절과 생활 리듬은 외적 질서만을 위한 것이 아닙니다. 아이가 밥상에서 어떤 시간을 보내고 하루를 어떤 순서로 보내는지가 아이의 정서 안정, 자기 조절력, 사회성 발달과 직결되기 때문이지요.

😊 식사 예절, 자기 조절력과 신체 감각을 기르는 생활 훈련

4~5세 아이는 숟가락 사용이 서투르며 먹다가 일어나서 돌아다니는 일이 흔합니다. 6~7세가 되면서부터 점차 밥은 앉아서 먹기, 밥을 다 먹고 일어나기처럼 식사에 대한 기본 규칙을 인식하고 실천할 수 있게 되지요. 이 시기의 식사 예절은 아이의 자기 조절력과 신체 감각을 길러주는 생활 훈련입니다. 실제로 학교나 가정에서 자주 나타나는 식사 문제 상황은 다음과 같습니다.

- 숟가락을 쥐었다 놓았다를 반복하다가 밥을 거의 먹지 못하는 아이
- 음식을 한입에 너무 많이 넣어서 삼키기 어려워하는 아이
- 한두 숟갈 먹고는 자리를 뜨거나 장난을 치며 시간을 끄는 아이

이러한 상황은 자기 조절력과 식습관이 아직 자리 잡히지 않았을 가능성이 큽니다. 그래서 아이의 식사에서는 '제대로 먹였는가?'보다는 '어떤 분위기와 리듬 속에서 먹었는가?'가 더 중요하지요.

😊 식사 예절 습관을 기르는 실천 방법

밥상 환경 정리하기

밥 먹는 공간에서 장난감, 책, 스마트폰 등 다른 자극 요소를 치워주세요. 식사에 집중할 수 있는 환경이 가장 먼저입니다.

부모와 아이가 함께 준비하고 정리하기

수저나 물컵 등을 아이가 직접 밥상으로 가져오게 하고, 다 먹은 그릇은 함께 정리해보세요. 그러면 아이는 식사가 일상에서 중요한 사회적 활동임을 느끼게 됩니다.

아이 눈높이에 맞는 식사 규칙 정하기

입안에 있는 걸 다 먹고 나서 다음 음식 먹기, 밥을 다 먹은 사람만 자리에서 일어나기 등 아이가 충분히 이해할 만한 단순하고 반복 가능한 규칙이 효과적입니다.

식사 관련 노래나 구호 정하기

식사를 시작하기 전에 "맛있게 냠냠~" 같은 노래나 구호를 정하면 아이가 심리적으로 식사에 진입하기가 수월해집니다.

😊 생활 리듬, 하루를 조절하는 능력의 씨앗

유아기 아이는 아직 스스로 하루를 계획하거나 시간에 맞춰 움직이는 능력이 부족합니다. 그렇기에 일정한 기상-식사-놀이-휴식-취침의 흐름 속에서 안정감을 느끼고 반복을 통해 조금씩 자기 조절력을 키워가지요. 특히 초등 입학을 앞둔 아이에게는 생활 리듬을 스스로 인식하고 따라가는 경험이 중요합니다. 생활 리듬이 불규칙한 아이는 감정 기복이 심하거나 학습이나 놀이 활동에 집중하기 어려운 경우가 많기 때문이지요.

😊 생활 리듬을 규칙적으로 만드는 방법

시각화된 하루 일정표 활용하기

그림과 아이 사진 등을 활용해 '기상-식사-등원-놀이-간식-저녁-취침'으로 이어지는 하루 순서를 아이가 직접 눈으로 볼 수 있게 해주세요. 하루 순서를 시각적으로 익히면 시간 개념과 예측 가능성이 함께 자랍니다.

'~하는 시간' 말하는 연습하기

"지금은 손 씻는 시간이야", "이제는 정리할 시간이야"처럼 특정 행동에 시간을 붙여주는 말은 시간 개념이 부족한 아이가 생활 리듬을 형성하는 데 매우 효과적입니다.

일과표 스티커 활용하기

하나의 활동이 끝날 때마다 스티커를 붙이면서 아이가 나의 하루를 내가 조절한다는 감각을 키울 수 있게 도와주세요.

하루를 조율하는 힘은 타고나는 것이 아니라 반복되는 일상 속에서 조금씩 길러지는 능력입니다. 식사 예절을 지키고 생활 리듬에 맞춰 행동하는 경험은 모두 아이의 자기 조절력, 사회성, 정서 안정의 근간이 되어주지요. 눈앞에 보이는 예절이나 행동만을 요구하기보다는 그것들이 자라날 수 있는 안정된 리듬과 따뜻한 분위기를 함께 만들어가는 것, 잠시 잊고 있던 부모의 진짜 역할일지도 모릅니다.

생활 습관과 유·초이음교육

영역	유아 교육 기관(누리 과정)	초등 교육 과정(1~2학년군)
정리 정돈	〈신체 운동·건강, 사회 관계 영역〉 물건을 정리하며 생활하기	〈통합 교과〉 일상을 스스로, 깨끗한 생활을 해요
수면, 위생	〈신체 운동·건강 영역〉 몸과 마음의 건강을 지키는 습관 기르기	〈통합 교과〉 건강하고 안전한 생활, 바른 생활
옷 갈아입기, 대소변 가리기	기본 생활 습관 형성, 자기 조절력 발달	자율적 생활 습관 실천, 자기 관리 역량 발달
식사 예절과 생활 리듬	〈신체 운동·건강, 의사소통 영역〉 스스로 식사하고 규칙적인 생활하기	〈통합 교과〉 건강하고 안전한 생활, 바른 생활

★ 방법 ④
건강한 몸 만들기

"놀이터에서 친구들이랑 조금만 놀아도 금방 지쳐서 짜증을 내요."
"줄넘기처럼 많이 움직이는 활동을 하면 땀을 뻘뻘 흘리면서 빨리 집에 가자고 해요."

아이 중에는 기초 체력이나 몸의 조절력이 약해 일상적인 활동조차 버거워하는 경우가 적지 않습니다. 활동량이 줄어든 일상, 불규칙한 식사와 수면, 감각 운동 기회의 부족은 아이를 쉽게 지치게 하고, 결국 정서 조절이나 학습 몰입에까지 영향을 주지요.

삶의 토대는 결국 몸입니다. 건강한 몸은 유아와 초등 저학년 아이들이 모든 활동의 주체가 될 수 있게 하는 가장 기본적인 힘이지요. 유·초이음교육의 핵심인 신체 운동 기초 역량과 자기 조절 기초 역량은 신체 활동과 감각 놀이, 그리고 식습관을 통해 자연스럽게 길러집니다.

신체 활동 : 아이의 기질과 성향에 따르기

아이들은 기질과 성향에 따라 좋아하는 활동과 잘하는 방식이 다릅니다. 같은 운동이라도 어떤 아이는 단체 활동을 좋아하고, 어떤 아이는 혼자 걷거나 뛰는 활동을 선호하지요.

첫째, 에너지가 넘치는 아이는 킥보드, 자전거, 축구, 술래잡기 등 역동적인 활동을 즐깁니다. 이런 아이는 위험 상황만 잘 조절하면서 다양한 공간에서 활동하도록 격려하는 것이 좋지요. 예를 들어 놀이터에서 논다면 부모의 시야가 확보되는 곳으로 선택하고, 자전거를 탄다면 헬멧과 보호대를 착용하게 하며, 사람이 적은 시간대를 골라 공터나 공원에서 마음껏 달릴 수 있는 시간을 주는 것이 도움이 됩니다. 실내 활동을 선택해야 한다면 플레이 짐이나 키즈 카페의 모험 놀이터 등을 활용해보세요.

둘째, 조용하고 내향적인 아이는 신체 놀이보다는 퍼즐 맞추기나 소근육 활동을 선호합니다. 이런 아이에게는 실내 체조나 요가 매트를 활용한 스트레칭, 계단 오르기처럼 부담 없는 동작 중심의 활동을 일상 속 루틴으로 넣어주는 것이 효과적이지요. 이를테면 기상 후 가볍게 스트레칭하기, 외출할 때 엘리베이터를 타는 대신 계단 오르기, 잠자기 전에

'고양이 자세' 따라 하기 등과 같은 활동은 자연스럽게 아이의 몸을 깨우는 기회가 됩니다.

셋째, 민감하고 예민한 아이는 땀을 많이 흘려서 몸이 더러워지는 활동에 거부감을 보입니다. 이런 아이는 부모가 함께 손잡고 걷기, 간단한 춤 따라 하기처럼 신체 접촉이나 자극이 적고 심리적 부담감이 낮은 활동부터 시작하는 것이 좋지요. 아이가 땀에 유독 예민하다면 활동 후에 갈아입을 여벌 옷을 준비하거나 물수건으로 닦아주는 루틴을 함께 가져가는 것이 거부감을 줄이는 데 도움이 됩니다.

넷째, 신체 활동을 싫어하거나 거부감이 있는 아이는 경험 부족, 두려움, 실패에 대한 민감성 등이 원인일 수 있습니다. 그래서 억지로 시키기보다는 신체 활동을 놀이처럼 접하도록 유도하고, 첫 성공 경험을 만들어주는 것이 중요합니다. 이를테면 숨바꼭질이나 보물찾기처럼 목적이 있는 놀이로 자연스럽게 몸을 움직이게 하는 것이지요. 운동하자는 말보다는 "이거 재밌는 게임이야!"로 접근하면 훨씬 수월하게 아이가 참여할 수 있습니다.

아이가 자신의 기질과 성향에 따른 최적의 신체 활동을 실천하면 몸을 움직이는 경험이 즐거운 감정과 연결되기 시작합니다. 운동은 힘든 것이 아니라 내가 잘할 수 있는 것이라는 긍정적 자기인식이 자리 잡게 되지요. 그래서 신체 활동 참여율이 높아지고, 활동 후에 정서적 안정감이 커지며, 점차 생활 전반에 활력을 얻고, 자기 조절력까지 향상됩니다. 신체 활동은 단지 건강을 위한 수단이 아니라 아이의 기질과 성향, 그리고 자율성을 존중하는 첫 번째 실천이자 자존감의 회복과 강화로 이어지는 중요한 경험입니다.

감각 깨우기 놀이 : 대근육과 소근육 자극하기

"아이가 한번 흥분하거나 울기 시작하면 멈추지를 못해요."
"우리 아이는 몸을 조금만 움직여도 예민해지고 금세 짜증부터 내요."

아이의 몸과 마음은 하나로 연결되어 있습니다. 앞서 이야기한 신체 활동은 체력을 기를 뿐만 아니라, 감각을 자극하고, 뇌의 각 영역을 깨우며, 정서 안정까지 도울 수 있는 활동이지요. 유아기의 신체 활동은 대근육(움직임)과 소근육(섬세한 조작)의 균형 있는 자극을 통해 감각 발달을 이끌며, 이는 곧 주의력, 감정 조절, 자기 조절력과도 밀접하게 연관됩니다. 이러한 맥락에서 감각 깨우기 놀이는 건강한 몸을 만드는 데 꼭 필요한 활동입니다. 말보다는 직접 해보는 놀이 속에서 아이는 감정과 몸이 조금씩 정돈되는 경험을 하게 되는 것이지요.

😊 감각 깨우기 놀이 방법

모래찜질 놀이

수건에 따뜻한 모래(또는 쌀, 콩, 팥 등)를 담아 아이의 손이나 발 위에 얹어보는 놀이입니다. 이때 부드럽고 따뜻한 자극이 아이의 촉각 신경을 자극해 안정감을 불러일으키지요. 아이가 긴장하거나 산만한 상태라면 자연스럽게 멈추고 느끼는 연습을 할 수 있습니다. (참고: 콩주머니를 전자레인지에 데워 활용해도 좋습니다.)

풍선 밀치기 놀이

두 사람이 마주 서서 풍선을 손바닥으로 주고받으며 떨어뜨리지 않도록 밀어내는 놀이입니다. 손의 협응력, 반응 속도, 집중력을 높여주며, 실패해도 가볍게 웃을 수 있는 놀이라 아이의 긴장을 해소하는 데 매우 효과적입니다. (참고: 탁구채 또는 신문지를 말아서 만든 막대기로 해보면 새로운 재미를 느낄 수 있습니다.)

소금 반죽 놀이

굵은 소금(절임용 소금)에 물을 섞어 주물럭거리며 반죽하는 놀이입니다. 소금의 오돌토돌한 질감, 반죽 과정에서의 촉감, 그리고 은은한 소금 냄새가 시각·촉각·후각을 동시에 자극해 감각 통합에 도움을 주지요. 정서적으로 불안하거나 산만한 아이가 할 경우, 손끝을 통해 집중하기에 마음을 가라앉히는 효과가 있습니다.

놀이를 통해 감각을 깨운다는 건 단지 재미있는 활동을 하나 더 한다는 의미가 아닙니다. 아이가 자기 몸을 느끼고, 감정을 알아차리고, 마음을 다스리는 첫 연습이지요. 부모가 아이의 감각 반응을 관찰하고 놀이 속에서 아이의 감정 흐름을 함께 따라가준다면 아이는 몸과 마음이 함께 성장하는 경험을 할 수 있을 것입니다.

식습관 : 수저 사용, 바른 자세, 골고루 먹기

학교 급식 시간, 어떤 아이는 젓가락질이 서툴러 밥을 잘 먹지 못하고, 어떤 아이는 반찬을 골라내며 편식을 합니다. 또 어떤 아이는 급식 시간 내내 자리에서 몸을 비틀며 제대로 앉아 있지 못하기도 하지요.

😊 초등 1학년 급식실의 모습

- 우유 팩이나 떠먹는 요구르트의 뚜껑을 열지 못해서 난감해하는 아이
- 젓가락질이 서툴러 포크를 따로 준비해서 사용하는 아이
- 식판을 들고 모든 음식을 숟가락으로 퍼서 입에 넣는 아이
- 식판을 제대로 들지 못하는 아이
- 다른 데 신경 쓰느라 음식을 쏟아서 거의 먹지 못하는 아이
- 바른 자세로 식사를 하지 못하고, 반찬 투정을 하거나 떠드는 아이

급식을 먹을 때 바른 자세란, 의자에 엉덩이를 깊숙이 붙이고 등을 곧게 세운 상태에서 음식을 먹을 때는 식판 가까이 몸을 숙여 흘리지 않고 먹는 자세입니다. 식판을 앞에 놓고 몸을 흔들지 않고 앉아서 식사하는 자세를 의미하기도 하지요. 이러한 자세를 취하지 않으면 식기를 제대로 다루기가 어렵고, 음식물을 자주 흘리거나 주의가 산만해지기 쉽습니다.

초등 1학년 급식실에서 보이는 문제 모습은 단순히 예절 부족의 문제가 아닙니다. 유아기부터 이어져온 식습관, 신체 조절력, 자기 관리

능력의 결과지요. 식사는 아이의 몸과 마음의 조화를 가장 잘 보여주는 시간입니다.

😊 식습관을 기르는 실천 방법

매일 한 끼를 가족이 함께 식사하기

매일 한 끼라도 온 가족이 함께 식사합니다. 아이는 이 시간을 통해 음식 나누기, 순서 지키기, 기다려주기 등을 자연스럽게 배우지요. 또 식사 중 나누는 짧은 대화는 아이의 언어 발달은 물론, 식사에 대한 긍정적인 기억을 남깁니다.

젓가락 스티커 미션 수행하기

젓가락으로 콩을 옮기거나 스티커를 떼어 붙이는 등 재미있는 미션으로 젓가락질을 연습해보세요. 미션을 성공할 때마다 젓가락왕 스티커를 붙이면 아이는 도전에 흥미를 느끼고 성취감을 경험할 수 있습니다.

식탁 독립 프로젝트 운영하기

우유 팩 열기, 떠먹는 요구르트 뚜껑 벗기기, 컵에 물 따르기, 냅킨 가져오기 등 식사 준비와 마무리를 아이가 스스로 하도록 격려합니다. 처음에는 시간과 손이 더 들겠지만, 아이에게는 자기 조절과 자기 관리 능력을 기르는 최고의 기회입니다.

반찬 골고루 먹는 놀이하기(feat. 색깔별 반찬 스티커 판)

반찬을 색깔별로 구분해 매일 하나 이상 골고루 먹었을 때 해당 색깔 스티커를 붙이는 놀이입니다. 재미가 있는 건 물론이고, 편식 극복과 함께 식재료 다양성에 대한 인식을 키울 수 있습니다.

도구 활용하기

개인 식판, 칸막이 접시 등 아이의 식사 독립과 골고루 먹는 습관을 돕는 도구를 활용하면 식습관을 기르는 데 도움이 됩니다.

식습관은 단순히 '밥을 잘 먹는다'라는 차원이 아닙니다. 바른 자세를 하고, 입과 손을 조절하고, 감각과 주의를 조절하는 과정 전체가 몸의 습관으로 연결되지요. 이러한 습관은 기초 체력과 자기 조절력, 그리고 이후의 신체 활동, 학습 집중력, 정서 안정을 받쳐주는 든든한 기반이 됩니다. 식습관은 일회성 지도가 아닌 반복과 인내가 필요한 과정이며, 무엇보다도 부모가 함께 실천하고 기다려주는 태도가 아이의 변화를 앞당깁니다. 건강한 식사가 건강한 몸을 만들고, 건강한 몸이 결국 아이가 하루를 스스로 살아내는 힘으로 연결된다는 사실을 꼭 기억하세요.

건강한 몸 만들기와 유·초이음교육

영역	유아 교육 기관(누리 과정)	초등 교육 과정(1~2학년군)
건강한 몸 만들기	〈신체 운동·건강 영역〉 건강하게 생활하기, 신체 조절하기, 바른 식습관 기르기, 바른 식생활 실천하기	〈통합 교과〉 신체 활동 즐기기(즐거운 생활), 식생활 태도 익히기(슬기로운 생활), 급식 예절 지키기(건강한 일상 유지), 식생활 안전 이해, 협동 활동 실천

★ 방법 ⑤

"엄마, 영상 딱 하나만 더 보면 안 돼요?"

"간식 하나만 더 먹고 숙제할게요."

"지금 끄면 안 돼! 왜 맨날 나만 못 하게 해!"

"아니야! 나 과자 더 먹을 거야! 밥 안 먹을 거야!"

처음에는 조곤조곤 말로 조르던 아이가 어느 순간 조절되지 않는 감정과 충동 속에서 울고, 소리 지르고, 손을 휘두르며 무너지듯 반응하는 모습. 이러한 장면은 아이의 자기 조절력 발달 수준을 보여주는 신호입니다. 유아기 아이에게는 스마트폰, TV, 과자처럼 즉각적인 보상을 주는 자극에 저항하는 힘이 아직 충분하지 않습니다. 그렇기에 매일의 작은 선택과 습관 속에서 절제와 자율성을 키워야 하지요. 이것이 곧 자기 조절 기초 역량의 핵심입니다.

일상에서 스스로 조절하는 힘을 기르는 방법

스마트폰이나 TV, 간식은 아이에게 재미있고 유혹적인 대상입니다. 하지만 강하게 제한하거나 금지하는 방식은 오히려 반발심만 키울 수 있지요. 가정에서 할 수 있는 효과적인 접근은 다음과 같이 아이 스스로 조절할 수 있는 환경과 구조를 만드는 것입니다.

- **공동 약속 만들어서 벽에 붙이기**
  [예시] 스마트폰은 하루 30분, 엄마(아빠)와 함께 영상 고르기
  [효과] 아이와 함께 약속을 정하면 스스로 만든 규칙으로 인식되어 실행 가능성이 커집니다.

- **하루 생활 그림 시간표 만들기**
  [예시] 놀이, 영상 보기, 독서, 간식, 집안일 등을 그림이나 사진으로 표현하기
  [효과] 언제 무엇을 할지 예측 가능성이 생기면 아이는 스스로 조절하는 경험을 할 수 있습니다.

- **보상형 시청 시간으로 전환하기**
  [예시] 정리 정돈 다 하고 나면 영상 20분 보기
  [효과] 먼저 할 일을 마친 후 스스로 영상을 보는 구조를 만들면 집중력과 계획성이 함께 자라납니다.

일상 관리를 돕는 가정 환경 조성법

아이의 일상 관리와 자기 조절은 결국 부모가 만들어준 환경에서 시작됩니다. 스마트폰을 손에서 놓지 않는 부모, TV를 틀어놓고 식사하는 가정에서는 절제를 배우기가 어렵지요.

- 스마트폰 없는 식사 시간 실천하기
  - 밥상에 휴대폰을 놓지 않고 가족끼리 짧은 대화를 나누는 습관부터 시작해보세요.
- 하루를 마무리하는 루틴 만들기
  - 조명을 은은하게 줄이거나, 조용한 음악을 틀어두거나, "이제 하루를 정리할 시간이야"라고 말해보세요. 그러면 아이는 스스로 조절하면서 마무리하는 감각을 자연스럽게 익힐 수 있습니다.
- 화면 없는 시간 정하기
  - 매일 잠자리로 가기 전 30분을 가족이 함께 책 읽기, 음악 듣기, 가벼운 놀이를 즐기는 시간으로 만들어보세요. 반복되는 루틴이 곧 아이를 안정시키는 생활의 리듬이 됩니다.

디지털 기기 조절을 위한 실천 방법

- 'TV 꺼지는 타이머' 함께 설정하기
  - 아이와 함께 리모컨 타이머를 맞추며 '몇 분 뒤에 꺼진다'라는 내용을 확인합니다. 기계를 활용해 자기 조절 감각을 익힐 수 있지요.

- **'스마트폰 OK 카드' 만들기**
  - 양치하기 + 책 1권 읽기 + 장난감 정리하기 = 스마트폰 20분 사용 OK!
  → 간단한 조건을 스스로 달성해 보상을 받을 수 있습니다.
- **'자기 관리 일기장' 쓰기**
  - '오늘 잘 지킨 약속에 스티커 붙이기'처럼 하루에 하나라도 스스로 지킨 습관을 기록하게 해보세요. 아이는 성취감을 느끼고 자율성을 강화할 수 있습니다.

간식 조절을 위한 실천 방법

간식은 아이에게 위로이자 기쁨이지만 식사 리듬을 무너뜨리는 요인이 되기도 합니다. 밥 대신 간식을 찾거나 몰래 먹는 행동이 반복될 때는 음식에 대한 감정 연결과 리듬의 재정비가 필요하지요.

- **간식 시간 정하기&간식 선택권 주기**
  - 간식 먹는 시간은 오후 3시, 먹고 싶은 간식은 하루에 하나만 고르기 → 시간 제한과 선택 기회를 함께 주면 아이의 자율성과 조절력이 함께 자랍니다.
- **간식을 숨기지 말고 관리 가능한 위치에 두기**
  - 간식을 아이의 눈에 띄지 않는 상자나 찬장 안쪽에 보관합니다. 아이 스스로 찾아 먹기 어려운 구조는 불필요한 유혹에 대한 노출을 줄여주지요.
- **아이와 함께 장보고 요리하기**
  - 시장이나 마트에 아이와 함께 가서 식재료를 직접 고르게 하고, 그것으로 간단한 요리를 함께 해보는 경험을 만들어주세요. 그러면 음식에 대한 아이의 태도와 책임감이 달라집니다.

일상에서 자율성과 절제는 건강한 몸과 삶의 기반입니다. 아이의 일상 관리 능력은 하루아침에 만들어지지 않습니다. 반복되는 작고 구체적인 실천 속에서 아이는 자기 조절이라는 힘을 조금씩 키워가지요. 스마트폰과 TV, 간식이라는 즉각적인 보상보다 자신의 선택과 조절에서 오는 만족감을 먼저 알려주는 것, 이것이 부모가 만들어줄 수 있는 가장 건강한 성장 환경입니다.

일상 관리하기와 유·초이음교육

영역	유아 교육 기관(누리 과정)	초등 교육 과정(1~2학년군)
일상 관리 하기	건강하게 생활하기, 바른 식습관 기르기, 놀이 및 일상생활에서의 규칙 지키기, 스스로 할 수 있는 일 해보기, 나와 가족의 생활 모습 이해하기	• 슬기로운 생활: 일과표 구성, 규칙 있는 생활, 자기 물건 정리, 스스로 계획 세우기 • 바른 식생활: 균형 잡힌 식사, 간식 조절, 급식 예절 • 통합 교과(학교, 사람, 우리나라, 탐험): 생활 습관, 자기 건강 관리, 감정 조절 • 정보·디지털 리터러시: 스마트 기기 사용 규칙, 스크린 타임 인식 • 인성 교육: 절제, 배려, 자기 조절 역량 키우기

★ 방법 ⑥
집안일하기

"가정은 첫 번째 학교, 집안일은 첫 번째 책임입니다."

아이에게 집안일은 단순한 노동, 그 이상입니다. 삶에 참여하는 경험이자 자율성과 자기 조절력을 키우는 소중한 기회지요. 특히 유·초이음교육의 시기인 5~7세 무렵, 집안일을 통해 배우는 소속감, 책임감, 성취감은 아이의 정서 안정과 자존감의 기초를 다져줍니다.

아이의 삶을 바꾸는 집안일의 힘

미국 미네소타대학교 명예 교수인 마티 로스만 Marty Rossman 연구팀은 1967년부터 약 25년간 만 3~4세 아동 84명을 추적 관찰한 결과, 어린 시절 집안일을 해본 경험이 성인이 되었을 때 직업적 성공, 관계 만족, 정신 건강에 긍정적인 영향을 준다고 발표했습니다. 이 연구는 집안일이 가정의 일을 돕는 차원을 넘어 아동의 전인적 성장 기반, 즉 인생의 근육을 길러주는 훈련이라는 점을 잘 보여주지요.

미국 하버드대학교에서 시행한 75년간의 '성공적 삶에 대한 종단 연구 Grant Study'에서도 어린 시절 아이가 가정 내에서 책임을 맡아본 경험이 자기 효능감, 회복탄력성, 대인 관계 능력과 밀접하게 연관된다는 결과를 발표한 바 있습니다.

집안일은 몸을 쓰는 활동이면서 동시에 계획, 실행, 평가의 전 과정을 포함하기 때문에 종합적인 발달을 촉진하는 방법입니다. 한 끼 식사를 준비하는 일만 살펴봐도 그 안에는 배움이 가득하지요.

> 예시
>
> **장난감 정리하기**
>
> 유치원생 태윤이가 동생이 어질러놓은 블록을 정리하던 중 "엄마, 이건 어떤 바구니에 넣는 거예요?"라고 묻습니다. 엄마가 "큰 블록은 파란 바구니, 작은 블록은 노란 바구니에 넣어볼래?"라고 말하자, 태윤이는 블록의 크기를 하나하나 살펴보며 분류를 시작합니다. 자신이 만든 규칙을 하나씩 적용하면서 정리하다 보면 규칙성과 구조 감각이 자라나고, 어느새 "내가 혼자 다 했어!"라는 기쁨 속에 자기 주도성이 차곡차곡 쌓입니다.

집안일은 아이의 뇌 발달에도 긍정적인 영향을 끼칩니다. 정리 정돈은 전두엽의 계획력과 조직력을 자극하고, 밀가루 반죽이나 걸레질 같은 동작은 소근육과 대근육의 협응력을 키워주지요. 그리고 결정적으로 '내가 한 일이 가족에게 도움이 된다'라는 생각은 자존감과 공감능력을 자라게 만듭니다.

결국, 부모의 생각 전환이 시작입니다. "우리 아이는 아직 어려서 못해요"라고 하는 대신 조금 서툴러도 시도할 기회를 주는 것이지요. 이러한 전환이 아이에게는 독립성과 책임감으로 향하는 첫걸음이 됩니다. 부모가 아이에게 집안일을 함께하자고 요청하는 것이 도움을 받기 위한 것이 아니라 아이의 인생을 위한 것이라는 관점으로 바뀔 때, 비로소 집안일은 놀라운 교육의 장이 됩니다.

아이와 집안일을 함께하는 가장 효과적인 방법

😊 아이 연령별 집안일 추천

아이의 연령과 발달 수준에 따라 가능한 일을 나눠보면 좋습니다. 여기서 수준이란, 집중 시간, 손을 사용하는 능력, 언어적 이해 정도, 책임감의 발달 정도를 기준으로 삼으면 됩니다.

- **4~5세**: 수건 개기, 식탁 위 물건 정리, 쓰레기통 비우기, 식기 정리 등
  "여기 이 수건을 개어 저쪽 바구니에 넣어볼래?"

- **6~7세**: 방 청소, 세탁물 정리, 간식 그릇 설거지, 우유나 음료 따라 마시기, 신발 정리, 재활용 분리수거 등
  "이 플라스틱 컵은 어디에 넣어야 할까?", "세탁한 양말의 짝을 맞춰볼까?"

😊 아이를 집안일로 자연스럽게 이끄는 부모의 태도

맞벌이 부모라면 주중에 아이와 집안일을 함께하는 게 쉽지 않을 수 있습니다. 사실 일상의 작은 틈만 활용해도 충분히 가능하지요. 부모의 역할은 '도와주는 사람'이지, '완벽하게 대신해주는 사람'이 아닙니다. 이때 핵심은 아이가 스스로 할 수 있도록 옆에서 도와주는 것, 즉 스캐폴딩(77, 82쪽 참고)입니다.

점차 아이가 주도하게 하기

처음에는 "엄마(아빠)랑 함께하자"에서 시작했더라도 어느 순간 "이번에는 네가 혼자 한번 해볼래?"로 바뀌어야 합니다. 혹시 실수를 하더라도 "괜찮아. 다시 하면 돼"라고 격려하며 주도권을 넘겨주세요.

작은 성취 경험 반복해서 쌓게 하기

"혼자 우유 컵을 꺼냈네. 이제 따라 마시기까지 도전해볼까?"처럼 아이가 단계별로 성취를 경험하게 해주세요. 이런 경험 하나하나가 아이의 내면에 '나는 할 수 있다'라는 믿음을 심어줍니다.

즉각적이고 구체적인 칭찬하기

단순히 "잘했어!"보다는 "우아, 신발을 앞코까지 똑바로 놓았네. 동생 신발도 같이 정리해줬구나. 엄마(아빠)가 정말 감동했어"처럼 행동에 주목하는 칭찬이 효과적입니다.

😊 가정에서 실천하는 집안일 교육 팁

집안일 차트 만들기

'이름표 + 그림'으로 만드는 집안일 차트는 아이에게 시각적으로 이해하기 쉬운 동기 부여 도구가 됩니다. 매일 자신이 한 일을 확인하거나 "오늘은 젓가락 정리 완료!" 하며 스티커를 붙이는 순간, 아이는 눈빛을 반짝이며 성취감을 느끼겠지요.

가족이 다 함께 청소하기

"지금부터 10분간 먼지 제거 작전 실시!"처럼 집안일을 놀이로 접근하면 가족 모두가 즐겁게 참여할 수 있는 특별한 일로 전환됩니다. 타이머를 맞추고 미션을 수행하는 느낌으로 온 가족이 협력해보세요. 자연스럽게 협동심과 책임감도 자랍니다.

역할놀이와 연계하기

소꿉놀이, 엄마아빠 놀이 등 역할놀이는 청소, 설거지, 분리수거와 같은 활동으로 확장됩니다. 아이는 역할놀이 속에서 실제 집안일을 흉내 내며 책임을 즐거운 일로 받아들이게 되지요.

집안일 칭찬 노트 만들기

집안일을 한 날, 아이가 그림을 그리고 부모가 칭찬을 적어주는 '집안일 칭찬 노트'를 만들어보세요. "오늘은 세탁기에 빨래 넣기 성공! 정말 멋졌어." 조금씩 쌓여가는 기록이 아이의 자율성과 자존감을 키워줍니다.

아이 손이 닿는 환경 만들기

아이가 집안일에 자발적으로 참여하려면 '할 수 있는 환경'이 먼저 마련되어야 합니다. 이를테면 부엌에 발 받침대를 두어 식사 준비를 할 때 수저나 그릇에 아이의 손이 닿을 수 있게끔 해주는 것이지요. 물론 칼이나 가위, 유리그릇처럼 위험한 물건은 반드시 아이의 손이 닿지 않는 안전한 곳에 보관해야 하고요.

집안일에도 결정적 시기가 있다

4남매를 키우며 제가 몸소 느낀 것은 집안일에도 타이밍, 즉 결정적 시기가 있다는 것입니다. 첫째는 정말 빠르게 집안일을 시작했습니다. 5세가 되기도 전에 스스로 걸레질을 하거나 빨래를 정리하겠다고 나섰지요. 그땐 저도 부모로서 시간과 마음의 여유가 모두 있었기에 아이가 무엇이든 시도하려고 하면 위험하지 않은 이상 다 해보게끔 격려했습니다. 하지만 둘째와 셋째는 첫째와 막내 사이에 있다 보니, 상대적으로 집안일의 기회가 적었습니다. 역할을 나누려고 노력했지만, 첫째가 집안일에 익숙했기에 자연스럽게 동생들을 도와주는 일이 많았거든요. 막내는 막내라서 오히려 더 부지런히 이런저런 집안일을 해보라고 독려했습니다. 막내는 눈치가 빠르고 동기 부여가 강해서인지 첫째 못지않게 생활의 힘이 탄탄하게 자랐지요. 돌이켜보면 둘째와 셋째에게도 조금 더 일찍, 그리고 자주 집안일의 기회를 줬더라면 어땠을까 하는 아쉬움이 남습니다.

그래서 정말 강조하고 싶은 것은 집안일은 아이가 스스로 시도하려는 시기에 맞춰 자연스럽게 경험하게 하는 방법이 가장 효과적이라는 사실입니다. 유아기는 아이들이 "내가 해볼래!" 하며 부모의 행동을 따라 하고 싶어 하는 시기입니다. 바로 이때 아이가 할 수 있는 만큼 작은 집안일부터 시도해보는 경험은 매우 소중합니다.

반대로 이 시기를 놓친 채 초등 중·고학년 아이에게 "이제는 집안일 좀 해야지?" 하고 갑자기 시키면, 아이는 집안일을 스스로 하고 싶은 일이 아니라 억지로 해야 하는 일로 받아들이게 됩니다. 자연스러운 관심과 실행력으로 가득했던 시기를 지나버리면 집안일은 하기 싫은 일, 하고 싶지 않은 일이 되어버릴 가능성이 크지요.

　결국, 집안일도 다 때가 있습니다. 아이가 해보고 싶다고 할 때 부모가 그 의지를 존중하며 시도하도록 돕는 것이 아이에게는 평생을 살아갈 힘의 기초를 다져주는 일입니다.

집안일하기와 유·초이음교육

영역	유아 교육 기관(누리 과정)	초등 교육 과정(1~2학년군)
집안일하기	• 건강하게 생활하기: 정리 정돈, 청결 유지, 스스로 할 수 있는 일 해보기 • 나를 알고 가꾸기: 일상생활 자립, 자조 기술 • 나와 가족에 관심 가지기: 가족과 함께 생활하는 태도, 공동체 의식 • 놀이 및 일상생활에서의 규칙 지키기: 정해진 순서대로 해보기, 차례 지키기	• 슬기로운 생활: 스스로 계획하고 실천하기, 나와 가족의 생활 이해, 질서 있는 생활 등 • 통합 교과 주제 활동: 사계절에 따른 청소, 정리, 음식 만들기 • 인성 교육: 책임감, 배려, 협동, 자기 역할 인식 • 건강한 생활 습관 형성: 주변 환경을 깨끗하게 유지하는 태도 • 디지털 시민성 교육(융합): 가정 내 미디어 기기 정리와 정돈 습관 • 가정 연계 활동: 가족과 함께 집안일 실천해보기 • 생활 자립 능력 향상: 일상생활 문제 해결(시간 관리, 물건 정리 등) • 프로젝트 수업(교과 융합): 역할극, 집안일 체험 일기 등과 연계 가능

※ QR 코드를 스캔하여 집안일 루틴 카드와 가족 역할표를 다운로드받아 활용하세요.

04

생활의 힘을 키우는 부모의 대화법

"말 한마디가 아이의 행동을 바꾸고, 태도를 가꾸고, 마음을 살립니다."

지금까지 아이가 일상 속에서 생활의 힘을 키울 수 있는 다양한 실천 방법을 살펴봤습니다. 하지만 생활의 힘이 아이 안에 단단하게 자리 잡으려면 무엇보다 부모의 언어가 뒷받침되어야 합니다. 생활의 힘을 키워주는 대화는 단순한 지시나 칭찬을 넘어, 아이의 자율성을 존중하고 성장을 응원하는 따뜻한 코칭이어야 합니다.

⭐ 생활의 힘과 부모의 말의 상관관계

생활의 힘은 결국 반복되는 하루의 작은 행동들이 모여 길러집니다. 매일매일 반복을 가능하게 하는 것은 아이의 내적 동기며, 이러한 동기는 부모의 말에서 자라나지요. 다음과 같이 부모가 아이에게 건네는 말 속의 단어 하나, 어조 하나가 아이의 태도를 완전히 달라지게 만듭니다.

"왜 또 안 닦았어?" 대신 "오늘은 어떤 칫솔로 양치를 해볼까?"
"이걸 왜 아직도 안 했니?" 대신 "이걸 너 혼자 해보면 어떨까?"
"언제쯤 할 거야?" 대신 "어떤 순서로 해볼까?"

생활의 힘을 키우는 대화의 기본 원칙 3가지

원칙 1 | 명확한 기대를 전달한다

모호한 말보다는 구체적인 기대를 표현하세요.

"깨끗하게 하자." → "바닥에 있는 장난감 3개만 먼저 정리해볼까?"

"정리 좀 해." → "책은 책꽂이에 꽂고 인형은 바구니에 넣어줄래?"

원칙 2 | 실패보다 노력에 초점을 맞춘다

결과가 아닌 과정을 칭찬하세요.

"다 안 했잖아." → "여기까지는 스스로 했구나. 대견해."

"왜 그렇게 했어?" → "다르게 해보려는 시도가 멋졌어."

> **원칙 3** 존중과 인정의 언어를 사용한다
>
> 아이의 자율성과 감정을 말로써 존중해주세요.
>
> "네가 그렇게 생각했구나."
>
> "그럴 수 있지. 엄마(아빠)도 그랬던 적 있어."

★ 생활의 힘을 키우는 대화법 vs
⫶ 피해야 할 대화법

생활의 힘을 키우는 대화법 6가지

😊 방법 ① 선택지를 주는 질문하기

선택의 주체가 되어 행동할 가능성이 커집니다.

"먼저 치울래, 나중에 치울래?"

"엄마(아빠)랑 같이 할까, 혼자 할까?"

😊 방법 ② 할 수 있다는 믿음을 담아 말하기

아이의 자율적 실행 동기를 키워줍니다.

"엄마(아빠)는 네가 해낼 수 있을 거라고 생각해."

"천천히 해도 괜찮아. 넌 끝까지 할 수 있어."

😊 방법 ③ 행동을 구체적으로 칭찬하기

자세한 칭찬을 들은 아이는 그 행동을 습관화하게 됩니다.

"집 안에 들어올 때 신발을 바르게 벗었네. 좋은 습관이야."
"엄마(아빠)가 말하지 않아도 먼저 정리한 일, 진짜 최고다!"

😊 방법 ④ 실패했다면 감정을 먼저 읽어주기

아이가 실패한다면 나무라지 말고 그 순간의 감정을 부드럽게 보듬어주세요.

"아깝게 실패했네. 그래도 시도해본 게 중요해."
"실망했지? 그런 마음이 들어도 다시 할 수 있어."

😊 방법 ⑤ 습관 형성을 응원하기

애쓰고 노력하는 과정을 격려하면 아이는 할 수 있다는 마음을 갖게 됩니다.

"매일 꾸준히 하다 보면 어느 날은 네가 먼저 하게 될 거야."
"조금씩 자주 하는 게 제일 좋아. 정말 잘하고 있어."

😊 방법 ⑥ 아이의 기여를 인정하는 말하기

아이 스스로 생활에 기여하고 있다는 자부심을 느끼게 합니다.

"네가 신발을 정리한 덕분에 엄마(아빠) 기분이 좋아졌어."
"네가 식탁을 닦아줘서 온 가족이 더 편하게 밥을 먹었어."

피해야 할 대화법

😊 비교와 비난하는 말하기

아이의 자율성을 억누르고 자존감을 해칩니다.

"다 컸으면 이것쯤은 해야지."
"동생도 혼자 하는데, 넌 왜 못 해?"

😊 압박하는 말하기

아이의 책임감보다 두려움을 먼저 자극합니다.

"누가 이걸 이렇게 했어?"
"지금 당장 안 하면 엄마(아빠) 화낼 거야."

😊 도전 기회를 빼앗는 말하기

아이가 성장하려는 시도를 막아버립니다.

"네가 하면 늦어지니까 엄마(아빠)가 해줄게."
"그렇게 하니까 안 되잖아. 다음부터는 그냥 하지 마."

생활의 힘을 키우는 대화는 아이를 변화시키기 위한 도구가 아닙니다. 아이와 부모가 함께 살아가는 일상의 한 부분입니다. 아이의 작은 행동에 귀 기울이고, 저마다의 성장을 기다려주는 부모의 언어가 결국 아이에게는 평생을 살아가는 힘이 된다는 사실을 잊지 마세요.

01

부모가 정서 지능을
알아야 하는 이유

"정서 지능은 최종적으로 삶의 품격을 결정짓는 중요한 능력입니다."

★ IQ에서 EI로,
머리보다 마음이 중요한 시대

한때 지능 지수 Intelligence Quotient, IQ 에 열광하던 시절이 있었습니다. 숫자로 표현되는 지능이 사람의 능력을 대표한다고 여겼지요. 검사해서 나온 점수가 높으면 영재, 낮으면 노력형이라는 식의 단순한 구분도 흔했고요. 물론 여전히 매스컴에서는 IQ 150이 넘는 멘사 회원들의 사연이 화제가 되곤 합니다. 하지만 인생은 시험에서 높은 점수를 받는다고 무조건 잘 풀리지 않습니다. 실수했을 때 마음을 다잡는 법, 타인의 말에 상처받지 않고 내 마음을 지키는 법 등은 시험 점수와는 다른 종류의 힘에서 나옵니다. 바로 '정서 지능'입니다.

정서 지능Emotional Intelligence, EI은 1990년 미국 예일대학교 교수 피터 샐러비Peter Salovey와 미국 뉴햄프셔대학교 교수 존 메이어John Mayer가 처음 제안했으며, 1995년 미국 하버드대학교 교수 다니엘 골먼Daniel Goleman의 《EQ 감성지능Emotional Intelligence》이라는 책을 통해 널리 알려졌습니다. 골먼은 정서 지능을 인간이 자신의 감정을 인식하고 조절하고 타인의 감정을 공감하면서 사회적으로 관계 맺는 능력이라고 정의했지요. 정서 지능은 단지 개인의 심리적 안정이나 인간관계에만 중요한 것이 아닙니다. 학교 교육과도 깊은 관련이 있지요. 실제로 최근 초등 교육에서는 사회 정서 학습Social and Emotional Learning, SEL이 중요한 화두로 떠오르고 있습니다.

사회 정서 학습은 자기감정 인식과 조절, 타인에 대한 공감, 갈등 해결, 책임 있는 결정과 협력 같은 정서·사회적 역량을 체계적으로 기르는 교육입니다. 사회 정서 학습은 단순히 한 교과에서 다루는 것이 아니라, 도덕 교과, 국어 교과, 통합 교과, 창의적 체험 활동 전반에 걸쳐 통합적으로 녹아들고 있습니다. 예를 들어 초등 1~2학년의 통합 교과에서는 '학교', '사람들', '마을' 등의 주제를 통해 친구의 감정을 이해하고 협동하는 활동이 자연스럽게 이뤄지며, 도덕 교과에서는 감정 알아차리기, 분노 다루기, 타인 배려하기 등의 내용이 구체적인 상황 중심으로 다뤄집니다. 창의적 체험 활동에서는 학급 규칙 만들기, 감정 일기 쓰기, 또래 상담이나 역할극 활동을 통해 아이들이 실생활에서 감정을 조절하고 타인과 소통하는 법을 배울 수 있도록 지원하지요. 또 여러 시·도교육청에서는 사회 정서 학습을 교실에서 실질적으로 적용할 수 있도록 교사용 자료집, 수업 모델, 감정 코칭 프로그램 등을 개발 및 보급하고 있습니다. 즉, 정서 지능을 키워주는 일은 더 이상 가정만의 몫이 아닌, 학교가 함께하는 중요한 교육의 축이 되어가고 있는 것입니다.

★ 정서 지능의 구성 요소 살펴보기

다니엘 골먼의 이론을 바탕으로, 국내 아동·정서 교육 분야의 권위자인 서울대학교 아동가족학과 이순형 명예 교수가 개발한 K-EQ(유아 정서 지능 검사)에 사회 정서 학습 기반의 국내 교육 현장에서 널리 활용되는 내용을 더해 정서 지능의 구성 요소를 정리했습니다. 보통 자기 인식력, 자기 표현력, 자기 조절력, 타인 인식 능력, 대인 관계 능력, 감정 활용 능력의 6가지 요소로 설명하지만, 여기에 저는 유아기~초등기를 아우르는 발달 과정에서 도덕성과 양심의 중요성을 강조하며 이를 하나의 정서 역량으로 추가해 7가지 요소로 정리했습니다.

① **자기 인식력**: 자신의 감정을 알아차릴 수 있는 능력
  - "오늘은 친구가 나랑 안 놀아서 속상했어." 아이가 자신의 감정을 정확히 말로 표현할 수 있다면 정서를 인식하는 힘이 자라고 있다는 뜻입니다.

② **자기 표현력**: 말이나 행동으로 감정을 적절히 드러내는 능력
  - 동생이 장난감을 망가뜨렸을 때, 울거나 소리 지르기보다 "속상해. 그건 나한

테 소중한 거였어"라고 말하는 아이는 감정을 적절히 표현할 줄 압니다.

③ **자기 조절력**: 감정을 조절하고 행동을 통제하는 능력
- 마트에서 장난감을 사지 못해 속상해도 바닥에 드러눕지 않고 눈물을 참는 모습은 감정을 스스로 조절해보려는 노력입니다.

④ **타인 인식 능력**: 타인의 감정을 알아차리고 공감하는 능력
- 친구가 넘어져서 울 때 옆에 다가가 "괜찮아? 많이 아팠지?"라며 등을 토닥이는 아이는 다른 사람의 감정을 알아차리고 함께 느끼는 힘을 갖고 있는 것입니다.

⑤ **대인 관계 능력**: 갈등을 조정하고 협력할 수 있는 관계 맺기 능력
- 친구와 그네를 누가 먼저 탈지 다툴 뻔하다가 "그럼 내가 먼저 5분 타고 그다음에 네가 5분 타자"라고 제안하는 모습은 관계를 조정하고 협력하는 능력의 표현입니다.

⑥ **감정 활용 능력**: 감정을 긍정적인 방향으로 전환하고 문제 해결이나 목표 달성을 위해 활용하는 힘
- 발표 전에는 긴장이 되었지만 "떨리지만 한번 해볼래!"라고 마음을 다잡고 무대에 오른 아이는 불안한 감정을 도전의 에너지로 바꾸는 감정 활용 능력을 보여준 것입니다.

⑦ **도덕성**: 사회적 규범과 타인을 고려하는 감정 기반의 양심

- 아무도 보지 않지만 바닥에 떨어진 지갑을 주워 선생님에게 가져다주는 아이는 규칙과 타인을 배려하는 도덕적 감정을 내면화하고 있는 것입니다.

정서 지능과 자기 조절력 : 감정의 브레이크이자 가속기

자기 조절력은 단지 감정을 참는 능력이 아닌, 감정을 알아차리고, 이를 적절하게 조절하고, 상황에 맞는 행동으로 연결하여 목표를 향해 나아가는 힘입니다. 그래서 삶의 전반적인 성취와 연결되는 중요한 역량이지요. 이를 잘 보여주는 예시가 있는데, 과거 미국 스탠퍼드대학교에서 수행한 '마시멜로 실험'입니다.

> **예시**
>
> **마시멜로 실험**
>
> 1970년 미국 스탠퍼드대학교 심리학과 교수 월터 미셸Walter Mischel은 4~6세 아이들을 조용한 방에 불러모았습니다. 아이들 앞에는 하얀 마시멜로가 1개씩 놓여 있었지요. 연구원은 이렇게 말했습니다.
> "이 마시멜로를 지금 먹어도 돼요. 하지만 내가 돌아올 때까지(15분 후) 먹지 않고 기다리면 1개를 더 줄게요."
> 어떤 아이는 연구원이 방을 나가자마자 재빨리 마시멜로를 먹었습니다. 하지만 어떤 아이는 눈을 감거나 콧노래를 부르며 1개를 더 받기 위해 먹지 않고 꾹 참았지요. 이후 실험에 참여한 아이들을 수년간 추적했는데, 마시멜로를 먹지 않고 기다렸던 아이들이 그렇지 않은 아이들보다 학업 성취도, 사회성, 스트레스 대처 능력, 건강 지표, 심

지어 소득 수준까지 더 높다는 결과가 나왔습니다. 이 실험은 만족 지연 능력, 즉 자기 조절력의 중요성을 세상에 알리는 결정적인 계기가 되었습니다.

최근 국내에서도 유아기 자기 조절력의 중요성에 주목하는 연구와 교육적 관심이 확대되고 있으며, 학교생활에서의 감정 조절, 집중력, 대인 관계 등의 기초로써 그 역할이 점차 강조되고 있습니다.

정서 지능과 도덕성 : 감정으로 성장하는 양심

정서 지능은 도덕성과 깊은 관련이 있습니다. 제가 학창 시절에 배운 '콜버그의 도덕성 발달 이론'은 도덕성을 옳고 그름의 인지적 판단 중심으로 설명했습니다. 하지만 실제로 아이를 키우며 마주한 도덕성은 조금 다르더군요. 단지 옳고 그름을 아는 것을 넘어, 자기감정을 조절하고, 타인의 감정을 고려하며, 공동체 안에서 균형 잡힌 판단을 하는 힘이었지요. 이를테면 동생이 실수로 장난감을 망가뜨렸을 때 울컥하는 감정을 조절해 "괜찮아. 다음엔 조심하자"라고 말할 수 있는 아이, 식사 시간에 먼저 먹고 싶은 유혹을 참으며 "먼저 드세요"라고 말할 수 있는 아이는 이미 정서적 자기 조절과 공감력을 바탕으로 도덕성을 실천하고 있는 셈입니다.

특히 유아기에는 도덕적 판단과 정서 발달이 맞물려 미묘한 양상을 보이기도 합니다. 4~5세는 '모든 것이 내 것'이라는 인식이 강하며, 6세 무렵에는 불리한 상황을 모면하기 위해 미숙한 거짓말을 하기도 합니다. 예를 들어 우유를 엎지르고는 순간적으로 "나, 아니야"라고 말하는 경우가 있지요. 이는 나쁜 결과의 행동과 '착한 나'라는 정체성을 일치시키기 어려운 발달적 특성에서 비롯됩니다. 이 시기의 아이는 '착한 사람은 나쁜 행동을 하지 않는다'라고 여기기에 실수를 인정하는 것 자체를 두려워합니다. 이때 부모가 "왜 거짓말했어?"라고 즉각적으로 질책하기보다는 "우유를 엎질러서 놀랐지? 같이 닦아보자"처럼 실수를 공감해주고, 뒷수습을 함께하면서 돕는 것이 도덕성 발달에 훨씬 효과적입니다. 도덕성은 인지의 문제이기 이전에 감정과 관계 안에서 서서히 길러지는 태도이기 때문입니다.

과거 방영된 EBS 〈다큐프라임-아이의 사생활〉에서는 도덕성을 정서적 역량과 연결 지어 깊이 있게 다룬 바 있습니다. 이 방송에서는 '도덕성 변인에 관한 실험'을 통해 흥미로운 결과를 보여주지요. 도덕성 지수 상위 아이들과 평균 아이들을 나눠 탁구공 옮기기 게임을 진행한 실험에서 놀랍게도 평균 아이들이 승리합니다. 이유는 무엇일까요? 게임 도중 일부 아이들이 공이 떨어졌을 때 규칙을 어기며 눈속임을 하는 경우가 있었기 때문입니다. 이겨야겠다는 목표 앞에서 아이들 안의 양심이 흔들렸던 것이지요. 결국, 이 실험은 단순한 승패보다 더 중요한 메시지를 전합니다. 도덕성은 만족 지연 능력, 자제력, 공감, 배려, 회복탄력성과 같은 감정 기반의 역량과 밀접하게 연결되어 있으며, 이러한 정서 역량이 쌓일수록 리더십과 사회적 경쟁력으로까지 이어질 수 있다는 것을요. 더불어 인상적이었던 부분은 도덕성은 타고난 기질이 아니라 일상 속 훈련과 모델링을 통해 발달하는 힘이라는 사실입니다. 방송에서는 반복적으로 강조합니다.

"도덕성은 부모의 훈육보다 모방을 통해 배우는 것이다."

부모가 식사 예절을 지키고, 교통 규칙을 따르며, 차례를 기다리고, 인사하는 모습을 꾸준히 보여주는 것이야말로 아이에게 가장 큰 도덕성 교육이 된다는 것이지요. 그런가 하면 폭력적이고 공격적인 영상 콘텐츠에 반복적으로 노출된 아이는 타인의 고통에 둔감해지고 정서적 공감력이 떨어질 수 있다는 점도 경고합니다. 이 방송에서 소개한 다양한 실험과 분석은 도덕성과 정서 지능이 연결되어 있음을 보여줍니다.

- 감정 조절력이 높을수록 도덕적 행동도 안정됩니다.
- 공감과 배려는 도덕성의 바탕이 됩니다.
- 과잉 행동과 공격성이 클수록 도덕성은 낮게 나타납니다.
- 도덕성은 부모의 훈육보다 일상의 모델링을 통해 가장 잘 발달합니다.
- 도덕성은 곧 아이의 사회적 경쟁력이 됩니다.

정서 지능과 기질 : 감정과 마주한 타고난 성향

기질은 아이가 선천적으로 타고난 행동적·정서적 반응 경향으로, 어떤 자극에 얼마나 민감하게 반응하고, 얼마나 빠르게 회복하며, 감정을 어떻게 표현하는지에 큰 영향을 줍니다. 한마디로 아이의 정서 표현 방식과 감정 조절 스타일을 결정짓는 성향의 기초라고 할 수 있습니다. 그 예로 민감하고 신중한 기질의 아이는 낯선 상황에서 쉽게 불안해하고 겉으로 감정을 잘 드러내지 않을 수 있습니다. 반면에 쾌활하고 활동적인 기질의 아이는 순간적으로 감정이 격해질 수 있지만 금세 웃으며 회복하기도 하지요. 이처럼 기질은 감정의 크기와 표현 방식, 회복 속도 등에 영향을 미치기에, 기질에 따라 정서 지능을 키워주는 방식은 달라져야 합니다.

제가 《엄마의 대화력》에서도 강조했듯이 정서 지능을 키워주는 같은 말이라도 아이의 기질을 고려하지 않으면 오히려 역효과가 생길 수 있습니다. 자기감정을 겉으로 드러내지 않는 조용하고 느린 기질의 아이에게 "왜 그런 일로 아무 말도 안 해?"라고 말하면 아이가 '내 감정을 이해받지 못한다'라고 느끼고 마음을 더 닫아버릴 수 있습니다. 반대로 감정이 쉽게 격해지는 기질의 아이에게 "왜 또 그렇게 크게 울어? 참아야지"라고 말하면 아이는 감정을 표현하는 것 자체가 잘못된 행동이라고 오해할 수 있지요.

정서 지능은 아이의 학업, 인간관계, 사회생활, 더 나아가 삶의 품격을 결정짓는 중요한 능력입니다. 그리고 정서 지능은 유·초이음 시기, 즉 7세에서 초등 저학년 사이에 가장 민감하고 빠르게 자랍니다. 왜일까요? 이 시기는 아이가 본격적으로 또래와 관계를 맺고, 다양한 사회적 상황에 노출되며, 감정을 배우고 조절하는 기회를 가장 많이 경험하는 시기이기 때문입니다. 또 뇌의 전두엽 발달과 자율 신경계의 성숙이 급격히 진행되는 시기로, 감정 조절력과 공감 능력을 포함한 사회 정서적 기초 역량이 형성되는 골든타임이기도 하지요.

유아기 vs 초등,
정서의 힘은 어떻게 다를까?

"정서는 자라납니다. 다만, 환경과 경험이라는 물을 머금어야만 싹틉니다."

정서는 선천적으로 타고난 것이 아닙니다. 아이는 태어날 때부터 감정을 느끼지만, 그것을 어떻게 표현하고 조절하며 타인과 나누는가는 후천적으로 배우는 힘이지요. 배움은 가정과 교실, 관계와 일상이라는 삶의 토양 속에서 조금씩 자라납니다. 유아기가 감정의 씨앗을 뿌리는 시기라면, 초등기는 감정에 뿌리를 내리는 시기입니다.

⭐ 유아기에 나타나는 정서의 힘

유아기 초기의 아이들은 마음을 말로 먼저 표현하지 않습니다. 대신 표정으로 말하고, 몸으로 반응하며, 때로는 말없이 등을 돌리기도 하지요. 유아기의 감정은 그렇게 작고 여린 신호가 되어 세상 밖으로 나옵니다. 이후 5~7세의 과정을 거치며 자기감정을 조금씩 언어와 연결하기 시작합니다. "싫어", "무서워", "하지 마!" 등 짧은 말 뒤에는 불안함, 질투, 서운함, 그리고 자기감정을 어떻게 표현해야 할지 몰라 머뭇거리는 마음이 숨어 있지요. 이 시기의 정서 발달은 감정을 잘 표현하게 하는 것보다는 다양한 감정을 마음껏 느끼고 안전하게 드러낼 수 있는 관계와 환경을 갖추는 것이 먼저입니다. 그렇다면 유아기 정서의 힘은 어떤 역량과 연결되어 있으며, 어떤 방식으로 길러질까요?

유아기, 특히 5~7세는 감정의 씨앗이 자라나는 시기입니다. 유·초 이음교육의 기초 역량 중 **사회 정서 역량과 자기 조절 역량**이 이 시기의 정서 발달과 밀접하게 연관되지요. 아이들은 아직 말이 서툴기에 기쁨과 슬픔, 화남과 서운함을 몸짓과 표정, 그리고 눈빛으로 표현합니다. 이러한 감정을 적절히 인식하고 드러내는 경험을 반복하면서 아이들은 비로소 **자기 마음을 다루는 힘**을 조금씩 기르게 되지요. 다음은 유아기에 정서의 힘이 드러나는 장면입니다.

- **감정을 말로 표현하기**
    - 친구가 장난감을 빼앗자 "나 지금 화났어!"라고 이야기하는 아이. 마음속 느낌

을 언어로 표현해낸다는 것은 큰 성장입니다.

- **또래에게 공감하기**
    - 울고 있는 친구에게 살며시 다가가 등을 토닥이며 "왜 울어? 어디 아파?"라고 묻는 아이. 또래의 마음에 반응하고 감정을 이해해보려는 행동은 정서 지능의 시작입니다.

- **감정 역할놀이**
    - "아기는 슬퍼요~ 엄마는 토닥토닥~" 인형을 안고 상황을 연기하는 놀이 속에서 감정의 이름(슬픔)과 그에 따른 반응(토닥토닥)을 배웁니다.

★ 초등 입학 후에 바뀌는 정서의 힘

초등학교에 들어가면서 아이는 혼자만의 감정을 넘어, 타인의 감정과 함께 살아가는 방식을 배워갑니다. 이제 감정을 느끼는 것만으로는 부족하며, 감정을 말로 설명하고, 때로는 조절하며, 타인의 입장도 함께 고려해야 하는 시기가 된 것이지요. 유아기에는 단순히 좋거나 싫은 감정이 주를 이뤘다면, 초등 저학년부터는 "속이 조금 상하긴 하지만, 다음엔 네가 먼저 해"처럼 상황에 맞는 정서적 사고와 표현이 가능해지기 시작합니다.

초등학교에서 아이는 유아기보다 훨씬 더 많은 사람들과 관계를 맺습니다. 친구뿐만 아니라 담임 선생님, 교과 선생님, 학년이 다른 선후배 친구들까지 다양한 사람들과 교류하기에 감정을 조절하고 조율하는 능력이 더욱 중요해지지요. 다음은 초등 입학 후 완전히 바뀐 정서의 힘이 드러나는 예시입니다.

- **갈등 상황에서 자신의 감정을 설명하기**
  - "그렇게 말하면 기분이 안 좋아. 내가 먼저 쓰기로 했잖아." 화를 내거나 울지 않고 이유와 감정을 말로 풀어내는 모습은 정서적으로 한 뼘 자란 것입니다.
- **집단 내에서 감정 조절하기**
  - 발표 순서를 기다리며 속상해도 조용히 손을 들고 기다리는 아이. 나중에 친구가 발표를 못 해 우물쭈물하자 "잘했어!"라고 격려도 합니다.
- **협동 활동 중 타인의 감정 읽기**
  - 협동화 그리기 시간, 친구가 기운이 없어 보이자 "같이 그리자"라며 말을 건네는 모습은 감정에 대한 민감성, 또 사회적 유대가 자라났다는 증거입니다.

초등 1~2학년의 정서 교육은 통합 교과에서 가장 많이 다뤄집니다. 주로 바른 생활과 즐거운 생활 교과에서 다루며, 그 내용은 다음과 같습니다.

- **바른 생활**
  - [연계 활동] 감정 카드로 내 기분 나누기, 친구 마음 알아보기, 갈등 상황 돌아보기
  - [설명] 기본적인 감정 인식과 표현, 공감, 조절 상황 중심 활동

- **즐거운 생활**
  - [연계 활동] 음악으로 기분 표현하기, 몸으로 감정 표현하기

[설명] 예술 및 신체 활동을 통한 감정 표현의 확장

초등 1학년은 유아기 정서 교육의 흐름을 자연스럽게 이어가면서도 구조화된 활동과 언어화된 표현을 통해 감정을 다듬어가는 시기입니다. 그 예로 교실에서는 '행감바'와 '인사약' 대화법을 익히며, 역할놀이를 통해 실천으로 이어지게 하지요. 행감바는 상대의 행동(행), 나의 감정(감), 나의 바람(바)을 말로 표현하는 연습이고, 인사약은 잘못한 상황에서 인정(인) → 사과(사) → 약속(약)이라는 일련의 사과 표현을 실천하는 방식입니다. 실제로 저는 초등 1학년을 맡을 때마다 3~4월에 이를 프로젝트 수업처럼 진행하며, 아침 활동·교육 시간·미술 표현 활동과 통합해 정서 표현과 조절이 일상생활 속에서 자연스럽게 습관화되도록 이끌었습니다.

유아기 vs 초등 입학 후, 정서의 힘 한눈에 보기

구분	유아기(5~7세)	초등(저학년)
주요 맥락	감정을 경험하고 표현해보며 그 이름을 익히는 시기	감정을 인식하고, 말로 표현하고, 타인과 함께 조절하는 시기
강조 역량	사회 정서 역량, 자기 조절 역량	자기 관리 역량, 공동체 역량
지원 방식	놀이, 역할극, 상황 중심의 감정 탐색	교과 수업과 생활 지도 속 감정 표현·조절 활동 중심
환경 특징	안정적인 소집단과 교사 중심의 애착 관계	다양한 또래와의 집단생활을 통한 감정 조율 환경
상황 예시	감정 그림책을 읽고 "이 아이는 왜 속상했을까?" 질문을 던지며 감정을 함께 말로 풀어보는 활동	친구와 다툰 후 "그때 어떤 마음 이었니?"라고 물으며 스스로 감정을 돌아보게 하고 화해 대화를 돕는 장면
공통점	두 시기 모두 아이가 감정을 잘 느끼고 표현할 수 있도록 일상 속에서 감정에 반응해주는 어른과 환경이 매우 중요합니다.	

03

정서의 힘이 부족할 때 생기는 일

"정서는 가르치기보다는 길러야 하는 힘입니다.
표현할 수 없는 감정은 곧 행동으로 드러납니다."

정서는 억누르거나 가르친다고 해서 단번에 길러지지 않습니다. 감정을 인식하고 표현할 수 있도록 돕는 환경, 반응해주는 어른, 관계 속에서의 안정된 경험이 쌓일 때 비로소 아이는 스스로 마음을 다루는 힘을 키워갑니다. 감정을 말로 풀어내지 못하는 아이는 결국 몸과 행동으로 신호를 보내게 되지요.

⭐ 유아기에 나타나는 모습

정서의 힘은 아이 마음의 근육입니다. 눈에 보이지는 않지만, 관계 속에서 부드럽게 감정을 전하고, 다른 사람의 마음을 받아들이며, 자신의 감정을 잘 다룰 수 있게 하지요. 하지만 이 힘이 충분히 길러지지 않으면 아이는 마음의 언어를 행동으로 대신 표현하게 됩니다. 슬픈데 "아프다"라고 말하고, 속상한데도 "혼자 있고 싶다"라고 말하지 못하고 울음을 터뜨리며 무조건 거부 반응을 보이기도 하지요. 정서를 조절하는 힘이 약한 아이는 놀이 중 작은 갈등이 큰 감정 폭발로 이어지거나 다른 아이의 감정에 전혀 반응하지 못하는 모습을 나타내기도 합니다.

> **예시**
>
> **정서의 힘이 부족한 유치원 아이의 일상**
>
> 유치원 유희실에서 블록 놀이를 하던 두 아이가 있었습니다. 한 아이가 공들여 블록 탑을 쌓고 있었는데, 옆에서 친구가 실수로 그 탑을 무너뜨렸습니다. 그 순간, 탑을 쌓던 아이는 벌떡 일어나 "야! 너 왜 자꾸 망가뜨려! 맨날 그래!"라고 소리를 치며 고개를 홱 돌리고 자리를 떠났습니다. 블록을 무너뜨린 친구는 당황해서 "미안…" 소리를 다 끝내지 못했고, 곁에 있던 교사는 "우리 친구 속상했구나. 그런데 그렇게 화를 내면 친구 마음도 아프지 않을까?"라며 다가갔습니다.

앞선 예시는 겉으로는 단순한 다툼처럼 보이지만, 속을 들여다보면 화난 아이는 자신의 속상함을 적절한 말로 표현하는 힘이 부족했고, 실수한 친구는 바로 사과하는 감정 언어와 공감의 경험이 부족했던 상황입니다. 이처럼 감정 조절과 표현 경험이 적으면 아이는 상황을 공격적으로 해석하고 반응하는 경향을 보일 가능성이 큽니다. 따라서 유아기에는 특히 감정 어휘를 자세히 알려주고 감정 표현의 기회를 충분히 제공하는 것이 매우 중요하지요. 다음은 정서의 힘이 부족한 유아기 아이에게 나타나는 모습과 이에 대한 설명입니다.

- 갑자기 울음을 터뜨리거나 자리를 박차고 나가버림 → 감정을 표현하거나 조절하는 언어와 경험이 부족해 한순간에 감정이 터짐
- 친구가 다쳐도 무반응이며 "괜찮아?"라고 묻지 못함 → 공감 능력이나 타인의 감정에 대한 민감성이 낮음
- 감정을 자꾸 화나 짜증으로만 표현함 → 감정 어휘가 부족하여 다양한 감정을 구별하지 못하고 행동으로만 드러냄
- 교사가 감정을 물어보면 "몰라요", "그냥요"로 일관함 → 자기감정을 인식하거나 설명하는 데 어려움을 느낌
- 놀이 중 갈등 상황에서 항상 먼저 밀치거나 손이 나감 → 감정 조절력 미숙으로 물리적 행동이 먼저 나옴

유아기에는 감정을 경험하고 표현하는 연습이 충분히 이뤄져야 합니다. 그렇지 않으면 마음을 담아낼 그릇이 계속 준비되지 않은 채 자라게 되지요.

★ 초등 입학 후에 나타나는 모습

초등학교에 들어가면 아이는 단지 감정을 느끼는 것을 넘어, 그 감정을 설명하고 조율해야 하는 상황에 자주 놓이게 됩니다. 이를테면 친구와 놀이 순서를 정하다가 의견이 엇갈릴 때, 발표 중 실수한 친구를 보고 웃음이 터질 때, 친구가 사과했는데도 마음이 안 풀릴 때 등 감정을 해석하여 적절히 대응해야 하는 순간이 반복되지요. 학급 친구들과의 갈등, 선생님과의 상호 작용, 학습과 놀이가 어우러지는 공간 속에서 정서 조절력, 공감 능력, 표현력이 약한 아이는 혼란을 겪기 쉽습니다. 그래서 아이가 자기감정을 제대로 표현하지 못하거나 타인의 감정을 파악하지 못할 경우, 교실에는 불필요한 오해와 갈등이 자주 생기기도 합니다.

> **예시**
>
> **정서의 힘이 부족한 초등 1학년 아이의 일상**
>
> 통합 교과의 놀이 체육 시간, 한 아이가 줄을 서지 않고 앞에 끼어들었습니다. 뒤에 있던 친구가 당황하며 "왜 새치기해? 줄 서야지!"라고 말했지만, 끼어든 아이는 "뭐? 내가 언제? 나 안 그랬거든!"이라고 맞받아쳤습니다. 선생님이 상황을 정리하려고 애썼지만, 둘 다 울거나 등을 돌리고 말을 하지 않았지요. 새치기한 아이는 자신의 행동이 친구에게 불쾌감을 줄 수 있다는 감정 인식과 공감력이 부족해 따졌고, 지적한 친구는 화난 감정을 적절히 표현하거나 조절하지 못한 채

공격적으로 반응했습니다. 두 아이 모두 정서적 기술과 감정 언어를 통해 갈등을 풀어본 경험이 부족했던 탓이지요.

다음 내용은 정서의 힘이 부족한 초등 1학년 아이에게 나타나는 모습과 이에 대한 설명입니다.

- 친구에게 사소한 지적을 받았을 때 울거나 교실 밖으로 나가버림 → 자존감이 낮거나 감정 조절 경험이 부족해 상황을 과도하게 받아들임
- 친구가 다쳐도 "몰라요", "내가 그런 거 아니에요" 하며 피함 → 공감보다는 자신을 보호하는 반응을 먼저 함
- 상황 설명 없이 "야!", "왜 그래!"처럼 큰소리부터 지름 → 감정을 말로 표현하거나 조율하는 기술이 부족함
- 사과를 받고도 "진심이 아니잖아" 하며 계속 갈등을 끌고 감 → 감정과 감정 뒤 맥락을 구분하지 못함
- 말로 표현하지 못해 수시로 선생님에게 짜증, 책상 밀기, 손발 휘두르기 등으로 반응함 → 감정 표현을 위한 언어가 부족하고 감정과 행동의 연결 고리가 약함

정서의 힘은 단순히 착한 아이로 자라는 데만 필요한 것이 아닙니다. 자기감정을 잘 다루고 타인의 감정을 해치지 않으면서 표현할 수 있는 '관계의 힘'을 길러주는 일이기도 하지요.

★ 가정에서 나타나는 모습

정서의 힘이 부족한 아이는 가정에서도 부모와의 정서적 상호 작용에 어려움을 보입니다. 그러면 부모도 당황하거나 반복되는 대립 상황에 지치기 마련이지요.

> **예시**
>
> **정서의 힘이 부족한 아이의 가정에서 흔히 나타나는 일**
>
> - **대화 단절형 반응**
>   - 상황: "왜 속상했어?"(부모) - "몰라. 그냥 그랬어."(아이, 눈을 피하고 말문을 닫음)
>   - 분석: 감정을 표현할 언어가 부족하고 내면을 들키는 것이 불편해 방어적으로 반응함
>
> - **감정 폭발형 반응**
>   - 상황: 아침에 신발이 마음에 들지 않아 아이가 울음을 터뜨리며 "안 가! 안 신어!" 소리치고 방으로 들어가 문을 세게 닫음
>   - 분석: 작은 자극에도 감정을 다루지 못하고 분노하며 아직 감정 조절력이 미숙함
>
> - **극단적 해석형 반응**
>   - 상황: "다음엔 그렇게 말하지 말자. 알았지?"(부모) - "그럼 난 나

쁜 애야? 엄마(아빠)는 나 싫어하지?"(아이)
- 분석: 지적을 자기 존재에 대한 평가로 받아들이며 감정을 과잉 해석함

- **방어적 피해의식 반응**
- 상황: "왜 아까 동생 밀었니?"(부모) – "몰라. 그냥 그랬어. 맨날 나만 혼내잖아!"(아이)
- 분석: 감정 표현력이 부족하고 반복된 오해나 질책 속에서 억울함이 피해의식으로 전환됨

- **감정 지속형 반응**
- 상황: 아침에 기분이 상한 채로 등교한 아이가 온종일 입을 닫고 있다가 사소한 갈등에도 눈물과 짜증을 반복함
- 분석: 감정 정리와 전환이 어려워 같은 감정 상태가 오래가고 감정 조절력이 낮으며 표현 경로가 한정적임

이처럼 가정에서 감정을 안전하게 표현하고, 적절히 조절하며, 반응하는 방법을 배우지 못하면 아이는 혼란과 고립을 반복할 수밖에 없습니다. 부모는 아이의 마음을 알고 싶은데 도무지 문이 열리지 않고, 아이는 감정을 표현하는 언어와 기회가 부족해 정서적 소통의 악순환이 반복되기 쉽지요.

정서의 힘은 단순한 감정 표현의 능력을 넘어, 모든 배움과 관계의 기초가 되는 힘입니다. 또 정서의 힘은 아이의 '내면 언어'입니다. 이 언어가 길러지지 않으면 아이는 울고 화내고 피하거나, 때로는 아무 말도 하지 않게 되지요. 사실 그 안에는 항상 '알아줘', '힘들어', '도와줘'라는 작은 속삭임이 숨어 있습니다. 아이의 마음을 키워주기 위해, 우리는 먼저 감정이라는 언어를 함께 익히고 표현할 기회를 주는 환경을 만들어 줘야 합니다.

04
가정에서 정서의 힘을 키워주는 방법

"우리는 감정을 통제하는 것이 아니라 감정을 이해하는 법을 배워야 한다." - 대니얼 골먼

울다가 갑자기 웃고, 좋아하다가 금세 시무룩해지는 아이의 모습에 부모는 당황할 수밖에 없습니다. "왜 울어?", "왜 그래?"라고 물어도 아이는 "몰라"라며 대답을 회피하지요. 이 시기의 아이에게 감정이란 낯설고 어려운 것이기 때문입니다. 유·초이음 시기, 바로 이때가 감정 언어를 배우는 최적기입니다. 이 시기에 감정을 다루는 방법을 경험한 아이는 자기 조절, 친구 관계, 학교생활 안에서 훨씬 안정감 있게 성장할 수 있습니다.

⭐ 방법 ①
⫼ 감정에 이름 붙이기

유치원에서 돌아온 아이가 인사도 안 하고 소파에 털썩 주저앉았습니다. "왜 그래?"라고 물으니 "몰라. 그냥 기분 나빠"라고 대답합니다. 알고 보니, 오늘 친구가 자기 장난감을 마음대로 가지고 놀아 속상했는데 말로 표현하지 못해 계속 찡그리고 있던 것이었지요.

보드게임에서 졌다고 벌떡 일어나 방으로 들어가 문을 "쾅!" 닫는 아이. "속상했구나. 이기고 싶었던 마음이 컸던 거야"라고 부모가 말을 건네면 아이는 서서히 마음을 말로 풀어내기 시작합니다.

감정에 이름 붙이기가 중요한 이유

유아기~초등 저학년 시기는 아이의 감정이 요동치는 시기입니다. 하루에도 수십 번씩 기분이 바뀌고, 이유도 모른 채 울었다가 웃었다가 하기도 하지요. 아침에는 엄마가 자신이 고른 옷을 입게 해줬다고 좋아하다가도, 막상 유치원에 도착해서는 친구가 자기보다 먼저 들어갔다는 이유로 울음을 터뜨리고, 점심시간에는 좋아하는 반찬이 나왔다고 다시 방긋 웃는 식이지요.

아이의 하루는 이렇게 크고 작은 감정의 파도 위를 끊임없이 오가며 흘러갑니다. 하지만 감정의 이름을 모르면 그 감정을 말로 표현하지 못하고 행동으로 터뜨리는 일이 많아집니다. 예를 들어 "속상해"라는 말을 모르면 아이는 울거나 소리치며 자신의 상태를 표현하게 되고,

"질투나"라는 말을 모르면 동생에게 물건을 던지거나 화를 내는 행동으로 이어질 수 있지요.

감정은 이름을 붙여주는 순간, 마음속에서 더 이상 막연한 덩어리가 아니라 다룰 수 있는 대상이 됩니다. 특히 5세부터 초등 저학년까지는 감정을 배우고 표현하는 힘을 키우기에 가장 좋은 시기지요.

감정의 이해와 표현을 돕는 4가지 감정 분류

아이에게 감정을 효과적으로 이해시키고 또 가르치기 위해 정서 교육에서는 심리학적 기준에 따라 감정을 분류합니다. 감정 분류의 이론적 기반은 미국의 심리학자 로버트 플루치크Robert Plutchik의 '8가지 기본 감정 이론'에 있습니다. 플루치크는 인간의 감정을 분노, 공포, 슬픔, 혐오, 놀람, 기대, 신뢰, 기쁨의 8가지로 구분했지요. 저는 플루치크의 이론을 바탕으로 아이가 일상에서 감정을 더 쉽게 인식하고 표현할 수 있도록 방향성(긍정/부정)과 강도(높음/낮음)를 기준으로 삼아 173쪽의 표와 같이 4가지로 다시 분류했습니다.

이처럼 4가지로 감정을 분류한 이유는 다음과 같습니다. 첫째, 복잡한 감정을 구조화하여 4가지 틀 안에서 바라보면 아이의 상태를 빠르게 파악할 수 있고 적절한 반응 언어를 선택하는 데 도움이 됩니다. 둘째, 각 범주에 해당하는 감정 단어를 반복적으로 접하게 되면 아이가 감정을 인식하고 표현하는 어휘의 폭이 점차 넓어집니다. 셋째, 감정의 성질과 강도를 구분할 줄 알게 되면 아이는 감정을 다루는 방법을 상황에 따라 달리 선택할 수 있습니다.

4가지 감정 분류

감정 분류	설명	감정 단어(총 28개)
기쁨 Positive High	신나고 행복하고 뿌듯한 감정	기쁘다, 신난다, 뿌듯하다, 사랑스럽다, 기대된다, 놀랍다, 자랑스럽다
평온 Positive Low	안정되고 편안한 감정	편안하다, 안정되다, 차분하다, 만족스럽다, 고요하다, 여유롭다, 감사하다
슬픔·두려움 Negative Low	속상하고 무서운 감정	슬프다, 무섭다, 서운하다, 불안하다, 외롭다, 부끄럽다, 당황스럽다
분노·짜증 Negative High	화나고 답답한 감정	화나다, 짜증 나다, 억울하다, 답답하다, 속상하다, 질투 나다, 실망하다

 감정 분류는 '감정 이해 → 감정 표현 → 감정 조절'로 이어지는 정서 교육의 첫걸음입니다. 아이의 말과 행동이 이해되지 않을 때 4가지 감정 분류를 떠올려보세요. 지금 아이가 어떤 감정 안에 머물러 있는지, 그 이름을 함께 찾아주기만 해도 대화의 문은 열릴 것입니다.

감정에 이름을 붙이면 생기는 놀라운 일

 유·초이음 시기의 아이는 감정이 생겨도 그것을 정확히 인식하거나 어떻게 표현해야 할지 잘 모릅니다. 이때 부모가 먼저 감정 단어를 제시하면 아이는 '아, 이런 기분이 들 때는 이렇게 말하는 거구나!' 하고 감정과 언어를 연결해 학습하게 되지요. 이러한 과정을 통해 아이는 점차 다음과 같은 정서 역량을 키워갑니다.

- **자기감정 인식 능력**

    - '왜 우울한지', '무슨 감정이었는지'를 인지할 수 있게 됩니다.

- **감정 표현력**

    - 울거나 소리 지르는 대신에 말로 마음을 표현하는 힘이 생깁니다.

- **문제 상황에서 감정과 행동을 분리하는 힘**

    - 감정과 행동을 분리할 수 있게 되어 자기 조절력과 사회성의 기초가 다져집니다.

즉, 부모가 일상에서 감정에 이름을 붙여주는 행위는 아이의 정서 지능을 키우는 첫 번째 언어 코칭이자 감정 수업인 셈입니다. 이어지는 내용은 그 예시입니다.

- 놀이에 져서 울먹이는 아이에게

    "지금 **속상한** 거구나. 너는 지고 싶지 않은 마음이었지?"

- 친구가 다른 아이랑만 놀아서 혼자 있는 아이에게

    "혼자 있어서 **외로웠구나**. 마음이 **서운했겠다**."

- 선물 받고 방긋 웃는 아이에게

    "선물 받아서 **기쁘지**? 네 마음이 방글방글 웃는 것 같아."

- 엄마(아빠)가 더 놀아주지 않는다고 떼쓰는 아이에게

    "네가 지금 **짜증** 나는구나. 엄마(아빠)랑 더 놀고 싶었구나."

- 잘한 숙제를 보여주며 어깨 으쓱한 아이에게

    "**뿌듯**하고 **자랑스러운** 마음이 들었구나. 많이 노력했지?"

이처럼 부모가 아이를 대신해 감정에 이름을 붙여주는 언어 모델

링을 반복하다 보면 아이는 점점 자기감정을 인식하고 말로 표현하는 힘을 기르게 될 것입니다.

감정에 이름 붙이기 놀이 4가지

감정은 말보다 놀이로 익힐 때 훨씬 효과적입니다. 놀이는 아이에게 가장 자연스럽고 강력한 학습 도구이기 때문이지요. 아이는 책상에 앉아 설명을 듣는 방식보다는 몸을 움직이고, 감각을 쓰고, 실제로 역할을 수행하는 과정에서 감정을 더 잘 이해합니다. 놀이 상황에서는 실수해도 부담이 없고 감정을 자유롭게 표현하기에 감정 단어를 반복해서 사용하고, 그 감정이 나타나는 맥락과 상황을 연결 지을 수 있게 되지요. 즉, 감정은 머리로 아는 것이 아니라 몸과 마음으로 경험하는 것인 셈입니다. 아이는 놀이를 통해 감정에 이름을 붙이는 연습을 반복하면서 점차 자기감정을 인식하고 조절하는 힘까지 키워나갑니다.

😊 놀이 ① 감정 고 피쉬 게임

감정 단어가 적힌 카드를 활용해 상대방과 다양한 감정 단어를 반복해서 주고받는 놀이입니다. 아이가 쉽고 빠르게 감정 단어에 익숙해지도록 도와줍니다.

- **준비물**: 감정 카드 2세트
- **놀이 방법**
    - 아이와 부모가 각자 카드를 5장씩 나눠 가진 다음, 상대방에게 특정 감정을 요

청해 같은 카드 2장을 모으는 게임입니다. "'뿌듯하다', 있어?" → "없어. 고 피쉬!" 요청한 카드가 상대방에게 있으면 가져오고, 없으면 가운데 더미에서 새로운 카드를 1장 뽑습니다. 카드가 짝을 이루면 앞에 내려놓고, 가장 많은 짝을 만든 사람이 이깁니다. (저는 직접 감정 카드를 제작해 기존 고 피쉬 게임 형식을 빌려 놀이로 구현했습니다.)

※ QR 코드를 스캔하여 감정 카드 도안을 다운로드받아 활용하세요.

😊 놀이 ② 감정 주사위 보드게임

감정 단어가 적힌 주사위를 활용해 아이와 함께 감정을 말로 표현해보는 놀이입니다. 아이는 자신의 감정을 떠올리고 구체적인 경험과 연결해 말해보는 과정을 통해 아이는 감정 단어와 자기 인식 능력을 자연스럽게 키울 수 있습니다.

- **준비물**: 감정 단어가 적힌 주사위
- **놀이 방법**
    - 아이가 감정 주사위를 굴려서 나온 단어를 확인해 그 감정을 느꼈던 상황을 떠올려 이야기합니다. (예: "'짜증 나다'가 나왔어. 언제 짜증 났는지 말해볼래?") 아이가 떠올리기 어려워하면 부모가 힌트를 주거나 자신의 경험을 먼저 말해줘도 좋습니다. 아이가 이야기한 감정에 대해 부모는 "그랬구나. 그때 정말 속상했겠다"처럼 감정을 인정하고 공감하는 반응을 보여주세요.

※ QR 코드를 스캔하여 감정 주사위 도안을 다운로드받아 활용하세요.

😊 놀이 ③ 감정 표정 따라 하기

아이가 감정 카드의 표정을 따라 하거나 맞히면서 감정과 표정 사이의 관계를 익히고, 자신이 경험한 감정과 연결해보는 놀이입니다. 아이는 언어보다 비언어적 표현(표정, 몸짓)에 먼저 익숙해지기에 감정을 몸으로 표현해보는 활동은 감정 이해의 첫걸음이 됩니다.

- **준비물**: 다양한 감정이 표현된 감정 카드 또는 표정 그림(예: 기쁨, 슬픔, 놀람, 짜증, 당황, 무서움 등 여러 표정이 그려진 카드)
- **놀이 방법**
  - 감정 카드를 1장 뽑아 아이가 그 표정을 따라 해봅니다. 그러면 부모가 그 표정이 어떤 감정인지 맞혀봅니다. (예: "입을 꾹 다물고 눈을 치켜떴네? 화난 얼굴 같아!") 역할을 바꿔서 부모가 맞히고 아이가 표정을 따라 해보는 것도 좋습니다.

※ QR 코드를 스캔하여 감정 카드 도안을 다운로드받아 활용하세요.

😊 놀이 ④ 감정 그림책 놀이

그림책은 아이가 감정을 배울 수 있는 훌륭한 교과서입니다. 그림책 속 인물의 표정과 상황, 또 말투 등을 통해 감정을 간접적으로 체험할 수 있기 때문이지요. 감정 그림책 놀이는 책 속 장면을 보면서 등장

인물의 감정에 대해 이야기해보는 놀이입니다. 아이 스스로 감정을 추론하고 말로 표현해보면서 감정 이해력을 기를 수 있지요.

- **준비물**: 그림책
- **놀이 방법**
    - 아이와 부모가 함께 그림책을 읽다가 감정이 드러나는 장면에서 멈춥니다. (예: 주인공이 울고 있는 장면, 깜짝 놀라는 장면 등) 그리고 나서 아이에게 질문을 던져보세요. (예: "주인공은 어떤 기분일까?", "왜 그렇게 느꼈을까?" 등) 아이의 대답을 경청한 뒤, 부모가 감정 단어로 정리해서 이야기합니다. (예: "그렇구나. 주인공이 외롭고 속상했겠다. 그게 바로 서운한 감정이야.") 책을 다 읽은 뒤에는 아이의 감정 경험으로 연결하는 질문을 건넵니다. (예: "이 책에서 가장 기억에 남는 감정은 뭐였어?", "이야기를 들으니까 너도 그런 기분이 든 적 있어?" 등)

감정 그림책 놀이에 어울리는 그림책

도서명	감정 주제	특징
《오늘도 화났어!》	분노, 감정 조절	분노를 다양한 원인과 반응으로 보여줌
《기분을 말해 봐!》	다양한 감정	밝고 단순한 그림으로 감정 어휘 확장
《눈물문어》	슬픔, 위로	감정의 위로와 회복에 초점
'무지개 물고기' 시리즈	질투, 나눔	친구 관계 속 감정 이해
《안 돼, 데이비드!》	자율성, 좌절감	장난과 실수 속 감정 다루기
《곰 사냥을 떠나자》	두려움, 용기	반복적 이야기 구조로 감정 추적 가능

부모를 위한 실천 팁

감정은 자연스러운 것이지만 표현은 연습이 필요합니다. 부모가 일상에서 감정 표현을 모델링해주고, 아이의 감정을 인정해주는 태도를 보이면 아이는 '내 감정은 괜찮고 말해도 되는 거구나' 하는 정서적 안정감과 자기 표현력을 갖게 됩니다.

😊 아이를 대신해 감정 언어를 제시해주세요

아이는 자기감정을 아직 말로 잘 표현하지 못합니다. 이때 부모가 감정 단어를 대신 제시해주는 것만으로도 아이는 자신의 마음이 이해받고 있다고 느끼지요.

- 아이가 말없이 고개를 푹 숙이고 있을 때
    → "지금 **속상한** 기분이야? 뭔가 마음에 걸리는 일이 있었니?"
- 아이가 갑자기 방으로 들어가 문을 닫고 나오지 않을 때
    → "혹시 마음이 **답답하고 화가 났니**? 네 마음이 궁금해."

😊 아이가 감정을 잘 표현한다면 마음을 읽어주세요

감정을 잘 표현한 아이에게 "잘했어!"라고만 하면 결과 중심의 칭찬일 뿐입니다. 그보다는 감정을 말해준 것에 대해 고마움과 이해의 반응을 보여주는 것이 더 중요합니다. 부모가 그렇게 하면 아이는 자신의 감정이 존중받았다고 느껴, 결국 감정을 더 자주, 더 깊이 말하는 힘이 자라게 됩니다.

- 아이가 "친구가 나랑 안 놀아줘서 슬펐어"라고 말할 때

  → "네가 그렇게 말해줘서 엄마(아빠)는 네 마음이 어떤지 더 잘 알겠어."

😊 감정을 그대로 인정하고 이름을 붙여주세요

부모는 종종 "짜증 내지 마", "그렇게 울면 안 돼"처럼 감정을 멈추라고 이야기합니다. 하지만 이런 반응은 감정을 억압하게 만들지요. 아이의 감정을 그대로 인정하고 이름을 붙여주는 게 우선입니다. 또 감정 표현 자체는 문제가 아니기에 표현 방식에 대해서만 지도해주면 됩니다.

- 아이가 바닥에 드러누워 울면서 "싫어!"를 외칠 때

  → "지금 화가 많이 났구나. 원하는 게 있었는데 안 되니까 속상했어?"

😊 감정을 먼저 인정하고 행동을 안내해주세요

아이가 화가 나서 장난감을 던지거나 친구를 밀었다면 행동을 지적하기보다는 감정을 먼저 인정하는 것이 우선입니다. 그다음에 어떻게 표현해야 하는지를 안내해줘야 아이가 올바르게 감정을 표현하는 방법을 배웁니다. 감정을 인정받은 아이는 방어적으로 굴지 않고 행동을 조절하고 바꿀 수 있는 여유를 갖게 되지요.

- 아이가 동생에게 소리를 지르고 장난감을 던졌을 때

  → "화가 많이 났구나. 동생이 먼저 건드려서 속상했겠어. 그런데 장난감을 던지면 위험하니까 '하지 마!'라고 말해보자."

"화났어", "서운해", "뿌듯해"처럼 감정을 말로 꺼내기 시작하면서 아이는 더는 마음을 행동에 숨기지 않아도 된다는 것을 배웁니다. 감정은 나쁜 것이 아니라 표현되지 못한 감정이 마음을 더 힘들게 만든다는 것도요. 사실 이러한 과정은 부모에게도 똑같이 적용됩니다. 아이의 감정을 읽어주고 말로 표현하는 연습을 함께하다 보면 부모 역시 자신의 감정을 더 정확히 인식하고 다루는 힘을 기르게 되지요. 아이와의 대화가 어느새 자신과의 대화로 이어지고, 감정 표현과 갈등 해결의 지혜 또한 자연스레 자라납니다. 결국, 감정을 함께 나누는 시간이 아이는 단단하게, 부모는 성숙하게 만들어주는 것이지요.

감정에 이름 붙이기와 유·초이음교육

영역	유아 교육 기관(누리 과정)	초등 교육 과정(1~2학년군)
감정에 이름 붙이기	〈의사소통, 사회 관계 영역〉 자신의 감정과 생각을 말로 표현하기, 다른 사람의 감정과 말에 관심을 갖고 반응하기, 다양한 감정을 알고 적절히 표현하기	〈통합 교과, 국어〉 감정을 인식하고 말로 표현하기, 자신의 생각과 느낌을 적절히 전달하기, 타인의 감정을 이해하고 공감하는 태도 기르기

★ 방법 ②
||| 감정 조절 모델링과 코칭

"엄마(아빠)가 지금 너무 화가 나서 잠깐만 생각 좀 하고 이야기할게."

아이 앞에서 감정을 조절하려고 애쓰는 부모의 말입니다. 어른이 올라오는 감정을 어떻게 다루는지를 보여주는 순간은 아이에게 가장 강력한 감정 교육의 현장이 됩니다. 화가 났을 때, 짜증이 날 때, 당황스러울 때 부모가 그런 감정을 어떻게 멈추고, 어떻게 풀고, 어떻게 다시 말하는지를 아이는 보고 듣고 기억하지요. 감정은 자연스럽지만, 조절은 훈련입니다. 그리고 훈련은 부모를 모델링하는 것에서 시작됩니다.

감정 조절이 중요한 이유

"선생님, 저 재랑 같은 모둠 하기 싫어요!"
1학년 놀이 체육 시간, 줄넘기를 하다 친구와 부딪힌 지민이는 그 자리에서 큰 소리로 울기 시작합니다. "다 너 때문이야! 내가 다쳤잖아!"라고 소리치며 교실로 뛰어 들어가 책상을 치며 앉았습니다. 그 모습을 본 친구들은 조용히 뒤로 물러났고, 분위기는 일순간 얼어붙었지요. 담임인 저 또한 마음이 복잡해졌습니다. 감정을 다루지 못하는 아이 하나가 학급 전체를 긴장시키는 순간이었기 때문입니다.

감정 조절이 잘되지 않는 아이는 단순히 본인의 문제로 끝나지 않습니다. 수업의 흐름이 끊기고, 친구들과의 관계도 어려워지며, 교사나 부모와의 갈등이 반복되지요. 이처럼 감정 조절은 아이의 일상생활 및 관계 맺기 전반에 큰 영향을 미칩니다.

감정 조절 모델링이란?

감정 조절 모델링이란 아이에게 어른이 감정을 조절하는 모습을 직접 보여주는 방법입니다. 즉, 부모나 교사가 자신이 화가 났을 때, 실망했을 때, 당황했을 때 등에 어떻게 감정을 조절하는지를 구체적으로 보여주는 것이지요.

미국의 심리학자 앨버트 반두라Albert Bandura의 사회 학습 이론Social Learning Theory에 따르면, 아이는 '관찰'과 '모방'을 통해 많은 것을 배웁니다. 감정 조절도 마찬가지지요. 아이는 부모의 말투, 표정, 행동으로부터 감정 표현과 조절 방법을 자연스럽게 배웁니다. 그 예로 부모가 갑작스러운 상황에서 "잠깐만. 지금 너무 화가 나니까 조금만 생각을 정리하고 이야기하자"라고 말하면, 아이는 '아, 감정이 올라올 땐 멈추고 기다리는 것도 방법이구나'를 학습합니다. 이처럼 아이에게 '감정을 다루는 구체적인 장면'을 보여주는 것이 바로 모델링이지요.

"감정 조절 모델링이 뭔지는 알겠어요. 그런데 막상 하려고 하면 현실은 불가능에 가까워요."
"어떻게 한결같이 아이 앞에서 모델링을 하나요? 저흰 안 돼요."

많은 부모님들의 이야기입니다. 감정 조절은 부모에게도 어려운 일입니다. 부모이자 교사인 저도 다르지 않지요. 감정을 한결같이 조절하거나 완벽하게 멈추기란 쉽지 않습니다. 결국, 감정 조절은 부모에게도 연습이 필요한 평생의 과제입니다. 그런데 그 연습을 아이 앞에서 시도하는 것만으로도 훌륭한 정서 교육이 될 수 있습니다. "이번엔 엄마(아빠)가 감정을 조절하지 못했어. 좀 많이 힘들었나 봐. 다음엔 조심할게"라고 말하는 순간, 진정한 모델링이 이뤄지기 때문이지요.

그렇다면 감정 조절이 어려운 부모도 아이의 감정을 코칭할 수 있을까요? 당연히 가능합니다. 핵심은 완벽함이 아니라 성찰하고 반복해 보려는 자세입니다. 작은 실천만으로도 부모는 아이의 좋은 감정 코치가 될 수 있습니다.

가정에서 실천하는 감정 조절 코칭법

미국의 심리학자 존 가트맨John Gottman의 감정 코칭 이론은 총 5단계입니다. '감정 인식하기 → 공감하기 → 감정에 이름 붙이기 → 한계 설정하기 → 지도하기'지요. 저는 가트맨의 이론을 토대로 유아기~초등 저학년 시기 아이의 발달 수준에 맞춰 단순화한 감정 조절 코칭 3단계를 제안하려고 합니다. 일상 속 작은 갈등 상황에서 부모가 차분히 3단계 **(감정 공감 → 감정에 이름 붙이기 → 감정 조절 방법 제시)**를 따라가는 것만으로도 아이와 함께 감정을 다루는 연습을 자연스럽게 할 수 있지요. 다음은 감정 조절 코칭 3단계의 구체적인 내용입니다.

감정 조절 코칭 3단계

1단계 | 감정 공감

아이의 감정을 있는 그대로 받아들이고, '그럴 수 있겠다'라는 마음으로 반응합니다.

2단계 | 감정에 이름 붙이기

아이가 표현하지 못한 감정에 정확한 단어를 제시합니다. 감정을 구체적으로 인식하면 조절이 쉬워집니다.

3단계 | 감정 조절 방법 제시

숨 고르기, 말로 표현하기, 그림으로 표현하기 등 상황에 맞는 방법을 함께 찾아봅니다.

예시

아이가 장난감을 동생에게 빼앗겨 울부짖으며 화내는 상황

1단계 | 감정 공감

- "너무 많이 화났구나. 네가 열심히 만들고 있었는데 동생이 갑자기 가져가서 속상했겠다."

2단계 | 감정에 이름 붙이기

- "이건 '억울함'일 수도 있겠네. 조금 '질투'가 섞였을 수도 있고 말이야. 동생이 엄마(아빠)의 관심을 더 받는 것처럼 느껴졌을 수도 있겠구나."

3단계 | 감정 조절 방법 제시

- "화가 날 땐 먼저 숨을 크게 쉬어보자. 하나, 둘, 셋. 그리고 나서 말로 표현해보자. '내가 만들던 거였어. 그러니까 어서 돌려줘.' 이렇

게 할 수 있겠니?"

아이의 감정을 옳고 그름이 아닌 존재하는 것으로 인정하고, 감정이 행동으로 표출되기 전에 말로 표현할 수 있도록 도와주세요. 또 '멈춤-호흡-말하기'의 3단계를 가정에서 자주 연습시키면 좋습니다.

여기서 제안하는 방법을 모두 다 실천할 필요는 없지만, '부모가 감정 앞에서 멈추는 연습을 하고 있다'라는 사실만큼은 아이에게 분명한 메시지를 전달하고 있음을 잊지 마시기 바랍니다.

감정 조절 모델링&코칭과 유·초이음교육

연계 항목	유아 교육 기관(누리 과정)	초등 교육 과정(1~2학년군)
교육적 의미	다양한 감정을 인식하고 표현하며, 감정을 조절하고 조화롭게 지내는 능력	자신의 감정을 이해하고 표현하며, 타인의 감정을 배려하는 능력 기르기
관련 주제 및 교과	나를 알고 사랑하기, 친구와 사이좋게 지내기	바른 생활(감정 다루기), 슬기로운 생활(나의 감정 살피기)
교육 목표	자기 조절력, 사회 정서 역량 기초 형성	자기 관리 역량, 의사소통 역량 발달
가정 연계 포인트	감정 언어 표현, 감정 멈춤 훈련, 부모의 감정 모델링	감정 일기 쓰기, 감정 카드 활용, 부모의 솔직한 감정 공유

★ 방법 ③
⋮⋮⋮ 공감 대화 습관

"선생님, 얘가 또 제 머리가 크다고 놀렸어요!"

1학년 아침 독서 시간에 시작된 두 아이의 신경전. 평소에도 은우는 친구의 외모나 실수에 대해 장난 섞인 말로 놀리곤 했습니다. 이번엔 민기의 머리를 두고 "너는 진짜 고구마 머리야"라고 말한 것이었지요. 민기는 붉어진 얼굴로 눈물을 참으며 저에게 왔고, 주변 아이들은 '또 시작이다'라는 표정이었습니다.

"은우야, 너는 방금 농담으로 한 말이라고 생각했겠지만, 민기는 많이 속상했을 수도 있어. 내가 웃기려고 한 말이 누군가에겐 상처가 될 수 있다는 걸 기억해야 해."

"…그냥 장난이었어요."

"그렇지, 네가 일부러 그런 건 아니었을 거야. 그런데 만약 누군가가 너한테 '말이 너무 많아서 시끄러워'라고 하면 기분이 어떨까?"

"…저도 기분 나쁠 것 같아요."

"그래, 그런 마음이 바로 공감이야. 다른 사람의 입장에서 그 마음을 잠깐이라도 느껴보는 것. 그게 우리가 함께 지내는 데 꼭 필요한 거야."

짧은 대화였지만 그 순간 아이들은 '공감'이 무엇인지, 왜 필요한지를 피부로 느꼈지요. 공감은 상대방의 감정을 수용하고 반영해주는 것으로 때로는 관계를 회복시키고 상황을 변화시키는 강력한 힘이 되기도 합니다.

공감의 의미와 유형 알아보기

공감Empathy은 '다른 사람의 감정을 느끼고 이해하며, 그 감정에 적절히 반응하는 능력'입니다. 단순히 "네가 그랬구나"라고 말하는 것은 공감의 극히 일부지요. 진짜 공감은 상대방의 마음을 읽고, 감정에 귀 기울이며, 그래서 상대방이 '내 마음을 알아주는구나'라고 느끼게 하는 정서적 연결 다리입니다. 특히 유아기~초등 저학년 시기의 아이는 공감의 언어를 주변 어른들과의 반복되는 대화 경험을 통해 배웁니다. 그렇기에 가정에서의 공감 표현은 아주 중요합니다. 또 공감은 하나의 방식만 있는 것이 아닙니다. 상황과 아이의 감정 상태에 따라 다양한 방식으로 표현될 수 있으며, 표현의 폭이 넓을수록 아이는 자신이 깊이 이해받고 있다고 느끼지요. 다음은 부모가 일상에서 활용할 수 있는 공감의 대표적인 유형입니다(이어지는 공감 유형 분류는 존 가트맨, 칼 로저스Carl Rogers, 토마스 고든Thomas Gordon 등의 감정 코칭 및 부모 대화 이론을 바탕으로 하여 실천적 분류로 재구성했습니다).

- **감정 반영형**: 아이의 감정을 그대로 받아 말로 되돌려주는 방식 → "속상했구나. 그럴 수 있지."
- **입장 상상형**: 아이가 경험한 상황을 부모가 상상하여 말해주는 방식 → "그렇게 친구가 말하니까 네 마음이 찢어졌겠구나."
- **이야기 확장형**: 감정을 공감하며 아이가 더 많은 이야기를 할 수 있도록 돕는 방식 → "그때 어떻게 했는지 더 이야기해줄래?"
- **경험 연결형**: 부모 자신의 경험을 통해 감정을 나누는 방식 → "엄마(아빠)도 어

릴 때 그런 경험이 있었어. 정말 힘들었지."

- **행동 공감형**: 특정 상황에서 아이의 감정은 물론 행동까지 이해하려는 방식 →
"그래서 네가 그만하라고 소리친 거구나."

공감 8 : 가치 2의 균형 잡힌 대화

언젠가부터 자녀교육서나 부모 교육 등을 통해 '공감이 중요하다'라는 메시지가 널리 알려지면서 많은 부모님들이 이렇게 질문하곤 합니다.

"무조건 공감만 해줘야 하나요? 공감한다고 아이 행동이 바뀌지는 않던데요."

"공감이 좋다고 해서 '그랬구나. 속상했겠구나'라고 말했어요. 그런데 아이가 전혀 반성하지 않고 자꾸 같은 행동을 반복해요."

공감을 해줘도 아이의 행동이 바뀌지 않는 이유는 공감이 정서적 수용으로만 끝나고, 그 상황에 필요한 가치, 규칙, 경계가 함께 제시되지 않았기 때문입니다. 공감은 아이의 마음을 열고 감정을 받아줄 뿐, 그다음엔 아이가 자신의 행동을 돌아보고 변화할 수 있도록 이끌어주는 가치의 언어가 따라야 하지요.

그래서 저는 부모와 아이의 대화에서 '공감 8 : 가치 2'의 비율을 권합니다. 왜 이런 비율일까요? 공감이 8이어야 하는 이유는, 아이는 자신의 감정이 충분히 인정받아야지만 그다음 메시지가 들리기 때문입니다. 감정이 무시되거나 곧바로 지적과 훈육이 따라오면 아이의 뇌는 방어부터 작동합니다. 그러면 어떤 말도 소용이 없고 대화는 통제나 싸움으로 끝나게 되지요. 반대로 공감이 먼저 충분히 이뤄지면, 아이의 마음이 열리고 긴장이 낮아져 그때 부모가 전하는 가치나 규칙이 아이의 내면에 닿을 준비가 됩니다. 그래서 '공감 8 : 가치 2'는 단순한 수치가 아니라 대화의 효과를 높이는 심리적 비율입니다.

"친구가 그렇게 말해서 네가 속상했구나(공감). 그런데 그런 상황이라도 말을 너무 거칠게 하면 안 돼(가치)."
"그럴 수 있어. 화나는 건 자연스러워(공감). 하지만 물건을 던지면 위험하니까 멈춰야 해(규칙)."
"엄마(아빠)가 동생만 챙긴 것 같아 마음이 서운했구나(공감). 그런데 마음이 상할 때는 소리를 지르기보다는 가까이 와서 말로 알려주면 더 좋겠어(대화 방식 지도)."

공감은 아이의 감정을 있는 그대로 수용하는 힘이고, 가치는 그 감정을 사회적으로 조절하고 행동을 다듬어주는 기준입니다. 공감과 가치가 함께 갈 때 아이는 감정 조절력뿐만 아니라 사회성, 도덕성, 자기 성찰력까지 함께 키워나갈 수 있지요. 공감은 대화의 시작점, 가치는 그 대화가 성장으로 이어지게 하는 방향키인 셈입니다.

가정에서 공감 대화 습관을 기르는 방법

😊 방법 ① 감정을 표현하는 도구로 대화 열기

감정을 글이나 그림으로 표현할 수 있는 도구를 활용해 아이와 자연스럽게 하루를 돌아보는 시간을 만들어보세요. 감정 그림 카드, 감정 스티커, 감정 색칠표 등을 활용하면 아이가 말로 표현하지 못한 감정을 시각적으로 표현할 수 있지요. 또 감정 일기장을 만들어 날마다 오늘의 기분을 스티커, 숫자, 색깔로 체크해보는 것도 좋습니다. 글쓰기를 어려워하는 유아는 그림일기로 시작해도 충분합니다.

"오늘은 학교에서 가장 기뻤던/속상했던 순간이 언제였어?"
"오늘의 감정을 색으로 표현한다면 무슨 색이야?"

😊 방법 ② 공감 상황 질문 게임

아이와 부담 없이 감정에 대해 말할 수 있는 게임입니다. 상황 카드를 뽑은 다음, 질문을 주고받는 방식으로 대화를 이어갑니다.

- **상황 카드 예시**
  - 친구가 나랑 안 놀고 다른 친구랑만 놀았을 때, 선생님이 칭찬해줬을 때, 내가 한 실수 때문에 모두가 웃었을 때 등
- **질문 예시**
  - "이 상황이라면 너는 어떤 기분일 것 같아?", "그 친구는 어떤 마음이었을까?", "다음에 또 이런 일이 생기면 어떻게 하고 싶어?" 등

공감적 사고를 연습하면서 다른 사람의 입장에서 느껴보는 경험을 통해 아이의 공감 능력과 자기 성찰력이 함께 자랍니다. (※ 상황 카드는 가정에서 아이의 상황에 맞춰 스케치북에 간단하게 작성해서 활용하면 됩니다.)

😊 방법 ③ 거울 말하기 연습

거울 말하기는 부모가 아이의 말을 그대로 되돌려주며 감정을 확인해주는 방법입니다. 이때 부모는 평가나 판단 없이 아이의 말을 있는 그대로 비춰주는 역할을 해야 합니다. 예를 들어 아이가 "오늘 친구가 나랑 안 놀아줬어"라고 말하면 다음과 같이 대답하는 것이지요.

"그 말을 들어서 마음이 아팠구나."
"혼자 있어서 외롭고 속상했겠다."

말을 그대로 되돌려주되, 아이의 감정에 초점을 맞춰 되짚어주는 것이 핵심입니다. "안 놀아줬어"를 "마음이 아팠구나", "외롭고 속상했겠다"로 말이지요. 그러면 아이는 스스로 자신의 감정을 더 분명히 인식하게 되고, 또 '부모님이 내 마음을 진짜 들어주고 있구나'라는 신뢰를 형성하게 됩니다.

😊 방법 ④ 공감과 가치의 메시지를 함께 전하기

아이에게는 감정을 받아주되, 행동의 기준이나 사회적 규칙을 함께 알려주는 연습이 필요합니다. 감정만 수용하고 멈추면 아이가 행동을 반성하거나 조정하는 기회를 놓칠 수 있기 때문이지요. 공감(정서적 수용)과 가치(사회적 기준)가 함께 전달되면 아이는 감정을 억누르지 않으면서도 어떤 행동이 옳고 바람직한지 스스로 판단하고 조절하는 힘을 키우게 됩니다.

"너도 속상했겠지. 그런데 친구한테 욕을 하면 친구도 똑같이 상처받아."

"화가 나는 건 자연스러운 일이야. 하지만 동생을 때리면 절대 안 돼."

"네 마음, 이해해. 그런데 이제 어떻게 하면 좋을까?" 이 한마디에는 공감과 방향 제시가 모두 담겨 있습니다. 공감은 대화의 시작이지 끝이 아닙니다. 이제 우리는 아이가 감정을 표현할 수 있게 도와주고, 그 감정 뒤에 가치와 책임, 더 나은 행동의 방향을 함께 이야기하는 부모가 되어야 합니다.

공감 대화 습관과 유·초이음교육

연계 항목	유아 교육 기관(누리 과정)	초등 교육 과정(1~2학년군)
교육적 의미	타인의 감정을 이해하고, 함께 어울리는 태도 기르기	친구의 마음을 살피고, 서로를 배려하며 어울리는 생활 익히기
관련 주제 및 교과	나와 다른 친구 이해하기, 함께 생활하기	바른 생활(배려와 나눔), 슬기로운 생활(마음 알아주기)
교육 목표	사회성, 공동체 의식, 정서 표현 능력 기초 형성	공동체 역량, 의사소통 역량, 도덕성 함양
가정 연계 포인트	감정 나누기 활동, 역할극을 통한 공감 표현, 공감 놀이 카드 활용	공감+가치 대화 실습, 감정 일기와 피드백 대화, 거울 말하기 훈련

★ 방법 ④
||| 좌절 경험을 존중하고 다루기 (feat. 회복탄력성)

요즘 부모님들에게서 가장 자주 들려오는 말 중 하나는 "우리 아이는 조금만 힘들어도 바로 포기해요"입니다. 유아 교육 기관이나 초등학교에서도 비슷한 사례를 자주 마주하지요. 최근 좌절 상황에서 감정이 폭발하거나 아예 활동을 회피하는 아이들이 점점 늘어나고 있습니다.

회복탄력성의 힘

예시1 가정

5세 연서가 블록 탑이 무너지자 갑자기 "다 망했어! 나 못하겠어!" 하고 울음을 터뜨립니다. 어른이 보기엔 작은 일이지만, 아이는 한동안 기분을 회복하지 못하고 놀이 자체를 거부합니다.

예시2 유아 교육 기관

7세 반 민우는 줄넘기 시합에서 1등을 하지 못하자 울면서 밖으로 나가버립니다. 선생님이 다가가면 "오지 말랬잖아요!"라고 소리칩니다. 이후 온종일 활동에 소극적으로 임합니다.

예시3 초등 저학년 교실

받아쓰기에서 틀린 문제가 많았던 1학년 지우는 시험지를 찢으며 울면서 소리를 지릅니다. "나는 바보야! 다 못해!"라는 말만 반복하면서요. 이후에는 쓰기 활동 자체를 꺼리게 됩니다.

모두 좌절을 경험한 아이들이 회복하지 못한 채 정서적으로 주저앉는 모습입니다. 여기서 중요한 것은 좌절 그 자체보다 좌절 이후에 회복하지 못하는 마음의 상태지요.

회복탄력성 Resilience이란 실패, 실망, 상처와 같은 정서적 어려움을 겪은 뒤에도 다시 회복하여 앞으로 나아가는 힘입니다. 이 개념은 미국의 심리학자 에미 워너 Emmy Werner와 루스 스미스 Ruth Smith의 카우아이 프로젝트 Kauai Longitudinal Study를 통해 주목받기 시작했습니다.

제2차 세계 대전 직후 미국 하와이의 카우아이는 지독한 가난과 질병, 범죄가 난무하는 곳으로, 제대로 된 교육을 받기가 어려웠습니다. 워너와 스미스는 1955년 카우아이에서 태어난 아이 855명을 대상으로 40년간 종단 연구를 시행했고, 그중 고위험군에 속한 201명의 아이 대부분이 사회 부적응자로 성장할 것이라고 예상했습니다. 그런데 예상은 빗나갔지요. 그 아이들 가운데 1/3이 건강하고 안정적인 어른으로 성장했거든요. 아이들이 가진 공통된 심리적 특성이 바로 '회복탄력성'이었습니다. 좌절과 위기를 경험했지만, 정서적 지지, 자기 조절력, 낙관적 태도를 통해 이를 극복한 것이지요. 이후 여러 학자들의 연구를 통해 회복탄력성이 자기 조절력, 정서 지능, 낙관성, 문제 해결력 등과 깊은 관련이 있다는 사실이 밝혀졌습니다. 즉, 회복탄력성은 무너지지 않는 강한 마음이 아니라 '무너졌다가 다시 일어설 수 있는 마음의 힘'인 셈입니다.

아이의 회복탄력성을 키우는 방법

회복탄력성은 타고나기도 하지만, 양육과 교육 환경 속에서도 충분히 키울 수 있습니다. 특히 유·초이음 시기에는 좌절을 다루는 경험이 매우 중요한 정서 발달의 계기가 되지요. 다음은 아이의 회복탄력성을 키우는 방법입니다.

- **작은 실패를 허용하는 분위기 만들기**
  - 실패 후 도전을 인정해주는 말이 아이의 자존감을 지켜줍니다. → "지금은 안 되더라도 해보려는 마음이 참 고마워."
- **감정 수용 후, 문제 해결 대화하기**
  - 감정을 인정한 뒤 해결로 전환하면 아이는 덜 무력하게 느낍니다. → "속상했구나. 그런데 그런 상황에서 어떻게 하면 좋을지 생각해봤어?"
- **과거의 회복 경험 되짚기**
  - 자기 효능감을 떠올리게 하면 '나는 할 수 있다'라는 마음이 살아납니다. → "저번에도 네가 친구랑 다퉜지만 먼저 사과해서 풀었잖아, 기억나?"
- **부모의 회복 모델 보여주기**
  - 완벽한 어른보다는 회복하는 어른을 보며 아이는 더 많이 배웁니다. → "엄마(아빠)도 오늘 실수했어. 속상했지만, 잠깐 쉬고 다시 해봤지."

쉽게 무너지는 아이를 도와주는 방법

😊 방법 ① 아이의 좌절 상황에 따라 부모가 대응을 달리한다

부모가 감정을 오롯이 받아주되, '다시 시작할 수 있다는 믿음'을 함께 심어주는 말과 태도가 아이의 회복탄력성을 기르는 데 큰 도움이 됩니다.

아이의 좌절 상황과 부모의 대응법

상황	부모의 대응법	대화 예시
게임에 졌다고 펑펑 울기	감정-상황-미래를 연결하며 말하기	"속상하지. 그런데 다음엔 어떻게 해볼까?"
그림을 망쳤다고 찢기	창의적인 재구성 유도	"이건 동굴처럼 보여. 그 위에 뭔가를 그려볼까?"
글씨를 예쁘게 못 쓴다고 포기하기	수정 가능성 강조	"처음부터 완벽하긴 어려워. 다시 쓰면 더 나아질 수 있어."
실수 후 자책 반복하기	회복 경험 상기시키기	"지난번에도 어려웠지만 결국 네가 잘해냈잖아."

😊 방법 ② 좌절과 떼쓰기를 구분해서 접근한다

부모님들이 자주 헷갈리는 부분이 있습니다. 바로 아이가 좌절한 것인지, 아니면 단순히 떼를 쓰는 것인지 판단하기 어렵다는 점이지요. 실제로 좌절과 떼쓰기는 표면적으로만 비슷할 뿐, 정서적으로는 다르게 접근해야 할 필요가 있습니다.

좌절 vs 떼쓰기

구분	좌절	떼쓰기
원인	하고자 했던 일에 실패하거나 통제 불가능한 상황에 부딪힘	원하는 것을 얻기 위해 감정을 도구로 사용
감정의 방향	무기력, 자책, 슬픔, 실망	분노, 집착, 조급함
반복 여부	상황에 따라 간헐적으로 발생	특정 상황에서 반복적으로 재현됨
행동 예시	"나는 못해…….", "다 망쳤어……."	"지금 당장 사줘!", "안 해! 싫어!"
부모의 태도	공감 및 회복 대화가 필요함	상황에 따라 무반응이 더 효과적일 수 있음

구분이 필요한 이유

아이의 좌절에 무시로 반응하면 감정이 억눌리거나 해소되지 않고 남게 됩니다. 반대로 떼를 쓸 때 지나치게 말을 건네고 감정에 반응해주면 아이는 그런 상황을 통해 '이렇게 하면 원하는 것을 얻을 수 있다'를 학습하게 되지요. 부모가 매번 아이의 감정 폭발에 일일이 대응할 필요는 없습니다. 때로는 조용히 기다려주는 것이 오히려 가장 현명한 대응이 됩니다.

반복적인 떼쓰기에 대응하는 3가지 기술

아이가 반복해서 떼를 쓴다면 감정은 인정하되 행동에 휘둘리지 않는 태도가 중요합니다. 좌절은 품어주고 떼쓰기는 제한해야 아이가 자기 조절과 회복의 균형을 익힐 수 있지요. 이때 중요한 것은 부모가 아이의 감정에 선택적으로 대응하는 힘을 갖는 것입니다.

① 무시하기

- 눈을 맞추거나 말을 걸지 않고 조용히 기다립니다. "엄마(아빠)는 네가 진정되면 이야기할게"라고 짧게 말한 다음에 반응을 최소화합니다.

② 모른 체하기

- 감정을 키우는 언행은 피하고, 의도적으로 일상적인 일에 집중합니다. "엄마(아빠)는 지금 저녁 준비 중이야. 마음이 정리되어 말하고 싶으면 알려줘."

③ 내버려두기

- 감정이 폭발해서 막무가내로 떼를 쓴다면 안전을 확인한 후 그대로 내버려두고 조용히 물러납니다. 그러면 아이는 차분히 자기감정을 조절하고 정리할 시간을 갖게 됩니다.

좌절 경험을 존중하고 다루기와 유·초이음교육

연계 항목	유아 교육 기관(누리 과정)	초등 교육 과정(1~2학년군)
교육적 의미	감정을 조절하고 상황에 적절히 대처하는 힘	자기 조절 역량과 정서 조절 능력을 기르는 과정
관련 주제 및 교과	나의 감정, 다시 시도해요, 안전하게 놀아요	바른 생활(마음 조절, 갈등 해결), 슬기로운 생활(몸과 마음 건강), 즐거운 생활(표현 활동을 통한 정서 조절)
교육 목표	감정과 상황을 이해하고 표현하며, 다시 도전하는 태도 기르기	자율성과 책임감을 바탕으로 회복적 태도 형성
가정 연계 포인트	실수 경험을 가족이 함께 이야기하기, 부모의 실수담 나누기	감정 일기, 역할극 놀이, 다시 도전하는 미션 만들기

아이의 마음이 무너졌을 때, 그 곁을 누군가 함께해주고, 다시 일어날 수 있도록 지지해주는 경험이 쌓일수록 회복탄력성은 자라납니다. 진정한 회복의 기술은 가르침이 아니라 함께 겪은 관계 경험 속에서 발달하는 것이기 때문이지요.

★ 방법 ⑤
관계 놀이

"우리 아이는 자꾸 친구랑 싸워요", "놀이터에서 친구랑 어울리질 못해요", "학교에서 친구가 없대요" 등의 이야기를 할 때마다 부모님들은 속상한 마음을 감추지 못합니다. 아이에게 친구 관계가 얼마나 중요한지 알기에 더 애틋하고 조심스러워지는 것이지요. 이런 현실 속에서 가정에서 관계 놀이를 통해 정서적 기초 체력을 길러주는 일은 그 어느 때보다 아이에게 소중한 출발점이 됩니다.

친구 관계가 점점 어려워지는 이유

> **예시1** 가정
>
> 놀이터에서 만난 또래와 그네를 먼저 타겠다고 다투던 5세 민재가 울면서 엄마에게 달려옵니다. "엄마, 애들이 나랑 안 놀아줘… 친구들이 그네에서 안 내려와서 타고 싶었는데 못 탔어… 내가 먼저 기다렸는데……."

> 예시 2 **유아 교육 기관**
>
> 유치원 만 5세 반 하윤이는 놀이 중에 친구가 자신의 블록을 건드리자 "앞으로 너랑 안 놀 거야!" 하며 삐쳐서 한동안 말도 섞지 않습니다.

> 예시 3 **초등 저학년 교실**
>
> 1학년 지원이는 놀이 체육 시간에 짝을 정하지 못하고 혼자 앉아 있다가 활동에 흥미를 잃고 참여하지 않게 됩니다.

이처럼 친구 관계에서 상처받거나 소외되는 경험은 아이에게 커다란 정서적 영향을 줍니다. 아이들이 함께 어울리며 즐겁게 노는 것이 당연해 보이지만, 실제로는 그렇지 않은 경우가 꽤 많습니다. 과거에도 친구 관계는 아이의 성장 과정에서 늘 중요한 화두였습니다. 하지만 최근 들어 아이가 친구를 사귀고 어울리는 데 어려움을 겪는 일이 부쩍 많아졌지요. 그 배경에는 다음과 같은 다양한 요인들이 복합적으로 작용하고 있습니다.

😊 사회 환경의 변화

코로나 19 팬데믹을 겪으며 대면 활동과 자연스러운 상호 작용 기회가 급격히 줄었고, 스마트 기기 사용이 일상화되면서 또래와 함께 뛰어놀고 갈등을 조율하는 경험이 부족해졌습니다. 예전에는 골목에서 친구들과 자연스럽게 어울리며 사회성을 키웠지만, 요즘은 이웃과의 교류가 줄고, 놀이터에서도 또래와 상호 작용하기보다는 혼자 노는 모습이 더 흔해졌지요. 이러한 변화가 아이들이 관계에서 생기는 갈등을 경험하는 기회를 제한하고 있습니다.

😊 가족 구조의 변화

출산율 저하로 외동이 많아지면서 형제자매를 통해 관계 기술을 자연스럽게 익히던 기회가 줄어들었습니다. 통계청에 따르면 2023년 우리나라의 출생아 수는 약 23만 명으로 역대 최저치를 기록했으며, 육아정책연구소의 2022년 조사에 따르면 만 5세 아동 중 약 57%가 외동으로 나타났습니다. 서울 등 대도시일수록 외동 비율은 더 높으며, 일부 초등학교 학급에서는 과반수가 외동인 경우도 드물지 않지요. 또 핵가족화가 고착되면서 조부모, 삼촌, 사촌 등 확대 가족과의 일상적 교류도 줄어들어 아이가 다양한 연령대와 관계를 맺는 기회 역시 감소하고 있습니다. 물론 외동이 모두 친구 관계에 어려움을 겪는 것은 아닙니다. 아이의 기질, 가정 환경, 부모의 양육 태도 등이 함께 작용하지요.

😊 양육 가치관의 변화

최근 개인의 감정과 선택을 존중하는 양육 태도가 확대되면서 아이에게 무언가를 억지로 시키기보다는 "싫으면 하지 않아도 돼", "네 마음이 가장 중요해"와 같은 메시지 중심의 관계 맺기를 지도하는 경향이 늘어났습니다. 이는 자존감 향상에는 긍정적일 수 있지만, 반면에 아이가 타인과 의견 충돌을 겪었을 때 자신만큼 상대방도 존중받아야 한다는 원칙, 그리고 갈등 상황을 견디고 조율하는 힘을 기를 기회가 희미해질 수 있습니다. 놀이 순서 조율하기, 감정을 참으며 기다리기, 불편한 상황에서 타협하고 관계를 회복하기 등의 사회적 기술과 감정 조절력은 실제 관계 안에서 직접 경험하며 배우는 것입니다. 지나치게 아이의 감정만 보호하려 하면, 오히려 타인과 관계 맺는 힘이 약해질 수 있지요.

😊 아이의 기질 요인

아이의 기질은 관계 형성 방식에 큰 영향을 줍니다. 내향적이고 낯가림이 심한 아이, 감각에 민감하거나 예민한 아이는 처음 만나는 친구와 어울리는 데 더 많은 시간이 걸릴 수 있습니다. 어떤 아이는 놀이 상황에서 자기주장이 약해 쉽게 밀리고, 또 다른 아이는 통제욕이 강해 친구와 자주 갈등을 겪기도 하지요. 감정 기복이 심하거나 참을성이 부족한 아이는 사소한 갈등에도 쉽게 상처받아 "안 놀아!"를 반복하며 관계를 끊어버리기도 하고요. 여기서 중요한 것은 기질에 따른 아이의 특성이 아닙니다. 부모가 그 특성을 이해하고 알맞은 환경과 연습의 기회를 주느냐에 따라 아이의 친구 관계가 충분히 성장할 수 있다는 점입니다.

이처럼 아이가 겪는 친구 관계의 어려움은 사회 환경부터 기질까지 여러 가지가 맞물려 나타나는 결과입니다. 여기에 **빠른 인지 학습 중심의 환경과 유·초이음 시기가 또래 관계에 민감한 시기**라는 점도 영향을 끼치지요. 결국, 관계를 잘 맺는 힘은 특별한 것이 아니라 반복적인 경험과 연습을 통해 기를 수 있는 능력입니다.

친구가 많으면 사회성이 좋을까?

많은 부모가 외향적인 아이를 보면 '사회성이 좋다'고 생각합니다. 하지만 꼭 그렇지만은 않지요. 사회성은 단순히 친구가 많은 것, 낯가림 없이 누구와도 잘 어울리는 것만을 의미하진 않습니다. 사회성은 타인과 함께 살아가기 위한 정서적 역량을 의미하며, 구체적으로는 다음과 같은 힘을 포함합니다.

- **자기감정 조절력**: 감정이 격해져도 행동으로 터뜨리지 않고 표현하는 힘
- **공감 능력**: 다른 사람의 감정을 알아차려 그것에 맞게 반응하는 힘
- **갈등 조정력**: 다툼이 생겼을 때 끝내지 않고 말로 풀거나 관계를 회복하려는 힘
- **사회적 규칙 이해와 실천**: 순서를 지키고, 나눠 쓰고, 기다리는 태도

즉, '사회성이 좋다'는 것은 관계 속에서 자신을 조절하고, 타인을 존중하며, 서로 잘 어울릴 수 있는 상호 작용 능력을 갖췄다는 뜻입니다. 이를테면 유아기에는 낯가림 없이 누구와도 잘 어울리던 아이가 초등학교에 들어가면서 갈등 조절을 어려워해 친구 관계에서 반복적으로 불안을 보이기도 하지요. 또 혼자 놀기를 좋아하고 조용한 성향의 아이가 한두 명의 친구와 꾸준히 안정된 관계를 맺는 경우도 많고요. 결국, 사회성은 친구의 수가 아니라 관계의 깊이와 조절 능력으로 평가되어야 합니다.

친구 관계를 단단하게 만드는 관계 놀이

유·초이음 시기 아이에게는 놀이야말로 최고의 관계 훈련장이며, 가장 자연스럽고 즐거운 사회성 수업입니다. 아이는 놀이를 하며 감정을 나누고, 다툼과 화해를 경험하며, 협력과 소통을 배우게 되지요. 다음은 친구 관계를 단단하게 만드는 관계 놀이입니다.

😊 감정 역할극 놀이

① **목적**: 친구 편에서 생각, 감정 공감, 갈등 해결 대화 연습

② **방법**
- 각자 맡을 역할을 나눈 다음, 어떤 상황에서 어떤 감정을 느꼈는지 표현하고 해결 방법을 함께 이야기해봅니다.

③ **예시**
- "곰돌이는 친구가 자기 장난감을 빼앗아서 속상했대. 어떻게 말하면 좋을까?"
- "토끼는 너무 화가 나서 소리쳤어. 다시 친구로 지내고 싶은데 어떻게 해야 할까?"

④ **포인트**
- 아이와 부모가 각자 역할을 번갈아 하며 "지금은 친구가 된 거야? 아직 화가 났어?"처럼 감정에 따라 반응을 바꿔보세요.
 → 감정 이름 붙이기, 회복 대화 연습

😊 친구 초대 놀이

① **목적**: 주도적 관계 만들기, 자기표현, 배려와 조정

② **방법**
- 아이의 친구를 집으로 초대하되, 어떤 놀이를 할지 아이가 먼저 계획하고 안내하도록 합니다. 단, 사전에 부모가 놀이 방향과 규칙을 충분히 가르쳐줘야 안전합니다.

③ **예시**
- "친구가 오면 무슨 놀이를 하고 싶어?"
- "간식은 어떤 순서로 먹고, 어떤 게임을 먼저 할까?"

④ **포인트**
- 아이의 리더십, 융통성, 양보, 충돌 상황에서의 대처를 관찰합니다. 놀이가 끝난 후에는 꼭 함께 돌아보는 대화를 나눠보세요.
→ "친구랑 같이해서 뭐가 좋았어?", "아쉬운 건 뭐였을까?"

😊 갈등 상황 되돌리기 게임

① **목적**: 감정 조절, 다른 시선에서의 생각, 문제 상황 재구성 능력

② **방법**
- 실제 갈등 상황(혹은 책이나 TV 속 장면)을 떠올리면서 "그때 다른 선택을 했다면 어떻게 됐을까?" 하며 역할극이나 상황극으로 다시 해봅니다.

③ **예시**
- "그때 친구가 네 블록을 무너뜨렸을 때 화내지 않고 뭐라고 했으면 좋았을까?"

- "이번엔 네가 양보하는 역할을 해볼래? 그러면 친구는 어떻게 반응할까?"

④ **포인트**

- 카드에 다양한 갈등 상황을 그린 다음에 뽑아서 진행하거나 반전 이야기 만들기처럼 스토리텔링 형식으로 확장해도 좋습니다.

아이의 친구 관계는 기질과 환경의 복합적인 결과입니다. 하지만 그 기초는 결국 가정에서의 상호 작용 속에서 다져진다는 사실을 꼭 기억하세요.

관계 놀이와 유·초이음교육

연계 항목	유아 교육 기관(누리 과정)	초등 교육 과정(1~2학년군)
교육적 의미	또래와 협력하고 소통하는 태도 기르기	공동체 역량 및 의사소통 능력 강화
관련 주제 및 교과	함께 놀아요, 친구를 도와요, 감정을 나눠요	바른 생활(관계 맺기, 배려와 존중), 슬기로운 생활(갈등 해결), 즐거운 생활(놀이 통한 사회성 향상)
교육 목표	감정 표현과 협력의 중요성 인식	책임감 있는 관계 형성과 사회성 기르기
가정 연계 포인트	감정 카드 놀이, 가족 역할극, 친구 역할 인형극	규칙 만들기, 협동 미션 놀이, 친구 초대 놀이 시간

⭐ 방법 ⑥
일관된 약속과 규칙 만들기

2부에서 생활의 힘을 키워주는 방법 중 하나였던 일상생활 약속 정하기가 아이의 자율성과 습관 형성에 중요한 도구라면, 이번에는 약속과 규칙이 아이의 감정을 조절하고 회복하는 데 있어 훈련 도구가 된다는 점에 주목해보려고 합니다. 특히 부모의 태도에 따라 약속과 규칙의 힘은 정서적 안정감으로까지 확장될 수 있습니다.

일관된 약속과 규칙이 중요한 이유

😊 아이의 감정 조절을 돕는 최고의 방법

 "아이가 울고 나면 아무것도 안 하려고 해요", "화를 참지 못하고 자꾸 소리를 질러요", "감정이 격해지면 스스로 멈추지를 못해요"… 부모 상담에서 자주 듣는 이야기입니다. 이처럼 감정을 스스로 통제하기 어려운 아이에게 가장 효과적인 훈련은 무엇일까요? 바로 일관된 약속과 규칙입니다. 정서 훈련은 말로 할 수 없으며 상황 속에서 감정을 조절하는 경험을 반복해야 이뤄질 수 있습니다. 부모가 미리 정해둔 약속과 규칙을 통해 아이가 멈출 수 있는 기준과 안전한 회복 틀을 제공해야 하지요. 이때 중요한 것은 약속과 규칙이 아이의 감정을 억누르기 위한 수단이 아니라는 점입니다. 오히려 감정이 흘러넘칠 때 방향을 잡아주는 울타리이자, 아이가 스스로 감정을 다스리도록 돕는 구조지요.

😊 부모의 권위가 아이의 감정 조절에 미치는 영향

미국의 발달 심리학자 다이애나 바움린드 Diana Baumrind의 양육 유형 이론에 따르면, 부모는 애정과 통제의 정도에 따라 다음과 같이 4가지로 나뉩니다.

바움린드의 부모 유형

부모 유형	설명	아이에게 나타나는 경향
권위 있는 부모	애정과 통제를 균형 있게 제공	정서 안정, 자기 조절력 높음
허용적 부모	애정은 많지만 통제 부족	충동 조절 어려움, 규칙 약함
권위주의적 부모	통제는 강하나 애정 부족	위축, 불안, 반항
방임적 부모	애정과 통제 모두 부족	정서적 불안정, 자기 주도성 약함

권위 있는 부모는 감정을 수용하면서도 일관된 규칙을 통해 아이에게 정서적 안전지대를 제공합니다. 이처럼 일관성 있는 부모의 권위는 아이에게 안정감을 주고, '부모는 감정에 휘둘리지 않고 약속과 규칙을 지키는 사람'이라는 신뢰를 형성하지요. 즉, 약속과 규칙은 부모의 권위가 작동하는 가장 건강한 방식이자, 아이 스스로 감정을 조절할 수 있게 해주는 기반이 됩니다.

감정 조절의 핵심은 아이가 화가 나거나 속상할 때 즉시 멈출 수 있는 신호와 기준을 갖도록 돕는 것입니다. 이때 가장 효과적인 방법은 정서 중심의 공감에 행동 중심의 약속과 규칙 확인을 병행하는 대화며, 다음은 상황에 따른 예시입니다.

- 친구가 장난감을 빼앗아 울고 떼쓸 때

    [정서] "친구가 갑자기 빼앗아서 속상하고 마음이 아팠겠다."

    [행동] "하지만 장난감을 던지면 안 돼. 우리가 정한 약속 기억나지?"

- 동생과 다투고 소리 지르면서 문 닫을 때

    [정서] "화났을 때 문을 쾅 닫고 싶은 네 마음 이해해."

    [행동] "하지만 큰 소리는 가족을 놀라게 해. 화났을 때 어떻게 해야 하지?"

- 외출 중 원하는 대로 안 된다고 바닥에 드러누울 때

    [정서] "지금 기분을 말로 표현해줄래?"

    [행동] "드러누워서 말하면 아무도 네 마음을 몰라. 일어나서 이야기해."

일관된 약속과 규칙을 만드는 방법

감정 조절을 돕는 약속과 규칙은 아이의 마음을 이해하고 행동을 구체화하는 방향으로 만들 때 실제로 잘 지켜지고 효과가 오래갑니다.

방법 ① 감정 언어를 먼저 다룬다

감정은 억제하는 것이 아닌, 이해받고 표현해야 조절할 수 있습니다. 따라서 규칙을 세울 때도 먼저 감정 자체를 인정해주는 문장으로 시작하세요. 그러면 감정은 받아들이되, 행동은 조절할 수 있다는 인식이 생깁니다. 특히 감정을 부정하지 않기 때문에 아이가 방어적으로 굴지 않아 대화를 이어가기가 쉬워집니다.

"화나는 건 괜찮아. 누구나 그럴 수 있어. 그런데 그런다고 손으로 때리면 안 돼."

"슬프면 울 수 있어. 하지만 물건은 던지지 않기로 하자."

😊 방법 ② 감정을 표현하는 약속을 만든다

감정을 잘 표현하지 못하는 아이는 화나 속상함을 말 대신 울음, 떼쓰기, 공격적인 행동으로 드러내곤 합니다. 이럴 때는 감정을 말 또는 행동으로 어떻게 표현할지를 약속이나 규칙으로 정하면 도움이 됩니다. 그러면 아이는 감정을 표현하는 안전한 방식을 배울 수 있고, 화나 짜증이 행동으로 터지기 전에 신호를 줄 수 있는 여유가 생깁니다.

"화가 나면 손들고 말하기로 하자."
"혼자 있고 싶을 땐 말풍선 카드를 엄마(아빠)에게 보여주자."

😊 방법 ③ 감정 코칭과 시각화 도구를 결합한다

부모의 말은 시간이 지나면 잊히지만, 눈에 보이고 손에 잡히는 도구는 아이의 기억에 오래 남습니다. 특히 감정이 복잡할 때는 말보다 카드나 그림 같은 시각적 수단이 훨씬 효과적이지요.

감정 신호등
① **준비물**: 초록, 노랑, 빨강 색종이 혹은 자석이나 스티커
② **방법**
 - '초록=기분 좋음, 노랑=속상함, 빨강=화남'으로 정합니다. 하루

중 아이가 자기 상태를 표시하고, 상태에 따른 행동 약속도 함께 정합니다.

③ 예시
- "빨강일 땐 스스로 쉬는 공간으로 가자.", "노랑일 땐 종이에 마음을 그려보자.", "초록일 땐 친구에게 먼저 다가가자." 등

감정 멈춤 카드와 회복 루틴
① 준비물: 카드
② 방법
- '화날 때는 이 카드를 꺼내기'처럼 멈춤의 신호를 약속합니다. 그리고 나서 카드를 꺼낸 순간엔 누구도 아이를 말로 자극하지 않습니다.

③ 예시
- 카드를 꺼내면 → 조용한 방으로 가서 → 인형 안기/차 마시기/그림 그리기/노래 듣기 등 아이에게 맞는 감정 정리 활동으로 연결합니다.

😊 방법 ④ 가족회의에서 약속과 규칙을 함께 정한다

약속과 규칙은 부모가 일방적으로 정하기보다는 아이와 함께할 때 훨씬 지켜질 가능성이 큽니다.

- **실천 방법**
  - 주말마다 10~15분 정도 가족회의 시간을 만듭니다.

- 지난주의 감정 충돌 상황을 돌이켜보며 "우리 이때 어떻게 했지?", "다음엔 어떻게 하면 좋을까?" 같은 질문으로 규칙을 되짚고 수정합니다.
- 아이가 잘 지킨 부분을 발표하게 하면 지켜서 칭찬받는 경험이 아이에게 내면화됩니다.

• **대화 예시**

- "놀이가 끝난 후에 아쉬워서 친구랑 다퉜던 일, 다시 생각해보자."
"그때 우리 약속이 없었는데, 새로 하나 만들어볼까? 다음부터는 '5분 더 놀고 치우기'라는 약속 어때?"

감정은 멈추기 어렵지만, 표현 방법은 훈련할 수 있습니다. 일관된 약속과 규칙은 지켜야 해서 지키는 것이 아니라 마음을 다치지 않기 위해 함께 만드는 것임을 아이가 느끼게 해주세요. 약속과 규칙은 아이의 일상을 안정시켜주는 생활의 기준점이자, 감정이 격해질 때 자신을 조절하는 정서적 브레이크의 역할을 합니다. 부모가 애정과 통제를 균형 있게 유지하며 일관된 태도로 반응해주기 때문입니다.

아이의 감정을 훈련하는 과정은 며칠 만에 끝나는 일이 아닙니다. 하지만 반복된 규칙, 공감하는 대화, 일관된 부모의 태도는 언젠가 아이 스스로 "지금은 멈춰야 해"라고 말할 수 있는 내면의 기준을 만들어줄 것입니다.

일관된 약속 및 규칙과 유·초이음교육

연계 항목	유아 교육 기관(누리 과정)	초등 교육 과정(1~2학년군)
교육적 의미	감정을 인식하고 조절하는 기초로써의 규칙	자기 조절 역량 강화와 공동체 규범 내재화
관련 주제 및 교과	화가 날 땐 어떻게 할까?, 내 감정을 말해요	바른 생활(감정 다루기), 슬기로운 생활(갈등 조정), 즐거운 생활(감정 표현 활동)
교육 목표	감정과 행동 연결 이해, 사회적 규범 인식	책임감 있는 선택과 감정 조절 습관화
가정 연계 포인트	감정 규칙 만들기, '마음 조절' 약속 놀이	가족 내 갈등 상황 리플레이, 감정표와 규칙 차트 활용

※ QR 코드를 스캔하여 감정 신호등, 감정 멈춤 카드, 가족회의 워크지를 다운로드받아 활용하세요.

★ 방법 ⑦
긍정적 자기 인식 키우기

유·초이음 시기는 아이가 자신의 존재에 대한 믿음의 틀을 잡아가는 출발점입니다. 이 시기에 겪는 수많은 성공과 실패, 칭찬과 지적의 순간 속에서 아이는 '나는 어떤 사람인가'를 정의하려고 애쓰지요. 이때 아이의 마음에 어떤 거울을 비춰줄 것인가는 어른의 말과 행동에 달려 있습니다. 겉으로 보이는 성과보다는 자기 자신을 따뜻하게 바라보는 아이로 성장하도록 돕는 것, 부모가 함께 세워야 할 중요한 기반입니다.

긍정적 자기 인식이란?

"엄마(아빠), 나는 왜 이것도 못 해? 정말 바보 같아."

아이가 갑자기 이런 말을 툭 던집니다. 초등 저학년은 자기 자신에 대한 인식이 형성되기 시작하는 결정적인 시기입니다. 아직은 타인의 평가에 민감하고, 스스로에 대한 기준이 안정되지 않았기 때문에 작은 실수나 실패에도 쉽게 자신을 부정하고 흔들리는 모습을 보이지요. 또래와 비교하거나 어른의 말 한마디에 기뻐하다가도, 금세 풀이 죽는 이유도 여기에 있습니다. 이 시기의 아이에게 필요한 것은 단순히 "잘하고 있어"라고 말해주는 위로만은 아닙니다. 물론 일시적으로는 위안이 될 수도 있겠지요. 하지만 칭찬과 위로가 아이 내면의 자기 인식으로 전환되지 않으면 외부 평가에 의존하는 태도를 더 강화할 수 있습니다. 따라서 아이 스스로 '나는 소중한 존재야', '나는 노력하고 있어', '나는 할 수 있어'라고 내면에서 긍정적인 자기 이미지를 만들어가는 과정이 필요합니다.

긍정적 자기 인식이란, 자신의 감정, 성격, 행동, 강점과 약점을 스스로 인식하고, 그것을 있는 그대로 받아들이는 힘입니다. 자기 자신을 미화하거나 과대평가하는 것이 아니라 "나는 이런 사람이고, 그래서 괜찮아"라고 말할 수 있는 태도지요. 예를 들어 어떤 아이는 "나는 발표할 때 떨리긴 하지만, 끝까지 잘해내!"라고 말합니다. 또 다른 아이는 "나는 친구들이 다투면 중간에서 조용히 도와줘"라고 표현하지요. 이처럼 긍정적 자기 인식을 가진 아이는 자신의 감정과 행동을 있는 그대로 바라보고, 자기 안의 가능성과 장점을 자연스럽게 발견합니다. 이는 자존감보다 더 구체적이며, 정서 조절력과 자기 주도성의 기초가 되는 힘이지요. 내가 누구인지 아는 아이는 실패했을 때도 쉽게 무너지지 않고, 또래의 평가에도 지나치게 휘둘리지 않으며, 자기만의 속도로 성장해 나갑니다.

미국의 심리학자 마틴 셀리그만Martin Seligman은 긍정 심리학 이론을 통해 '감사, 낙관, 강점 사용'이 아동의 심리적 안정감과 회복탄력성을 높인다고 밝혔습니다. 또 국내 아동 심리 연구에 따르면 자기 존중감이 높은 아이일수록 또래와의 갈등 상황에서 공격적인 반응보다 협동적인 행동을 선택하는 경향이 있습니다. 즉, 긍정적 자기 인식은 단순히 기분이 좋은 상태를 넘어, 감정 조절력, 대인 관계, 학습 지속성에까지 영향을 미치는 핵심 정서 역량인 셈이지요.

부모를 위한 실천 팁

😊 감사 말하기 루틴을 만드세요(feat. 잠자리 감사 대화)

시간을 정해 가족이 모여 하루 동안 감사했던 일을 돌아가며 말해 보세요. 진행은 부모가 먼저 맡되, 익숙해지면 아이가 진행하도록 격려하는 것도 좋습니다. 처음에는 어색해도 이 습관이 자리 잡으면 가족 모두가 '감사할 거리'를 의식적으로 찾게 되고, 이는 자신의 감정과 행동을 긍정적으로 바라보는 연습이 됩니다.

"오늘의 감사 말하기를 시작하겠습니다. 누구부터 해볼까요?"
"저는 오늘 수학 문제를 스스로 잘 풀어서 제가 기특했어요."

감사 말하기 루틴을 지키지 못했다면 하루를 마무리하며 아이에게 이렇게 말을 건네는 것도 좋은 방법입니다. "오늘 너한테 고마웠던 일은 뭐였어?" 작은 말 한마디가 아이의 하루를 긍정적으로 정리하는 틀이 됩니다. 작은 일이 감사와 연결되어 기억되도록 돕는 말이지요.

😊 행동 속에서 강점을 찾아 칭찬해주세요

모호한 칭찬보다는 아이의 행동 속에서 드러난 강점을 언어로 표현해주세요. 다음과 같은 칭찬이 아이가 자신의 강점을 인식하고 스스로를 긍정적으로 바라보는 데 큰 힘이 됩니다.

"친구가 울고 있을 때 먼저 다가가 말을 걸어준 너는 참 따뜻하고 좋은 사람이야."
"포기하지 않고 끝까지 조립을 완성한 너의 끈기가 정말 대단해."

😊 칭찬 일기 쓰는 습관을 들여주세요

하루에 하나씩 오늘 내가 잘한 일을 글이나 그림으로 적어보는 습관입니다. 자기 인식, 자기표현, 자기 강화가 동시에 이뤄지는 긍정 루틴이지요.

내가 좋아하지 않는 반찬을 한입 먹어봤다. 나는 대단해!
오늘 줄넘기 20개를 성공했다! 어제보다 늘었어!

😊 자기소개서를 쓰게 하세요

아이가 자신에 대한 긍정적인 문장을 구조화할 수 있는 자기소개서를 쓰게 하세요. 이때 부모가 질문을 던져주면 더욱 쉽게 시작할 수 있습니다. 이러한 활동은 아이가 자신을 객관적으로 바라보며 자기 안의 긍정 자원을 언어화하는 데 도움이 됩니다. 다음은 예시 문장입니다.

저는 그림 그리기를 좋아해요. 친구들이 제 그림을 멋지다고 해요.
저는 배려심이 많아서 친구들이 힘들어하면 먼저 다가가 말을 걸어요.

긍정적 자기 인식은 하루아침에 형성되지 않습니다. 하루 하나의 감사, 하나의 강점 칭찬, 하나의 자기표현 활동이 쌓일 때 비로소 아이의 내면에 자신을 긍정하는 거울이 생기지요. 부모의 언어와 관심은 아이가 자신을 어떻게 보는가를 결정짓는 틀입니다. 아이가 스스로 "괜찮은 나"라고 말할 수 있도록 일상 속에서 작지만 꾸준한 노력을 함께 실천해보세요.

긍정적 자기 인식 키우기와 유·초이음교육

연계 항목	유아 교육 기관(누리 과정)	초등 교육 과정(1~2학년군)
관련 주제 및 교과	나를 표현해요, 내 기분을 말해요	바른 생활(자기존중), 슬기로운 생활(나의 장점 알기)
교육 목표	자기 인식과 감정 표현	자기 존중감 형성, 자기 강점 탐색
가정 연계 포인트	감사 표현 놀이, 자기 칭찬 활동	가족 감정 일기, 강점 소개하기 활동

⭐ 방법 ⑧
┉ 정서 표현 활동

"속상했어요"라는 말 대신에 무심한 얼굴로 종이를 빼곡히 칠하는 아이, "정말 기뻐요!"라는 말 대신에 콧노래 부르며 춤추는 아이. 말이 미숙해서 감정을 설명하기 어려운 유아기~초등 저학년 아이에게 감정을 표현하는 가장 자연스러운 방법은 몸, 그림, 소리로 나타내는 정서 표현 활동입니다. 감정을 억누르지 않고 흘려보내고 표현하면서 다루는 힘은 이렇게 쌓이지요.

표현할 수 있어야 다룰 수 있다

정서 표현 활동이란 언어 외적인 방식으로 감정을 드러내는 활동입니다. 이 활동은 감정 인식, 표현, 조절의 과정을 자연스럽게 경험하게 하며, 특히 감정 어휘가 부족하거나 감정 표현에 서툰 아이에게 효과적이지요. 미국의 소아정신과 의사 대니얼 시겔 Daniel Siegel은 아이가 감정을 적절히 표현하지 못할 경우에 뇌의 편도체가 과잉 반응하여 행동 문제로 이어질 수 있다고 말합니다. 예를 들면 다음과 같습니다.

- 사소한 일에도 갑자기 소리를 지르거나 울음이 터짐
- 화가 나면 물건을 던지거나 손으로 때리는 충동적 행동
- 친구가 말을 걸었을 뿐인데 "너랑 안 놀아!" 하며 거칠게 반응
- 숙제하다가 작은 실수에 "난 못 해!" 하며 책을 덮고 포기

- 혼자 말없이 방에 들어가 문을 잠그는 폐쇄적 행동

반면에 감정을 안전하게 표현하고 해소하는 습관은 뇌를 안정시키고, 스트레스 완화시키며, 정서 안정과 사회성 향상에 긍정적인 영향을 끼칩니다. 따라서 정서 표현 활동은 단순한 놀이를 넘어 아이의 마음을 회복시키는 정서적 안전장치라고 할 수 있지요.

가정에서 할 수 있는 정서 표현 활동 5가지

😊 감정 그림일기 쓰기

하루 중 기쁘거나 속상했던 일을 그림으로 표현하고 간단한 설명을 덧붙입니다. 이때 가족이나 친구에게 감정이 담긴 그림 편지를 써보는 것도 좋지요. 이 활동은 감정 인식, 표현, 타인과의 관계 회복까지 자연스럽게 이어집니다.

오늘 ○○(이)가 나한테 웃어줘서 기뻤다.
○○(이)가 내 장난감을 가져가서 속상했다.

😊 감정 카드 놀이

앞서 감정 고 피쉬 게임(175~176쪽)에서 소개한 감정 카드를 활용하여, 감정 단어를 확장하고 상황과 감정을 연결하는 훈련으로 발전시킨 놀이입니다.

> **예시1** **오늘의 감정 고르기**

온 가족이 돌아가며 오늘 하루 느낀 감정을 카드에서 고르고 그 이유를 말합니다.

"나는 오늘 '서운하다' 카드야. 친구랑 놀기로 했는데 갑자기 약속이 취소됐거든."
"나는 '뿌듯하다' 카드야. 숙제를 혼자 다 끝내서 기분이 좋아."

> **예시2** **감정 상황 매칭 게임**

특정 감정이 드러난 상황이나 그림을 보여주면 아이가 그것에 어울리는 감정 카드를 고르는 놀이입니다. 왜 골랐는지 이유까지 말하면 표현력과 감정 인식력이 모두 향상됩니다.

"친구가 내 연필을 망가뜨렸어. 이럴 때 어떤 감정일까?"
→ 화나다, 속상하다, 당황스럽다 등 고르기

> **예시3** **감정 순서 이어 말하기**

하루의 시작부터 끝에 이르기까지 감정의 흐름에 따라 이어 말해 보는 놀이입니다. 아이는 하루 동안 여러 감정을 경험하며 마음의 변화를 스스로 인식하게 됩니다.

"오늘 아침엔 ○○, 점심엔 △△, 지금은 □□ 기분이야."

😊 마음 날씨 그리기

아이에게 "오늘의 마음은 어떤 날씨 같아?"라고 물어보세요. 그림으로 자신의 기분을 자유롭게 표현하는 활동입니다. 제가 학교에서 일기 쓰기를 지도할 때도 세심하게 신경 쓰는 부분 중 하나지요. 이 활동은 단순히 날씨를 표현하는 게 아니라, 말로 표현하기 어려운 감정을 그림과 상징을 통해 꺼내는 정서 인식 활동입니다. '그림 언어를 통한 감정 표현 활동'이라고도 할 수 있지요. "그 기분은 어떤 색이야?", "마음에 구름이 많은 이유는 뭘까?" 등 짧은 질문을 덧붙이면 언어와 비언어, 2가지 표현을 통해 아이 스스로 감정을 되돌아보는 힘까지 함께 자라납니다.

- 햇살 가득한 들판: 소풍을 다녀와 기분이 좋을 때
- 바람 부는 바다: 마음이 불안하고 흔들릴 때

😊 음악으로 감정 흘려보내기

음악은 마음을 어루만지는 좋은 도구입니다. 등교 준비, 독서, 놀이나 정리 시간 등에 감정을 안정시키는 음악을 들어보세요.

| 예시 1 | 기분에 따라 선곡하기

"지금 기분이 어떤지 생각해보고, 어울리는 음악을 골라보자."

동요(즐거움), 자연 소리(안정감), 클래식(차분함) 등 감정에 맞춰 아이가 직접 음악을 선택하게 해보세요.

예시2 **음악으로 기분 말하기**

"이 음악은 어떤 기분이 들게 해?", "이 음악을 들으니까 네 마음은 무슨 색이 되었어?"

음악을 들은 뒤 감정을 말하거나 감정 카드를 함께 골라도 좋습니다.

예시3 **악기 연주하기**

"기분이 화났을 땐 어떻게 연주할까?", "기쁜 감정은 어떤 리듬으로 표현할 수 있을까?"

리코더, 우쿨렐레, 핸드벨, 탬버린 등 간단한 악기를 활용해 감정을 소리로 풀어내어 흘려보냅니다.

😊 미술로 감정 표현하기

미술은 아이가 감정을 안전하게 시각화하고 해소하는 가장 강력한 수단입니다. 미술 활동을 할 때는 결과물보다 과정 속 감정 표현에 초점을 두는 것이 중요하지요. 아이에게 "왜 이렇게 그렸니?"라고 묻기보다는 "이걸 그릴 때 어떤 기분이었어?", "이 색을 고른 이유가 있어?"처럼 공감 질문을 건네면 아이의 감정 인식과 조절력은 자연스럽게 길러집니다.

예시1 **색종이로 기분 접기**

① **준비물**: 색종이

② **방법**: "속상한 날, 회색 배를 접었어요"처럼 오늘의 기분에 어울

리는 색종이를 골라서 종이접기를 합니다. 완성된 작품을 모아 '기분 모음집'을 만들 수도 있습니다.

예시 2 스탬프나 지문으로 감정 캐릭터 만들기

① **준비물**: 물감, 스탬프 패드, 도화지

② **방법**: 손가락 끝에 물감을 묻혀 도장을 찍고, 그 위에 눈코입과 팔다리를 그려 캐릭터를 완성합니다. 이때 아이가 여러 상황과 감정을 연결해 이야기로 만들도록 이끌어주면 더 좋습니다.

예시 3 크레파스로 마음 색깔 선 긋기

① **준비물**: 크레파스, 도화지

② **방법**: 오늘 마음의 색과 선을 크레파스로 자유롭게 표현합니다. "화났을 땐 빨간색으로 쓱쓱!", "기쁠 땐 노란색으로 동글동글~" 선과 색으로 감정을 흘려보내는 경험을 할 수 있습니다.

예시 4 콜라주로 마음 상자 만들기

① **준비물**: 작은 종이 상자(신발 상자 등), 색종이/잡지/사진/조각천, 가위, 풀 등

② **방법**: 오늘의 기분에 어울리는 색, 이미지, 단어를 오려 상자에 붙이는 활동입니다. 매일 다르게 상자를 꾸미면서 감정의 흐름을 시각적으로 표현할 수 있지요. 표현이 쌓이면 아이 스스로 자신의 정서 변화를 살필 수 있는 기록이 됩니다.

감정은 표현함으로써 해소됩니다. 아이는 그림을 그리고, 소리를 내고, 몸을 움직이면서 자신의 마음을 세상에 전하지요. 이러한 표현 활동을 일상 속에 자연스럽게 녹이면, 아이는 감정을 억누르지 않고 다룰 줄 아는, 즉 정서적으로 건강한 아이로 자라날 수 있습니다.

정서 표현 활동과 유·초이음교육

연계 항목	유아 교육 기관(누리 과정)	초등 교육 과정(1~2학년군)
관련 주제 및 교과	감정을 표현해요, 예술로 말해요	즐거운 생활(표현 놀이), 바른 생활(감정 표현), 슬기로운 생활(나의 기분 알기)
교육 목표	감정 인식 및 예술적 표현	자기감정 조절, 정서 표현 능력 강화
가정 연계 포인트	감정 그림일기, 미술 감정 놀이	음악 감상과 대화, 가족 감정 날씨 공유

05
정서의 힘을 키우는 부모의 대화법

"아이에게 남길 수 있는 최고의 유산은 감정을 말해도 괜찮은 공간입니다."

아이는 마음이 흔들릴 때 말 대신 눈빛과 표정, 몸짓으로 신호를 보냅니다. 이때 그 신호를 가장 먼저 알아차리고 받아줄 수 있는 사람은 당연히 부모지요. 특히 만 5세~초등 저학년 시기에는 감정 표현이 늘어나지만 조절 능력은 미숙합니다. 그렇기에 부모가 어떻게 말하고 반응하느냐에 따라 아이의 정서적 안전감과 자기 조절력이 달라집니다. 훈육보다 더 오래 남는 건 정서적 공감 대화입니다. "뭐가 문제야?"보다는 "어떤 마음이었니?"라는 말 한마디가 아이의 마음을 열고, "괜찮아"보다는 "그럴 수도 있지"라는 인정이 아이의 마음을 회복시킨다는 사실을 꼭 기억하세요.

★ 정서의 힘과 부모의 말의
||| 상관관계

5~7세 아이는 감정을 몸으로 드러냅니다. 울고, 소리 지르고, 바닥에 드러눕는 식이지요. 이 시기에는 감정 조절보다 감정을 인식하고 표현하는 경험이 중요합니다. "싫어! 안 해!"라고 소리치는 아이에게 "지금 화가 났구나. 왜 그런 기분이 들었을까?"라고 말해주는 것, "나 무서워…"라는 말에 "무서울 수 있지. 엄마(아빠)가 옆에 있을게"라고 반응해주는 것. 이러한 대화는 아이가 '내 감정을 말해도 되는구나', '이런 기분은 나 혼자만의 것이 아니구나'라는 정서적 안정감을 쌓는 토대가 됩니다.

초등학교에 입학하면 아이는 여러 명의 친구, 선생님, 선후배와 관계를 맺기 시작합니다. 유아기에 느꼈던 단순한 감정이 복합적인 감정으로 확장되며, 갈등이나 실수 상황에서 자신의 감정을 다루는 능력이 필요해지지요. 하지만 이 시기에도 감정 조절력은 여전히 미완성입니다. "쟤 때문에 다 망했어!"라고 짜증을 내거나 "그럼 난 나쁜 딸(아들)이야?"라고 감정을 극단적으로 해석하는 경우처럼 말이지요. 이럴 때 부모가 감정을 읽고 받아주는 대화를 해준다면 아이는 자신을 이해하고 회복하는 힘을 기르게 됩니다.

감정을 다루는 법은 따로 가르치지 않으면 모릅니다. 말보다 빨리 반응하고 행동이 앞서는 유아기부터 '내가 왜 이런 기분이지?'를 되묻기 시작하는 초등기까지 부모의 정서 대화는 아이의 자아를 세우는 기초 작업이라고 할 수 있습니다. 감정을 언어로 표현할 수 있는 아이는 자신의 욕구를 건강하게 조절합니다. 감정을 억누르지 않고 말로 꺼내는 경험은 사회성과 학습 태도에도 영향을 미치지요. 실패나 갈등 속에서도 자신을 다독이는 내면의 말, 즉 회복탄력성의 언어 역시도 부모와의 대화 속에서 길러집니다.

정서의 힘을 키우는 대화는 특별한 날을 정해서 하는 것이 아닙니다. 등원 전 아침, 하원 후 간식 시간, 잠자기 전 이불 속 등 하루 중 어느 때라도 "오늘 어떤 기분이 들었어?", "속상했구나. 그래서 어떻게 했어?" 같은 말 한마디가 감정 표현의 통로가 되고, 정서 발달의 디딤돌이 되어줍니다.

정서의 힘은 단번에 길러지지 않습니다. 유아기에는 감정을 느끼는 힘과 표현의 언어, 초등 저학년 시기에는 감정을 조절하고 회복하는 힘으로 이어지며 자라납니다. 언제나 그 연결고리는 부모의 따뜻한 정서 대화입니다.

정서의 힘을 키우는 대화의 기본 원칙 3가지

원칙1 **감정을 있는 그대로 '인정'한다**

"그 정도 일로 왜 울어? 괜찮아. 울 일도 아니잖아." 이런 말은 아이의 감정을 멈추게 할 수는 있지만, 마음을 다독이진 못합니다. 아이는 아직 감정의 크기를 조절하는 법을 배우는 중입니다. 부모가 먼저 감정을 '그럴 수 있는 것'으로 인정할 때 아이는 자기감정을 부끄러워하지 않고 받아들이는 힘을 얻게 됩니다. 정서의 힘을 키우는 대화의 시작은 감정의 옳고 그름을 판단하는 것이 아니라 있는 그대로 알아차리고 받아들이는 것임을 잊지 마세요.

"속상했구나. 그렇게 느낄 수 있지."

"무서웠겠다. 그럴 땐 누구든 겁날 수 있어."

원칙 2 감정보다 '행동'을 먼저 다그치지 않는다

유아기에는 울거나 소리치고, 초등 저학년 시기에는 문을 쾅 닫거나 "몰라! 다 싫어!"라고 말하는 식의 표현이 자주 나타납니다. 이때 아이의 표현 방식, 즉 행동에 초점을 두면, 오히려 감정은 숨겨지고 억눌리게 됩니다. "때리면 안 돼!"라고 소리치기 전에 "많이 화났구나. 어떤 일이 있었는지 말해줄래?"라고 감정을 먼저 확인하는 말을 건네보세요. 아이가 '내가 왜 이런 행동을 했는지' 생각해볼 수 있게 됩니다. 아이 행동의 뿌리에는 항상 감정이 있습니다. 감정을 먼저 다루면, 행동은 자연히 조절되지요.

원칙 3 말보다 더 중요한 건 '듣는 태도'다

정서의 힘을 키우는 대화의 핵심은 무엇을 말했느냐가 아니라 어떻게 들어줬느냐입니다. 특히 유아기~초등 저학년 시기의 아이들은 말보다 반응에 더 민감합니다. 눈을 맞추고 몸을 아이 쪽으로 살짝 기울여서 고개를 끄덕이며 "응, 그래서?", "계속 이야기해줘"라고 말해보세요. 이와 같은 부모의 비언어적 반응은 아이에게 '지금 네 감정이 제일 중요해. 너의 이야기를 듣고 있어'라는 메시지를 전달합니다. 이러한 반응을 자주 경험한 아이는 내 감정을 표현해도 괜찮다는 정서적 안정감을 느끼게 되지요. 결국, 유아기에는 감정을 알아채는 눈과 귀, 초등기에는 감정을 존중하는 언어와 태도가 필요합니다.

⭐ 정서의 힘을 키우는 대화법 vs
📃 피해야 할 대화법

정서의 힘을 키우는 대화법 5가지

😊 방법 ① 감정을 먼저 수용하고 행동은 나중에 조율하기

아이가 감정을 표현하는 방식이 미숙하더라도 그 감정을 이해해주는 것이 우선입니다. 그다음에 행동의 기준이나 규칙을 안내해주세요. 이러한 접근은 아이가 감정을 부끄러워하지 않고 솔직하게 말할 수 있는 안전한 분위기를 만들어줍니다.

"짜증 날 수 있지. 그럴 땐 '잠깐 나 좀 도와줘'라고 말해보면 어때?"
"지금 울고 싶을 만큼 힘들었구나. 그 마음 괜찮아. 우리 같이 방법을 생각해보자."

😊 방법 ② 감정을 묻는 말로 말문 열어주기

아이의 행동을 지적하거나 "왜 그랬어?"라고 캐묻기보다는 감정을 묻는 말로 경계를 낮추고 자기감정에 주목하게 합니다.

"속상할 때 몸이 어땠어? 배가 아팠니, 눈물이 났니?"
"친구한테 그렇게 말했을 때 속이 시원했니? 아니면 더 답답했니?"

😊 방법 ③ 하루 1번 감정을 나누는 시간 만들기

매일 일정한 시간(식사 후, 자기 전 등)에 가족이 돌아가며 감정을 나누면 감정 표현의 연습장이자 가족 간 신뢰를 쌓는 시간이 됩니다. 감정 그림, 날씨 비유, 색깔 표현 등을 함께 사용하면 어린아이도 쉽게 참여할 수 있습니다.

"오늘 하루 마음의 날씨는 어땠어? 맑음? 흐림? 천둥?"
"오늘의 기분이 색깔이라면 무슨 색일까?"

😊 방법 ④ 감정을 회복하는 말 익히기

아이의 감정이 격해졌다면 단순한 위로보다는 그 감정을 이해하고 감싸주는 말을 건네는 것이 효과적입니다. 이러한 말들이 아이의 내면 언어가 되어 스스로를 위로하고 회복하는 데 사용되기 때문입니다.

"그런 상황에서도 참으려고 노력했구나. 진짜 멋진 거야."
"지금 그런 기분이 드는 거, 아주 자연스러운 일이야."

😊 방법 ⑤ 감정을 시각화해 표현하는 놀이하기

감정을 언어로 표현하는 게 아직 서툰 아이에게는 감정 카드, 감정 일기, 감정 그림 그리기 등 놀이 중심의 접근이 좋습니다. 눈에 보이는 도구는 아이가 자신의 감정을 이해하고 다루는 데 큰 도움이 되지요.

"오늘의 기분 카드를 골라볼까? 왜 골랐는지도 이야기해줘."

"오늘 있었던 일을 그림으로 그려보자. 기분이 어떻게 바뀌었는지 색깔로 표현해줘."

피해야 할 대화법

😟 감정을 무시하거나 부정하는 말하기

아이가 힘든 감정을 표현했을 때 그 자체를 무시하거나 약하게 취급하는 말은 아이에게 '이런 감정은 틀린 거구나', '말해봤자 소용없구나'라는 생각을 심습니다. 다음과 같은 말은 아이가 감정을 억누르거나 스스로 감정을 부끄러워하게 만들 수 있습니다.

"괜찮아. 그게 뭐가 힘들다고 그래."
"그런 건 참아야지. 그런 감정은 나약한 거야."

😟 비교하거나 조롱하는 말하기

형제자매나 또래 친구와 비교하거나 감정을 우습게 여기는 말은 아이의 자존감을 무너뜨리고 감정보다는 성과와 타인의 시선에 집중하게 만듭니다. 다음과 같은 말은 아이의 감정 표현을 억제할 뿐만 아니라 아이가 스스로를 작고 무가치하게 여기도록 합니다.

"네 동생은 안 울고 잘만 하더라?"
"그깟 일로 징징거리기는… 너 아기야?"

😊 훈육과 감정 억제를 연결하는 말하기

훈육의 목적은 행동의 방향을 잡아주는 것이지 감정을 통제하는 것이 아닙니다. 하지만 부모가 아이를 훈육하면서 감정 표현을 통제하거나 협박처럼 사용하는 말은 아이에게 '감정은 위험한 것', '솔직하면 혼난다'라는 인식을 심을 수 있습니다. 다음과 같은 말은 순간적인 제어만 될 뿐, 결국 아이의 감정 표현을 위축시키고 신뢰 관계를 무너뜨립니다.

"그렇게 떼쓰면 아무것도 안 사줄 거야."
"계속 울면 여기 두고 간다."

정서의 회복은 따뜻한 대화에서 시작됩니다. 감정을 말할 수 있는 아이가 감정을 다룰 수 있는 아이로 자랍니다. 그리고 그 말문은 부모의 말 한마디에서 열립니다. 감정에 귀 기울이는 대화, 감정 뒤의 마음을 읽어주는 태도, 실수를 품는 말 한마디가 아이의 마음에 오랫동안 남는다는 사실을 잊지 마세요.

4부

★★★

5~7세 아이를 성장시키는 유·초이음 혁명 코드
Ⅲ. 학습의 힘

01

유아기 vs 초등,
학습의 힘은 어떻게 다를까?

"학습의 힘은 성적이 아니라 알아가는 기쁨에서 시작됩니다."

유아기의 아이는 공부라는 개념이 따로 없이 '궁금해!'라는 마음에서 배움을 시작합니다. 누가 무언가를 시켜서 배우는 것이 아니라 하고 싶고 알고 싶어서 스스로 탐색하고 반복하면서 배우는 것이지요. 학습의 시작점은 성적이나 평가가 아닌 즐거움과 호기심, 그리고 자발적인 시도에 있습니다. 그런데 초등학교에 입학하면서 아이의 학습 환경은 완전히 바뀝니다. 교과 수업과 평가, 숙제 등 구조화된 학습이 시작되며, 학습 내용에 더해 '어떻게 배우고, 스스로 어떻게 지속해나갈 것인가'의 학습 태도까지 함께 요구되지요.

⭐ 유아기에 나타나는 학습의 힘

유아기의 학습은 책상 앞에서 시작되지 않습니다. 놀고, 묻고, 부딪치고, 실수하고, 다시 해보는 일상 전반이 곧 학습이지요. 이때 아이에게 중요한 것은 '얼마나 알고 있느냐'가 아니라 '스스로 해보려는 경험이 얼마나 누적되고 있느냐'입니다. 유아기 학습의 힘은 유·초이음교육에서 강조하는 생애 학습 역량 및 자기 조절 기초 역량과 밀접하게 맞닿아 있습니다.

- **생애 학습 역량**: 즐겁게 배우고, 배움을 지속하는 태도
- **자기 조절 기초 역량**: 스스로 주의 집중하고, 간단한 계획을 세워 실천해보는 힘

이러한 기초 역량은 유아기 학습의 핵심이자 초등학교 학습의 기반이 되지요. 다음은 유아기에 학습의 힘이 드러나는 장면입니다.

- **궁금한 것을 계속 묻기**
  - "왜 물은 흐르지?", "이건 왜 뜨거워?" 끊임없이 질문하는 아이. 아이는 질문을 통해 세상을 이해하고자 합니다.
- **놀이 속에서 개념 익히기**
  - 블록을 쌓으며 "하나, 둘, 셋!" 숫자를 세는 아이. 놀이를 통해 학습 개념을 익힙니다.
- **실패해도 다시 해보기**

- 퍼즐을 맞추다 틀리면 다시 맞추는 아이. 반복은 아이가 실패를 두려워하지 않고 학습을 즐기도록 만듭니다. 결과보다 과정에 의미를 두는 태도가 바로 학습의 힘이지요.

미국의 발달 심리학자 에릭 에릭슨은 유아기 아이가 '주도성 대 죄책감'이라는 발달 단계를 거친다고 이야기합니다. 이 시기의 아이는 스스로 해보고 싶어 하고, 결과와 관계없이 자신의 시도가 존중받기를 바랍니다. 그런데 이때 부모가 반복적으로 "하지 마!"라고 제지하면 아이 안에는 '시도는 위험한 것'이라는 죄책감과 회피 심리가 자리하게 되지요. 그렇기에 부모는 아이의 시도를 결과가 아닌 과정으로 바라봐야 합니다. "네가 혼자 해보려고 한 거, 참 멋지다"와 같은 말 한마디가 아이의 학습 자존감을 키웁니다.

★ 초등 입학 후에 바뀌는 학습의 힘

초등학교에 입학하면 학습은 더 구조화되어 '교과'라는 이름으로 제시됩니다. 수업, 수행 평가 등 훨씬 체계적이고 목표 지향적인 학습 환경으로 들어가는 것이지요. 그래서 아이는 학습 내용은 물론, 학습 태도도 함께 배워야 합니다. 유아기에는 놀이와 경험이 중심이었다면, 초등 저학년부터는 과제 완수, 주의 집중, 학습 지속력, 메타인지(스스로 무엇을 알고 모르는지를 아는 것) 등이 중요한 학습 역량으로 등장합니다.

스위스의 심리학자 장 피아제 Jean Piaget 에 따르면 초등 저학년은 구체적 조작기에 해당합니다. 이 시기의 아이는 실제 사물을 조작하고 관찰하면서 논리적 사고를 발달시키기에 학습 내용 역시 구조화되고 체계적인 접근이 요구됩니다.

- 물컵 2개의 물 높이를 비교하며 "같은 양인데 컵 모양이 달라서 달라 보여!"라고 설명하는 모습
- 학습지를 스스로 풀면서 "이건 더하기를 2번 하는 거구나!"라고 깨닫는 과정

이러한 경험이 아이의 개념 이해와 사고 확장을 가능하게 합니다. 다음은 초등 입학 후 크게 달라진 학습의 힘이 드러나는 장면입니다.

- 과제를 끝까지 완성하려는 끈기
  - 숙제를 중간에 포기하지 않고 끝낸 다음에 자기 이름을 또박또박 써넣는 아이. 집중력과 자기 조절력이 함께 작동한 결과입니다.
- 배운 내용을 스스로 설명하기
  - "오늘 수학 시간에 덧셈 배웠어. 이렇게 하는 거야!" 하며 배운 내용을 재구성해 말하는 아이. 학습 내용을 자기 언어로 말해보는 것은 메타인지 발달의 신호입니다.
- 틀려도 다시 도전하는 태도
  - 처음에 틀렸던 문제를 다시 생각해보는 아이. 학습 회복탄력성과 긍정적 자기 인식을 보여줍니다.

2022 개정 교육 과정에서는 다음과 같은 핵심 역량이 학습의 힘과 연결됩니다.

- **자기 관리 역량**: 학습 계획을 세우고 스스로 동기를 부여하며 노력하는 힘
- **지식 정보 처리 역량**: 배운 정보를 정리하고 재구성하여 문제 해결에 적용하는 힘
- **창의적 사고 역량**: 다양한 방식으로 생각하고 문제를 새롭게 바라보는 힘

교과 활동과는 다음과 같이 연계되지요.

- **국어**: 읽은 내용 요약하기, 일기 쓰기
  → 자기 생각을 글로 정리하는 메타인지 활동
- **수학**: 수 세기, 묶음과 나눔 개념 익히기
  → 수 개념의 구조화, 논리적 사고력 강화
- **바른 생활**: 일과표 만들기, 스스로 계획 세우기
  → 학습 준비 태도, 자기 조절력과 연결

학습의 힘은 비교나 평가가 아니라 '나도 할 수 있어'라는 자신감 속에서 자랍니다. 부모는 아이가 기꺼이 틀릴 수 있는 용기를 갖도록 격려하고, 호기심에서 시작된 탐색이 학습으로 이어지는 환경을 조성해 줘야 합니다.

유아기 vs 초등 입학 후, 학습의 힘 한눈에 보기

구분	유아기(5~7세)	초등(저학년)
주요 맥락	놀이와 탐색 중심, 감각을 통한 경험적 학습	과제와 교과 중심, 목표 지향적 학습
강조 역량	생애 학습 역량, 자기 조절 기초 역량	자기 관리, 지식 정보 처리, 창의적 사고 역량
지원 방식	질문-놀이-경험 중심의 유도	과제 완수, 피드백, 성취 경험 중심
환경 특징	안정된 환경에서 자유로운 시도 가능	정해진 틀 안에서 규칙적 학습과 평가 경험
공통점	흥미와 동기에서 출발하는 학습이 가장 오래 남고, 즐겁게 배우는 경험이 학습의 근력이 됩니다.	

02

학습의 힘이 부족할 때 생기는 일

> "학습의 힘은 '의욕'과 '지속력'이라는 두 날개 위에서 자랍니다.
> 그중 하나라도 약해지면 아이는 금세 주저앉습니다."

유아기~초등 저학년 시기까지 아이가 배우는 모습은 지식의 양으로 설명할 수 없습니다. 어떤 아이는 작은 성공을 마중물 삼아 자신 있게 다음 활동으로 나아가지만, 또 다른 아이는 사소한 실패에도 쉽게 멈춰버리지요. 배움 앞에서 물러서는 아이의 마음을 들여다보면, 그 안에는 두려움과 위축, 그리고 반복된 좌절의 그림자가 자리 잡고 있습니다.

⭐ 유아기에 나타나는 모습

유아기에 학습의 힘이 부족하다는 것은 단지 지식이 부족하다는 뜻이 아닙니다. 탐색하거나 시도하는 데 두려움이 많고, 질문하기보다는 눈치를 살피며, 틀리는 것을 부끄럽게 여기는 태도가 반복되는 경우를 의미하지요. 이런 태도는 아이를 배우는 것보다 틀리지 않는 것에 집착하게 하여 학습에 대한 긍정적인 경험을 쌓기 어렵게 만듭니다. 다음은 학습의 힘이 부족한 유아기 아이에게 나타나는 모습과 그에 대한 설명입니다.

- **활동 거부**: 새로운 활동을 앞두거나 활동 중에 "몰라요", "안 할래요", "어려워요", "하기 싫어요"라고 자주 말함
- **자기 효능감 부족**: "나는 못 해", "다른 애한테 하라고 해" 등 스스로에 대한 신뢰가 부족해 새로운 활동을 시도하지 않으려 함
- **지나친 의존**: 어떤 문제든 해결하려고 시도하기보다는 부모나 교사에게 도움을 요청하거나 의존하여 부모나 교사가 옆에 없으면 활동을 지속하지 못함
- **완벽주의 경향**: 실수하거나 틀릴까 봐 시도 자체를 꺼리거나 칭찬받으려는 눈치만 보고 스스로 해보려 하지 않음

이 시기 아이에게 중요한 것은 정답을 맞히는 것이 아니라 시도하고 실패해도 괜찮다는 경험입니다. 반복된 실패보다 반복된 회피가 학습의 힘을 더 약화시킨다는 사실을 기억하세요.

★ 초등 입학 후에 나타나는 모습

아이가 초등학교에 들어가면 공부가 명시적인 과업으로 등장합니다. 하지만 유아기에 배움에 대한 태도를 제대로 형성하지 못한 아이는 교과 중심의 학습 환경에서 쉽게 좌절감을 느끼고, 공부는 재미없고 힘든 것이라는 고정 관념을 갖기 쉽지요. 다음은 학습의 힘이 부족한 초등 1학년 아이에게 나타나는 모습과 그에 대한 설명입니다.

- **학습 회피**: 교과서를 펴는 순간 한숨을 쉬고, 수업 중 질문에도 대답을 하지 않거나 교사의 눈을 피하며, 숙제에 대한 부담감으로 미루거나 도망가는 행동을 반복함
- **성취 경험 부족**: 자주 실패하거나 결과가 나쁘면 해결하려 하지 않고 학습 자체를 싫어하는 방향으로 나아감
- **자기 효능감 저하**: 자신이 쓴 글을 지우개로 모두 지우거나 제출을 꺼리고, "해봤자 안 돼", "어차피 못 해"처럼 부정적으로 자기를 인식함
- **피상적 학습 태도**: 틀린 문제를 다시 풀기보다는 그냥 넘어가려고 하고, 겉핥기식 공부, 암기 위주의 접근으로 학습 내용을 이해 없이 반복함

피아제는 아이가 구체적 조작기에 들어서면 논리적 사고력이 자라난다고 했지만, 그 사고력이 발휘되기 위해서는 시도해보려는 태도와 배움에 대한 긍정성이 먼저입니다.

⭐ 가정에서 나타나는 모습

학습의 힘이 부족한 아이는 가정에서도 공부에 대한 저항감을 자주 드러냅니다. 부모가 함께 공부하자고 하면 짜증을 내거나 숙제하라는 말에 유난히 예민하게 반응하기도 하지요. 때로는 단순한 지적을 비난으로 받아들여 감정적으로 격앙되는 경우도 많습니다. 다음은 학습의 힘이 부족한 아이가 가정에서 흔히 보이는 모습입니다.

- "숙제하자"라는 말에 "나 지금 피곤해", "왜 맨날 공부야?"라고 반응함
- 공부에 집중하지 못하고 물건을 만지는 등 상관없는 행동을 반복함
- 모르는 문제 앞에서 바로 "몰라!"라고 소리치며 책을 덮어버림
- 동생이나 친구와 비교당할 때 유난히 분노하거나 위축됨

학습의 힘이 약한 아이는 공부와 감정을 분리하지 못합니다. 학습은 곧 자기 평가이고, 실수는 곧 자기 부정처럼 느끼기 때문이지요.

⭐ 학습의 힘이 시작되는 지점

학습의 힘은 암기력이나 이해력이 아닌 배우려는 태도, 틀릴 수 있는 용기, 지속하는 힘에서 시작됩니다. 그리고 이러한 힘은 앞서 생활의 힘과

정서의 힘에서 언급했던 다음과 같은 역량과 연결되지요.

- **학습 지속력**: 과제를 끝까지 하는 힘, 중간에 포기하지 않는 태도
- **자기 조절력**: 산만한 환경에서도 집중하려는 시도, 계획-실행-점검의 순환
- **자기 효능감**: 성취의 경험에서 비롯된 '나는 할 수 있다'라는 믿음
- **문제 해결력**: 틀리는 것을 두려워하지 않으면서 다양한 방식으로 접근하려는 시도
- **생애 학습 역량**: 배움을 즐기고 스스로 배우려는 태도

학습의 힘이 부족한 아이는 단지 공부를 못하는 아이가 아닙니다. 배우는 것을 두려워하고 시도하는 자신감을 잃어버린 상태지요. 학습은 실수가 반복되는 과정으로, 이러한 과정을 견디며 다시 해보는 경험이 쌓여야 진짜 힘이 자랍니다. 아이에게서 학습 의욕이 별로 느껴지지 않는다면, 가장 먼저 '무엇을 얼마나 알고 있는가'보다 '얼마나 기꺼이 배우려 하는가'를 돌아봐야 합니다. 부모는 아이가 다시 도전할 수 있도록 실패를 허용하고, 작고 꾸준한 성취를 격려하는 역할을 해줘야 하지요.

03
가정에서 학습의 힘을 키워주는 방법

"배움은 아이의 삶 전체에서 일어납니다.
그 시작점은 언제나 '즐거움'입니다." - 캐롤린 에드워즈 Carolyn Edwards

아이는 책상보다 일상에서, 문제집보다 놀이 속에서 더 많이 배우는 존재입니다. 잘 가르치는 것보다 중요한 건 배우고 싶게 만드는 환경입니다. 스스로 궁금해하고, 도전하고, 실패하고, 다시 시도해보는 경험이 쌓일수록 아이는 단단한 학습의 힘을 갖게 되지요. 그 출발점은 언제나 가정이라는 최초의 학교입니다.

★ 방법 ①
언어 감각 키우기

글을 읽기만 할 뿐 말과 생각이 따라오지 않는 아이가 많습니다. 이런 경우는 아이의 언어 감각이 충분히 자라지 않았을 가능성이 크지요. 문해력은 언어 감각에서 시작됩니다.

왜 문해력보다 언어 감각이 먼저일까?

"아이가 한글은 뗐는데, 책을 읽고도 무슨 이야기인지 잘 모르겠대요."

많은 부모님이 겪는 혼란입니다. 글자는 읽는데 문맥은 이해하지 못하고, 줄거리는 외우는데 인물의 감정은 파악하지 못하지요. 왜 그럴까요? 글자를 읽는 능력보다 말을 듣고 이해하는 능력과 자기 생각을 말로 표현하는 능력이 먼저 자라야 하기 때문입니다. 즉, **읽고, 듣고, 말하고, 생각하는 힘**이 함께 자랄 때 비로소 '글만 읽을 줄 아는 아이'에서 '글을 이해하며 읽는 아이'로 성장하지요. 이처럼 언어에 대한 민감성이 곧 문해력의 기초이며, 이를 '언어 감각'이라고 부릅니다. 언어 감각은 단어, 문장, 이야기의 흐름 등 언어 전반에 대한 감각적 민감성을 의미하며, 언어 감각이 축적되어 문해력으로 확장됩니다.

언어 감각 vs 문해력

구분	언어 감각 Language Sense	문해력 Literacy
정의	소리, 말, 단어, 문장, 이야기의 흐름 등 언어에 대한 감각적 민감성	읽기, 쓰기, 듣기, 말하기를 통해 의미를 이해하고 표현하는 능력
핵심 요소	말소리 구분, 운율(리듬), 단어의 낱말 맛, 말놀이, 이야기 흐름 감지 등	어휘력, 문장 이해력, 독해력, 사고력, 배경지식, 표현력 등
비유	언어를 즐기는 귀와 감각	언어를 이해하고 사용하는 두뇌의 힘
발달 시기	만 2~6세에 급격히 발달, 초등 저학년까지 지속	만 6세 이후 급격히 확장, 초등 중학년 이후 심화
학습 방식	놀이, 동화 읽기, 일상 대화, 말장난, 언어 놀이	독서 활동, 글쓰기, 설명문 읽기, 수업 중심 언어 활동

유·초이음 시기, 문해력보다 언어 감각이 중요한 이유

이유를 말해보세요.

무엇을 알 수 있나요?

이 장면에서 기분이 어땠을까요?

초등 저학년 교과서에 나오는 문장입니다. 제대로 답하려면 아이에게 읽은 내용을 자기 언어로 다시 표현하는 능력이 있어야만 가능합니다. 즉, 유아기의 말놀이와 대화 경험, 그림책 중심의 정서적 상호 작용이 곧 문해력의 기초가 되는 것이지요.

예시 1

글자를 읽지만 이해하지 못하는 아이

7세 수아는 책을 빠르게 읽지만, "왜?", "어떻게?"라고 질문하면 대답을 망설입니다. 줄거리는 잘 기억하지만, 인물의 감정이나 이야기에 담긴 의미를 짚어내지 못하지요. 엄마는 고민 끝에 '주인공 기분 맞히기 놀이'를 시작했습니다. 책을 읽은 뒤 "이 장면에서 주인공은 어떤 기분이었을까?"라고 물으면서 감정 카드를 꺼내 들고 수아에게 고르게 했지요. 수아가 고른 카드의 감정과 실제로 수아가 느낀 감정을 연결해 대화를 이어갔습니다.

"슬픈 거 같아. 왜냐면 친구가 떠나서."

"수아도 친구랑 헤어진 적 있지? 그때 어떤 느낌이었는지 기억나?"

이러한 대화는 수아가 글 너머의 감정을 상상하고 자신의 경험과 연결하는 힘, 즉 언어 감각을 키워주는 좋은 방법입니다.

예시 2

느리더라도 의미를 되짚으며 읽는 아이

6세 다현이는 낯선 단어 앞에서 자주 멈춥니다. "엄마, '눈을 흘겼다'가 뭐야?" 처음에 엄마는 답답했지만, 어느 순간 깨달았습니다. 단어의 뜻을 물으며 맥락을 이해하려는 노력에서 언어 감각이 자라고 있다는 사실을요. 이후 엄마는 다현이가 모르는 단어가 나올 때마다 뜻을 알려주는 데서 그치지 않고 비슷한 상황을 연상시키는 질문을 던졌습니다.

"다현이도 누가 그렇게 째려본 적 있었어? 그때 기분이 어땠어?"

이런 질문은 단어를 감각적으로 체험하고 문장은 물론 이야기의 결까지 이해하도록 도와줍니다. 즉, 다현이의 태도는 언어 감각이 크는 과정이자 문해력의 시작점이라고 할 수 있습니다.

가정에서 언어 감각을 키워주는 방법

😊 읽기-감정-자기 이야기로 이어지는 독서를 한다

한글 공부보다는 이야기를 함께 느끼는 독서가 먼저입니다. 아이와 그림책을 읽은 후에 "주인공이 그때 왜 그랬을까?"라고 물어보세요. 그 순간부터 독서는 단순한 글자 읽기가 아닌 감정과 생각을 나누는 활동이 됩니다. 제가 7세 막내와 《모모와 토토》를 읽고 "왜 토토는 시무룩해졌을까?"라고 물으니, 아이가 "토토가 좋아하지 않는 것을 모모가 자꾸 주니까요"라고 대답했지요. 이어서 "넌 그런 적 있었어?"라고 묻자, "유치원에서 소꿉놀이할 때 나는 엄마 하고 싶은데 친구가 자꾸 아기를 하라고 해서 속상했어요"라고 말하더군요. 이처럼 읽기에서 감정으로, 감정에서 자기 이야기로 연결되는 순간, 아이의 언어 감각은 자라납니다.

😊 일상 속에서 질문을 계속 건넨다

"어떤 장면이 기억에 남았어?", "넌 그때 어떤 기분이었을까?" 등은 정답을 요구하지 않고 생각의 폭을 넓히는 질문입니다. 꼭 책을 읽지 않아도 괜찮습니다. 일상 속에서 아이와 대화하는 모든 순간이 언어 감각과 사고력, 공감 능력을 기르는 기회로 작용합니다.

> **예시**
>
> **아침에 등원하는 아이가 물웅덩이를 피해서 걷는 상황**
>
> |**부모**| 비 온 뒤에 생긴 물웅덩이를 보면 어떤 생각이 들어?
>
> |**아이**| 작은 바다가 된 것 같아요.
>
> |**부모**| 만약 저기에 진짜 물고기가 산다면 어떤 물고기일까?
>
> |**아이**| 점프 잘하는 꼬마 물고기! 유치원에 갈 때마다 인사하는 물고기요.

😊 일상 속에서 어휘를 확장할 기회를 준다

요리하면서 '반죽', 산책하면서 '나뭇가지', 시장에서 '가격표' 등 일상 속에서 다양한 어휘를 경험하게 해주세요. 대부분 부모가 아이에게 어휘를 알려줄 때는 무조건 아이 눈높이에 맞춰 뜻을 풀어줘야 한다고 생각하는데, 사실 그렇지 않습니다. 앞서도 여러 번 언급했듯이 근접 발달 영역을 끊임없이 제공해서 아이가 어려운 어휘에 대한 궁금증과 호기심을 가지고 늘려갈 수 있도록 자연스럽게 노출시키는 것이 중요합니다.

😊 모르는 단어는 함께 그림을 그리거나 연기한다

모르는 단어는 함께 그림을 그리거나 연기를 해보세요. 단어는 의미를 감각적으로 체험할수록 기억에 오래 남습니다. 그리고 단어의 소리, 동작, 시각 이미지가 통합되어 언어 감각 형성에도 도움이 됩니다.

> **예시**
>
> **바람 부는 날 커튼을 보며 엄마와 아이가 나누는 대화**
>
> |아이| 엄마! 커튼이 날아가는 것 같아요.
>
> |엄마| 우아, 커튼이 어떻게 움직이고 있지?
>
> |아이| (양팔을 좌우로 흔들며) 이렇게, 막 이렇게~
>
> |엄마| 그걸 '펄럭이다'라고 해. 바람에 가볍게 흔들리는 모양이야.
>
> |아이| 펄럭펄럭~
>
> |엄마| 우리 '펄럭이는 커튼'을 그림으로 그려볼까? 커튼이 춤추는 것처럼!

😊 오디오 콘텐츠를 활용한다

아침 기상 음악이나 차 안에서 들려주는 오디오 콘텐츠는 아이의 언어 감각을 키우는 데 좋은 자극이 됩니다. 유튜브도 화면을 보는 대신 귀로 듣는 방식으로 활용해보세요. 아이의 귀가 곧 언어의 창이 될 수 있습니다.

😊 온 가족이 끝말잇기 챌린지를 한다

7세 전후부터는 끝말잇기가 어휘력을 넓히는 좋은 기회가 됩니다. 외출 시 이동할 때 차 안에서 온 가족이 함께하는 끝말잇기는 우선 재미있고, 아이가 모르는 낱말을 자연스럽게 익히도록 도와줍니다. 또 부모님이나 형제자매의 설명을 들음으로써 어휘 유창성과 연결 사고력도 점점 자라납니다.

언어 감각 키우기와 유·초이음교육

연계 항목	유아 교육 기관(누리 과정)	초등 교육 과정(1~2학년군)
교육적 의미	언어 감각과 표현력 기초 형성	읽기와 말하기를 통한 의미 이해 및 표현
교육 방법	동시, 말놀이, 그림책 중심 상호 작용	그림책, 동시 중심의 인물 마음 짐작, 내용 요약, 감상 나누기
가정 연계 포인트	말놀이, 감정 질문, 단어 연기 놀이	느린 독서, 대화로 생각 확장하기

★ 방법 ②
수 감각 키우는 생활 놀이

아침 햇살이 부엌 창으로 스며드는 시간, 아이가 "엄마, 우유 2개 남았어요"라고 말합니다. 이렇게 단순한 표현 하나에도 수학의 싹은 자라고 있습니다. 아이는 이미 생활 속에서 숫자를 경험하고, 비교하고, 계산하며 능력을 배우고 익히는 중입니다. 바로 '수 감각'을요.

아이의 일상생활과 수 감각

수 감각Number Sense은 단순히 숫자를 셈하는 능력만을 뜻하지 않습니다. 사물의 개수를 감으로 파악하고, 수의 순서를 이해하며, 양의 크기를 비교하고, 숫자와 실제 상황을 연결하는 능력까지를 포함하는 더 넓은 개념이지요. 수 감각은 초등 수학의 기초가 되며, 특히 만 3세에서 6세 사이 유아기에 급속히 발달합니다. 이 시기에는 말로 표현하고, 몸으로 경험하며, 놀이로 체득하는 방식이 가장 자연스럽고 효과적인 수학 학습 방법입니다. 따라서 가정에서는 일상 속에서 수를 발견하고 활용하며, 아이가 수학을 '느끼고 말하며 움직이는' 경험을 충분히 제공하는 것이 중요합니다.

등·하원 길, 산책과 놀이터, 집안일 등 아이와 함께 수를 느끼고 말하며 움직일 기회는 언제나 가까이에 있습니다. 이를테면 아이가 계단을 오르며 "하나, 둘, 셋!"이라고 외치는 순간, 수의 개념과 순서가 몸의 움직임과 함께 연결됩니다. 또 아이가 "이건 더 많아 보여"라고 말했을 때 "맞아. 이건 5개고 저건 3개니까 더 많지"라고 응답해주는 부모의 말은 아이에게 수학 언어를 자연스럽게 익히는 계기로 작용하지요. 그렇다고 항상 무언가를 가르쳐야 한다는 부담을 가질 필요는 없습니다. 틈틈이 아이가 수를 경험하고 감각적으로 받아들일 수 있도록 일상생활이 수학적 자극이 된다는 사실을 알고 있다면 충분합니다.

이처럼 수를 느끼고, 이야기하고, 비교해보는 경험이 수 감각의 바탕이 됩니다. 아이에게는 정답을 맞히는 수학보다 수를 즐기는 경험이 먼저여야 합니다.

아이의 수 감각을 자극하는 일상 속 실천법

아이의 수 감각은 따로 공부할 필요 없이 일상생활 속에서도 얼마든지 자랄 수 있습니다. 아이가 수를 감각적으로 느끼고 말하며 움직이도록 부모가 도와준다면요. 다음은 일상에서 아이의 수 감각을 자극하는 실천법입니다.

😊 수를 말 속에 자연스럽게 녹이기

일상 대화에 수를 끼워 넣는 것만으로도 아이는 수와 친숙해질 수 있습니다. 다음과 같이 무심코 던지는 말이 아이에게는 수 개념을 익히는 훌륭한 언어 자극이 되지요.

"바나나 3개 중에서 1개만 먹자."
"우리 아파트는 104동이야. 지안이네는 몇 동이더라?"

😊 실제로 비교하고 나눠보기

비교하고 나누기는 수학의 핵심 원리입니다. 일상생활에서 직접 시행해보세요.

"넌 과자 몇 개 먹었어? 엄마(아빠)는 2개. 누가 더 많이 먹었지?"
"이 쿠키는 네모 모양이야. 반으로 나누면 어떤 모양이 될까?"

😊 자주 하는 놀이 활용하기

놀이는 수 감각을 익히는 최고의 방법입니다. 손과 눈으로 반복해서 경험하는 놀이가 수 감각을 더욱 탄탄하게 해주지요.

- **주사위 놀이**: "6이 나왔네! 이제 6칸 앞으로 가자."

- **블록 쌓기**: "노란 블록 3개, 파란 블록 4개. 모두 몇 개일까?"
- **퍼즐 맞추기**: "여기에 이 조각을 놓아볼까?" (도형 감각과 공간 감각 기르기)

😊 외출과 나들이를 활용하고 응용하기

마트, 놀이터, 주차장 등 외부 공간은 살아 있는 수학 교실입니다. 마트에서는 "이건 1,200원, 저건 1,500원이네. 어느 게 더 싸지?", 놀이터에서는 "미끄럼틀을 탄 다음에 10걸음 뒤에서 엄마(아빠)랑 만나자", 계단에서는 "하나, 둘, 셋… 계단 10개 올랐네", 주차장에서는 "지금 우리가 104동 앞에 있어. 105동은 어느 방향일까?" 이렇게 수를 문제가 아닌 장소, 위치, 경험 등과 연결 지어 수 감각을 키울 수 있습니다.

외출이나 나들이를 할 때 상황을 조금만 응용하면 수 감각 키우는 놀이를 할 수 있습니다. 이를테면 집에서 놀이터로 나가면서 "집에서 놀이터까지 몇 걸음인지 세어보자" 하며 걸음 수 세기를 할 수 있고, 공원에 나가 산책하면서 "5분 동안 누가 얼마나 더 멀리 가나 해볼까?" 하며 시간과 거리를 측정할 수도 있지요. 이렇게 일상 깊숙이에서 경험하는 수와 공간 감각은 아이의 두뇌 속에서 살아 움직이는 수학이 됩니다.

이처럼 수 감각은 말, 놀이, 경험 속에서 자연스럽게 키워야 오래갑니다. 계산기처럼 정답을 빠르게 내는 것이 아닌, 수를 감각적으로 느끼고 말하며 생각하게 하는 것. 바로 유아기의 수학 교육이 지향해야 할 올바른 방향입니다.

유아기 수 감각과 초등 수학의 상관관계

초등 1~2학년 수학 교과는 다음과 같이 구성되어 있으며, 이는 모두 유아기에 키워야 하는 수 감각과 긴밀하게 연결되어 있습니다.

- **수와 연산**: 수 세기, 덧셈과 뺄셈, 곱셈
- **변화와 관계**: 규칙
- **도형과 측정**: 기본 도형 인식과 구성, 양의 비교, 시각과 시간(시, 분)
- **자료와 가능성**: 자료의 분류, 표, 기초 그래프

유아기 활동과 초등 수학의 연결

유아기 활동	초등 수학 개념 연결	실제 교과 내용
블록을 쌓은 다음에 쌓은 총 개수 말하기	수 세기, 덧셈	1학년 1학기 '수 세기와 더하기'
사과를 반으로 나누기, 과자를 반으로 나눠 먹기	비교와 나눗셈 개념의 기초	2학년 1학기 '곱셈과 나눗셈의 기초'
긴 바나나와 짧은 바나나 비교하기	길이 비교 → 측정 개념	1학년 2학기 '길이 재기'
동그라미, 세모, 네모를 그리고 나서 찾기 놀이	기본 도형 인식	1학년 2학기 '도형의 모양'
시간 약속해서 놀기 "10분 후에 집에 가자."	시간 감각 → 시계 보기	1학년 2학기 '시계 보기'
가게 놀이, 가격 비교 놀이	수의 크기, 계산	2학년 1학기 '세 자리 수 더하고 빼기'

이처럼 유아기에 키운 수 감각은 초등 수학의 기초가 됩니다. 놀이와 경험을 통해 익힌 수 개념이 교과서에서 다루는 기호와 공식으로 자연스럽게 연결되지요.

유아기의 수 감각은 그저 수에 익숙해지는 것이 아닙니다. 수의 규칙성과 관계를 인식하는 힘, 비례·수량·순서·공간·시간에 대한 감각, 수학적 언어로 표현하고 사고하는 능력을 모두 포함하지요. 그래서 초등 수학의 기초가 될 뿐만 아니라 연산 문제를 정확히 이해하는 사고력, 수학에 대한 자신감, 문제 해결 시 포기하지 않는 태도로까지 이어집니다. 실제로 유아기에 수 감각을 풍부하게 경험하면서 큰 아이들은 초등 입학 후에도 "수 놀이는 정말 재미있어요!" 하며 수학을 두려워하지 않고 자신 있게 도전하는 모습을 보여주지요.

수학은 교과서보다 먼저 부엌에서, 계단과 마트에서, 아이의 손끝과 발걸음에서 자랍니다. 아이에게 수는 문제가 아닌 이야기가 되어야 하며, 그 이야기를 함께 만들어가는 것이 부모의 역할입니다.

수 감각 키우는 생활 놀이와 유·초 이음교육

연계 항목	유아 교육 기관(누리 과정)	초등 교육 과정(1~2학년군)
교육적 의미	양의 개념, 순서, 비교, 수의 감각 이해	수와 연산, 도형, 측정 등 초등 수학의 기초
관련 주제 및 교과	수학적 탐색, 비교하기, 규칙성 알기, 이야기 나누기	수 세기, 덧셈과 뺄셈, 길이·시간 재기, 모양 익히기
교육 목표	수학적 사고력 기초 형성, 수의 개념을 놀이로 경험	수학적 개념을 이해하고 실생활에 적용하는 힘
가정 연계 포인트	수 세기 놀이, 비교 활동, 숫자 표현과 말놀이 접목	생활 속 수 비교, 계산 놀이, 공간·방향 감각 자극

방법 ③
집중력과 탐구심을 키우는 환경 만들기

아이의 집중력과 탐구심은 타고난 성향에 의해 결정되지 않습니다. 물론 기질적으로 몰입을 잘하는 아이가 있긴 하지만, 대부분의 아이는 반복적인 자극과 경험을 통해 집중력과 탐구심을 기르는 능력을 갖고 있습니다. 실제로 영유아기 뇌 발달 연구에 따르면, 반복적인 탐색 활동은 전두엽의 주의 집중 영역을 활성화하고, 성공 경험은 도파민을 분비함으로써 다음 탐색 행동의 동기를 자극한다고 합니다. 즉, 기질과 경험은 상호 작용하며, 그 과정에서 아이의 성장 기반이 마련되는 셈이지요. 이때 '아이를 둘러싼 환경'은 그 시작점입니다.

집중력과 탐구심 살펴보기

😊 집중력 : 자유롭고 반복적인 경험에서 자라나는 힘

한 가지에 몰두하는 힘은 일회적인 지시나 수업보다는 반복적인 놀이와 활동을 통해 자연스럽게 자라납니다. 이를테면 집 주변 산책길은 매번 비슷해 보이지만, 아이에게는 계절에 따라 변하는 풀과 곤충, 색깔과 질감이 모두 새로운 탐색 대상이 되지요. "오늘은 민들레 홀씨가 사라졌어", "어제 봤던 개미가 없네. 어디로 갔을까?"와 같은 말은 아이 스스로 탐색을 이어가고 싶어 하는 내적 동기를 키워줍니다. 이러한 경험이 쌓일수록 집중 시간이 길어져, 아이에게는 집중하는 힘이 자라나지요. 그런데 이 과정은 집중력뿐만 아니라 문제를 인식하고 해결하려는 시도(문제 해결력), 스스로 활동을 계획하고 조절해가는 힘(자기 주도성)의 강화로도 이어집니다. 즉, "내가 생각해서 해봤더니 이런 결과가 나왔어!"라는 경험이 쌓일수록 아이는 주어진 틀을 넘어 스스로 시도하는 태도를 갖게 되는 셈이지요.

😊 탐구심 : 궁금함에서 시작되는 마음

아이의 호기심은 탐구의 씨앗입니다. 아이는 주변을 관찰하며 "왜?", "어떻게?"라는 질문을 자연스럽게 던지는데, 이러한 질문이 이어지기 위해서 아이에게는 편안하게 관찰하고, 실험하며, 스스로 시도해볼 수 있는 환경이 필요합니다. 단정하고 깨끗하지만 지나치게 통제된 공간보다는 다양한 물건을 자유롭게 꺼내서 만질 수 있고 어질러도 혼나지 않는 공간이 그렇지요. 예를 들어 놀이방 한쪽에 놓인 천, 뚜껑,

끈, 돌멩이 등 이질적인 재료들이 담긴 탐색 상자나 욕실 한쪽에 물놀이 도구를 비치한 공간은 아이에게 수많은 탐색 기회를 제공합니다. 예상 밖의 조합, 스스로 조작 가능한 요소, 우연한 발견이 있는 환경이야말로 탐구심을 자극하는 최적의 조건이지요.

집중력과 탐구심을 키우는 환경 조성법

😊 반려식물과 반려동물 키우기

매일 조금씩 자라는 식물의 변화를 관찰하고, 물을 주면서 책임감을 배웁니다. 식물 이름을 알고, 잎의 색이나 크기를 비교하며 언어와 관찰력이 함께 자라지요. 가정에서 비교적 쉽게 키울 수 있는 식물로는 상추, 바질, 토마토, 강낭콩 등의 채소가 있습니다. 집에서 식물을 키우는 경험은 탐구심과 생명 감수성을 기르는 데도 큰 도움이 됩니다.

강아지, 고양이, 물고기 등을 키우며 함께하는 생활도 역시 생명에 대한 감수성과 일상 관찰 습관을 길러줍니다. 간식 시간, 산책 시간 등을 아이 스스로 관리하는 행위가 집중력을 자극하지요.

😊 자연을 가까이하는 생활하기

아이와 함께 집 근처의 공원, 산책로, 하천, 숲 놀이터 등을 자주 찾으면 좋습니다. 낯선 장소보다 익숙한 자연에서 아이는 더 자유롭게 탐색하고 자기만의 놀이 세계를 구성하지요. 돌멩이를 모으고, 나무껍질을 벗기고, 흙을 만지며 오감을 활용하는 활동은 몰입의 깊이를 더해줍니다.

😊 아이의 세계를 넓히는 체험하기

아이의 탐구심을 키워주는 체험 공간은 생각보다 가까이에 있습니다. 지역 천문대, 자연사 박물관, 과학관, 농장, 캠핑장 등은 아이의 경험을 풍부하게 만들어주지요. 이러한 공간은 일회성 방문이 아닌 계절에 따라 반복해서 찾아갈 때 더욱 깊이 있는 탐색이 이뤄집니다. 그리고 체험 이후에는 아이와의 대화를 통해 그날의 경험을 정리해주는 시간이 매우 중요합니다. 다음 질문들은 만 3~5세 아이들이 이해하기 쉽고 스스로 말할 수 있는 수준으로, 아이의 말문을 열고 체험 내용을 정리하며 다음 활동으로 이어지는 다리가 될 수 있게끔 구성했습니다.

- 오늘 봤던 것 중에 뭐가 제일 재미있었어?
- 그걸 가지고 놀 수 있다면 어떻게 놀고 싶어?
- 처음 본 것 중에 신기했던 거 있었니?
- 누구한테 오늘 이야기해주고 싶어?
- 다음에 또 가면 뭘 먼저 해보고 싶어?

😊 아이의 강점을 발견하고 연결하기

집중력과 탐구심은 아이의 강점 지능과도 연결됩니다. 어떤 아이는 식물을 유심히 관찰하고, 어떤 아이는 블록 놀이에 반복해서 빠지기도 하며, 어떤 아이는 소리나 리듬에 민감하게 반응하기도 하지요. 아이가 어떤 활동에서 오래 머무는지, 무엇을 반복해서 이야기하는지 관찰하다 보면 강점이 보이기 시작합니다. 이때 부모는 "우리 아이는 과학을 좋아해요"라고 단정 짓지 말고, 관찰을 좋아하는 아이라면 식물 키우기와 관찰 일기로, 블록 놀이에 몰입하는 아이라면 건축물 만들기나 조립 활동으로 확장을 유도하는 등 아이의 성향에 맞는 활동을 자연스럽게 연결해주는 지혜가 필요합니다.

집중력과 탐구심은 아이가 발을 딛고 서 있는 생활 공간에서 시작됩니다. 부모는 그 공간을 어떻게 구성할지, 어떤 시선으로 바라볼지를 선택할 수 있는 디자이너입니다. 아이가 집중하고 탐구하는 순간을 따뜻한 시선으로 지켜보며 오늘도 새로운 경험을 열어주는 부모가 되어 보세요.

집중력과 탐구심을 키우는 환경 만들기와 유·초이음교육

연계 항목	유아 교육 기관(누리 과정)	초등 교육 과정(1~2학년군)
교육적 의미	호기심 기반 관찰과 표현 활동, 자유 선택 중심의 몰입 경험	스스로 탐색하고 실험하며 배움을 조직하는 자기 주도적 학습 능력
관련 주제 및 교과	과학 탐구 영역(생명·물질 탐색 표현), 예술(감각 놀이, 창작)	통합 교과, 실과, 과학 탐구 창의적 체험 활동(체험 중심 프로젝트 학습 등)
교육 목표	탐색과 발견을 즐기고, 감각과 도구를 활용해 표현하는 능력	자기 주도성, 창의적 문제 해결력, 실생활 연계한 사고력 강화
가정 연계 포인트	식물 키우기, 동물 돌보기, 자연 산책, 역할놀이, 질문 기반 대화	체험 후 대화, 활동 정리하기, 프로젝트 이어가기, 감정 공유 등

★ 방법 ④
질문하는 아이로 키우기

유치원에서 돌아온 아이가 엄마에게 묻습니다. "엄마, 왜 그림책 속 고래는 하늘로 날아갔어? 고래는 물고기잖아." 이러한 질문이 얼마나 중요한지 우리는 종종 잊곤 합니다. 정답보다 중요한 것은 "왜?"라고 묻는 그 순간이 아이의 생각이 자라나는 시작이라는 사실입니다.

아이의 질문을 대하는 부모의 자세

우리나라의 교육은 오랫동안 시험과 정답을 중심으로 이어져 왔습니다. 정답을 빠르게 찾아내는 연습이 교육의 중심이 되다 보니 아이들의 사고방식은 점점 수렴적으로 바뀌었지요. 최근에는 4세 고시와 7세 고시라는 말이 생겼을 만큼 유아기부터 정답 맞히기 경쟁이 치열해지는 현실이 안타깝기만 합니다.

하지만 아이들의 사고는 본래부터 정해진 답을 향하지 않습니다. 수많은 가능성을 탐색하고, 다양한 관점에서 세상을 바라보며, "왜?", "어떻게?"라는 질문 속에서 사고력과 창의성, 표현력이 점점 깊어지지요. '질문하는 힘'은 오늘날 AI 시대에 더욱 절실하게 요구되는 핵심 역량입니다. AI 기술이 고도로 발달한 지금, 단순한 정보 기억이나 계산은 더 이상 인간만의 고유 능력이 아닙니다. 간단한 검색만으로도 정답을 알 수 있고, AI는 인간보다 훨씬 빠르게 문제를 풀 수 있지요. 이러한 시대에 인간에게 필요한 진짜 역량은 문제를 '해결'하는 힘이 아닌, 문제를 '발견'하는 힘, 즉 좋은 질문을 던지는 힘입니다. 질문하는 아이는 단순히 지식을 흡수하는 데 그치지 않고, 스스로 궁금함을 느끼고 탐색하며, 새로운 시선을 갖고 세상을 바라보는 아이로 자라납니다. 이와 같은 힘은 어느 날 갑자기 생기지 않습니다. 유아기부터 부모의 대화 태도, 그리고 질문을 자극하는 환경 속에서 자연스럽게 길러지는 능력이지요.

물론 유치원이나 어린이집, 학교에서는 한 아이의 질문과 관련된 대화를 충분히 주고받기에는 시간과 환경의 한계가 있습니다. 모둠 활동이나 교사 중심의 질문 활동이 존재하긴 하지만, 개별 아이의 관심과 탐구를 지속적으로 따라가주기는 어렵지요. 그렇기에 질문이 더 깊어지고, 넓어지고, 단단해질 수 있는 진짜 공간은 바로 가정입니다. 아이가 묻는 말에 "왜 그렇게 생각했어?", "또 뭐가 궁금했어?"라고 다시 물어주고 함께 책을 찾아보며 이야기를 나누는 순간들이야말로 질문의 뿌리를 튼튼히 내리게 합니다. 부모가 아이의 말에 귀 기울여 대화를 통해 세상을 탐색하도록 이끌어주는 역할을 할 때, 아이는 질문하기를 두려워하지 않고 오히려 즐기는 태도를 갖게 됩니다. 우리가 아이에게 물려줄 수 있는 최고의 선물은 정답을 빨리 찾는 능력이 아닌 좋은 질문을 끝까지 붙들고 가는 힘입니다. 그 힘의 출발점은 언제나 '가정'이라는 가장 가까운 배움의 공간입니다.

질문이 가진 힘

질문은 단순한 호기심의 표현을 넘어 사고를 확장하고 연결하는 지적

도구입니다. 아이가 "왜?"라고 묻는 순간은 세상과 자신을 연결하는 작은 다리를 놓고 있는 것이지요. 특히 만 3세 이후는 언어와 사고 발달이 폭발적으로 이뤄지는 시기로, 단순히 보고 듣는 것을 넘어서 자기 생각과 궁금함을 말로 표현하게 되는 시기입니다. 이 시기에 아이는 말과 생각을 연결하며 이유를 묻기 시작하고, 이야기를 통해 세상을 해석하는 힘을 키워갑니다.

예를 들어 "왜 비가 오면 사람들이 우산을 써?"라는 질문은 인과관계를 배우는 과정이며, "왜 달이 나를 따라오는 것처럼 보여?"라는 질문은 공간 지각력과 상상력이 결합된 표현입니다. 이처럼 질문은 아이의 논리적 사고, 관찰력, 상상력, 감정 이해력 등 다양한 인지적 능력을 키우는 발판이 됩니다. 또 아이가 자주 하는 질문의 내용과 방식은 곧 아이의 생각이 자라는 방향과 특성을 보여주는 창입니다.

질문하는 아이로 키우기 위해 부모가 해야 할 일

질문을 두려워하지 않는 아이는 부모의 태도에서 시작됩니다. 부모의 반응이 아이의 질문을 결정한다고 해도 과언이 아니지요. 아이의 질문이 다소 엉뚱하거나 반복되더라도 부모가 진지하게 들어주고 생각을 함께 나눠주는 태도가 무엇보다 중요합니다. 다음은 질문하는 아이로 키우기 위해 부모가 해야 할 일입니다.

- **질문을 끊지 않기**
  - "그건 말이 안 되지!"보다는 "왜 그렇게 생각했을까?", "그런 상상을 하다니 재

미있네"라고 반응합니다.

- **정답을 바로 알려주지 말고 함께 생각하기**
  - "같이 생각해볼까?"처럼 질문을 되묻는 방식이 아이의 사고를 깊게 만듭니다.

- **질문을 기록하고 이어가기**
  - 아이의 질문을 종이에 적고 나중에 다시 꺼내면서 말을 건네보세요. "지난번에 너 그거 궁금해했잖아. 오늘은 어떻게 생각해?"라는 방식으로요.

- **질문을 유도하는 일상 루틴 만들기**
  - 식사 시간, 산책 중, 잠자기 전 등 틈새 시간에 "오늘 궁금했던 거 있었어?"라고 먼저 물어보세요. 정해진 시간에 질문을 주고받는 루틴이 생기면 아이는 자연스럽게 질문하는 습관을 갖게 됩니다.

- **질문이 살아 있는 환경 만들기**
  - 아이의 질문은 자극에서 시작됩니다. TV나 유튜브 영상보다는 책이나 직접 만지고 관찰할 수 있는 물건들(돌멩이, 나뭇가지, 식물 등)이 많은 환경이 질문을 더 많이 이끌어내지요.

정답을 빨리 말하는 아이보다는 "왜?"를 오래 붙잡고 있는 아이가 미래를 준비합니다. 아이가 던진 질문 하나에 기꺼이 함께 머물러주세요. 그 질문이, 아이의 세상과 생각을 확장하는 데 가장 멋진 시작이 될 테니까요.

질문하는 아이로 키우기와 유·초이음교육

연계 항목	유아 교육 기관(누리 과정)	초등 교육 과정(1~2학년군)
교육적 의미	질문을 통해 탐색하고 표현하며, 생각을 나누는 경험 중심	일상 속 문제를 발견하고 창의적으로 접근하는 기본 역량 강화
관련 주제 및 교과	이야기 나누기, 동화 감상, 주제별 자유 탐구 활동	국어(말하기·듣기·쓰기), 통합 교과, 창의적 체험 활동
교육 목표	표현력과 사고력을 길러 자기 생각을 말하는 힘 기르기	문제 해결력, 탐구심, 창의성의 기초 역량 배양
가정 연계 포인트	질문 존중, 되묻기 대화, 아이의 상상력 확장 놀이	하루 질문 노트 쓰기, 상상력 키우는 놀이(이야기 완성하기 등)

★ 방법 ⑤
 실패를 뛰어넘는 학습 태도 기르기

"엄마, 저 또 틀렸어요. 저 진짜 못하는 것 같아요."

학습지를 풀던 아이가 풀이 죽어 말합니다. 아이에게 틀린 답은 마치 자격 미달의 낙인처럼 느껴지지요. 그러나 아이가 실수하고 실패하는 순간이야말로 진짜 배움이 시작되는 때입니다. 우리나라 교육은 여전히 정답 중심의 문화를 벗어나지 못하고 있습니다. 문제를 빠르고 정확하게 푸는 아이가 똑똑한 아이로 여겨지고, 실수는 부주의나 무능력으로 해석되곤 하지요. 하지만 유아기~초등 저학년 시기에는 오히려 실패에 익숙해지고, 실패를 통해 성장하는 태도가 더욱 중요합니다.

실패를 겪은 아이만이 얻을 수 있는 것

실패를 겪어본 아이는 도전 앞에서 쉽게 물러서지 않습니다. 틀린 경험, 어려워서 중간에 멈춘 경험, 그리고 다시 시도해서 해냈던 경험이 쌓이면 학습 탄력성으로 재탄생하지요. 하지만 실패가 너무 반복된다면, 특히 예민하거나 내향적인 기질을 가진 아이는 금세 동기를 잃고 나는 못한다는 자기 낙인을 스스로 새길 수 있습니다. 그래서 중요한 건, 아이에게 도전과 실패의 기회를 일정하게 주되, 반드시 성공 경험을 균형 있게 설계해야 한다는 점입니다.

저는 첫째와의 학습 여정에서 이러한 원칙을 지키려고 애썼습니다. 첫째는 사회적 친밀감을 추구하는, 활달하고 주목받기를 좋아하는 기질이었지요. 그런데 의외로 틀리는 것에 대한 두려움이 컸습니다. 문제를 틀렸을 때의 낙심한 감정을 견디기 힘들어서 공부 자체를 회피하려고 했지요. 그럴수록 저는 아이에게 단 한 가지 원칙만을 반복해줬습니다. "틀려도 괜찮아. 대신 끝까지 해보자." 그러면서 아이의 상태에 따라 학습량과 난이도를 세심하게 조절하며 '해냈다!'라는 감각을 자주 심어주려고 노력했습니다.

- 해야 할 과제를 한 번에 많이 주기보다는 짧은 시간 안에 할 수 있는 쉬운 문제부터 시작했습니다.
- 10분 집중 후 휴식, 3문제 해결 후 칭찬, 스스로 체크 리스트를 완성하게 하는 방식으로 작은 성공 경험을 반복해서 체득하게 했습니다.
- 특히 아이가 싫어하는 유형이 있으면 그날은 과감히 건너뛰고, 자신 있어 하는

과목에서 성취감을 먼저 쌓게 한 뒤에 난이도를 천천히 높였습니다.

　이러한 과정을 반복하면서 아이는 '틀려도 다시 시도하면 된다는 것'을 알게 되었고, 학습을 피하지 않고 느리더라도 묵묵히 끝까지 해보는 태도를 갖게 되었습니다. 결국, 영재교육원에 합격하게 되었고, 아이 스스로도 학습의 즐거움을 알아가기 시작했지요. 이 경험을 통해 저는 확신하게 되었습니다. 학습력은 머리가 아니라 실수와 실패에 얼마나 건강하게 반응하는가, 그리고 얼마나 자주 성공의 감각을 경험해봤는가에서 비롯된다는 사실을요.

실패에 강한 아이로 키우는 가정 실천 팁

😊 실수한 아이에게 긍정적으로 반응해주세요

　유·초이음 시기의 아이들은 문제를 틀리면 나쁜 아이, 못 하는 아이가 된다고 오해하곤 합니다. 작은 실수에도 눈물을 흘리거나 "나 공부 안 해!" 하며 포기하려는 아이에게는 이렇게 말해주세요. 실수와 실패가 혼나는 일이 아니라 '다시 해보는 기회'라는 신호를 줍니다.

"괜찮아. 아직 연습하는 중이잖아."
"엄마(아빠)도 처음엔 자주 틀렸어. 계속하면 더 잘할 거야."

😊 잘한 결과보다 시도한 과정을 칭찬해주세요

　아이가 퍼즐을 맞추다 말고 "안 돼! 어려워!"라고 소리칠 때가 있습니다. 그럴수록 결과보다 도전한 마음과 노력한 모습을 먼저 칭찬해야 합니다. 아이의 자기 효능감이 자라납니다.

"끝까지 해보려고 애쓴 게 정말 대단했어."
"혼자 해보겠다고 했던 거 기억나? 그 마음이 참 예뻐!"

😊 실패 경험을 자연스럽게 이야기로 꺼내주세요

아이와 잘했던 이야기만 하다 보면 아이는 '나는 항상 잘해야 한다'라는 부담을 느낍니다. 가끔은 실패했지만 괜찮았던 이야기를 꺼내보세요. 아이가 실패를 감정적으로 받아들이지 않고 다시 해볼 수 있는 용기를 갖게 해줍니다.

"예전에 젤리 만들다가 다 녹아서 못 먹은 적 있었잖아. 그래도 엄청 재밌었지?"
"지난번 대회에서 상은 못 받았지만, 열심히 끝까지 그려서 정말 멋있었어."

😊 성공 구조를 설계해주세요

유·초이음 시기 아이들은 좌절감에 쉽게 빠지기 때문에 쉬운 것부터 성공 경험을 누적시켜야 합니다. 이렇게 하면 아이는 "나도 할 수 있어"라는 감각을 반복해서 체득하게 됩니다.

- **쉬운 것부터 차근차근**: 큰 블록 쌓기, 선이 굵은 미로 찾기 등

- **짧고 구체적인 목표**: "10분만 집중해볼까?", "그림 2개만 그리고 쉬자."
- **작은 성공 후 즉각 칭찬**: "우아! 1장 다 풀었네. 정말 집중 잘했어!"
- **아이 눈높이에 맞는 도전 설계**: 아이가 살짝 노력하면 해낼 수 있는 정도로 조절

틀린 문제보다 중요한 것은 다시 도전할 수 있는 마음입니다. 이때 도전과 실패는 아이의 기질과 발달 수준에 맞게 조절되어야 하지요. 실패는 배움의 일부이고 작은 성공은 배움으로 계속 나아가게 하는 연료입니다. 오늘 아이가 어떤 문제를 틀렸다면 "괜찮아. 이건 네가 해보려고 했다는 증거야"라고 말해주세요. 말 한마디가 아이를 다시 공부로, 또 도전으로 이끄는 가장 든든한 디딤돌이 될 수 있습니다.

실패를 뛰어넘는 학습 태도 기르기와 유·초이음교육

연계 항목	유아 교육 기관(누리 과정)	초등 교육 과정(1~2학년군)
교육적 의미	시도하는 과정 자체를 중요시, 다양한 결과를 수용하는 경험	문제해결력·자기주도성 기초 형성, 실수 통해 사고력 확장
관련 주제 및 교과	놀이 중심 탐색, 과정 중심 평가	국어(표현 활동), 수학(문제 해결 중심), 통합 교과(나·우리 탐색)
교육 목표	시도하고 도전하며 즐거움을 느끼는 활동	사고의 유연성, 자기 성찰, 지속적인 시도 강화
가정 연계 포인트	과정 칭찬, 실패 격려, 실수에 대한 부모의 개방적 태도	문제 해결 일기 쓰기, 하루 도전 미션 함께하기

★ 방법 ⑥
생활 속 통합 놀이

부엌에서 엄마의 요리를 돕는 아이. 아이는 단지 엄마만 돕고 있지는 않습니다. 양파 껍질을 벗기고 계량컵에 물을 맞춰 담으면서 은연중에 수학과 과학의 기초 개념을 온몸으로 익히는 중이지요. 놀이와 학습은 분리된 것이 아닙니다. 특히 유아기~초등 저학년 시기에는 생활과 연결된 놀이 기반 학습이 가장 효과적인 학습법이지요. 요리, 보드게임, 역할놀이, 만들기 등은 아이의 오감과 사고를 자극하고, 학습에 대한 긍정적인 태도를 형성하는 데 결정적인 역할을 합니다.

놀이와 학습은 이어져 있다

생활 속 놀이에는 언어 감각, 수 감각, 문제 해결력, 자기 조절력, 사회성 등 다양한 배움의 요소가 자연스럽게 녹아 있습니다. 억지로 가르치지 않아도 요리, 보드게임, 역할놀이 등 아이가 몰입하는 순간이 곧 학습 시간이 되지요.

저는 4남매와 함께했던 일상 속에서 그 사실을 몸소 느꼈습니다. 아이들은 저와 함께 김밥을 싸면서 "오이는 몇 개 넣을까?", "당근은 몇 개로 나눌까?"와 같은 질문을 하며 수 개념을 익혔고, "먼저 밥을 깔고, 그다음에 재료를 올려야지" 하며 순서 개념과 절차적 사고를 함께 다졌습니다. 요리 도중에는 물이 끓는 과정, 재료가 익는 모습을 보며 물질의 변화에 대한 과학적인 관찰도 자연스럽게 이뤄졌지요.

보드게임도 자주 했습니다. 루미큐브로 수 감각과 패턴을 배웠고, 부루마불로 돈을 쓰고 모으는 경제 개념을 익혔지요. 도블과 고 피쉬는 아이들이 모양과 색깔 감각, 시각적 변별력, 언어 감각과 어휘력 등을 키워나가는 데 유용했습니다. 그리고 아이들은 보드게임을 하며 무엇보다 규칙을 지키고, 차례를 기다리고, 졌을 때 감정을 조절하는 훈련을 했습니다. 교과서에서는 배울 수 없는 중요한 힘이지요.

보드게임과 마찬가지로 자주 했던 것이 역할놀이였습니다. 아이들은 병원 놀이, 마트 놀이, 가족 놀이 등을 하며 상황에 어울리는 말투를 익혔고, "어디가 아프세요?", "여기서 계산해드릴게요!"와 같은 대화를 자연스럽게 주고받으며 언어 표현력과 감정 이입 능력을 키웠습니다. 역할놀이는 타인의 입장에서 생각하고 말하는 힘, 즉 사회적 상호 작용의 기초를 기르는 데 좋은 밑거름이 되었습니다.

또 하나 빠뜨릴 수 없는 것이 미술 활동입니다. 아이들은 계절마다 공원에서 주운 낙엽, 도토리, 솔방울 등을 모아 그림을 그리거나 창작 활동을 하며 공간 감각과 창의성을 키웠습니다. 아이마다 표현 방식이 다르기에 무엇을 만들고 싶은지, 어떻게 꾸미고 싶은지를 묻고 들어주는 시간이 정말 소중했습니다. "왜 이렇게 만들었어?", "여기를 빨간색으로 칠한 이유가 뭐야?" 등 질문을 던지면 아이는 자기 생각을 말로 정리하며 표현력을 풍부하게 확장했지요.

이처럼 놀이를 통해 아이는 스스로 질문하고, 실수하고, 시도하고, 때로는 다시 도전하기도 하면서 "나는 할 수 있어", "공부는 즐거운 거야"라는 긍정적인 학습 태도를 형성해나갑니다. 삶 속에서 배우는 경험이 반복되면 아이는 학습을 두려워하지 않고 오히려 궁금해하며 가까이하게 되지요.

생활 속 통합 놀이는 유아기의 놀이 중심 교육과 초등 저학년의 통합 교과 학습을 자연스럽게 이어주는 다리입니다. 이때 중요한 것은 아이가 즐거움을 느끼며 배우는 경험이 반복될 때 비로소 학습이 해야 하는 일이 아니라 하고 싶은 일로 자리를 잡는다는 사실입니다. 꼭 특별한 교구나 수업이 아니어도 괜찮습니다. 부엌에서 나누는 짧은 대화, 주말 오후 펼쳐지는 보드게임 시간, 주워온 낙엽으로 꾸미는 나만의 미술 시간이 아이의 마음과 사고를 자라게 하는 가장 훌륭한 배움의 장이 될 수 있습니다. 놀이와 학습이 분리되지 않고 이어질 때 아이는 실패를 두려워하지 않고, 질문하고 도전하며, 배움을 삶과 연결할 줄 아는 아이로 자라납니다. 오늘 아이와 함께하는 한순간의 놀이가 내일의 학습이 된다는 믿음으로 아이를 응원해주세요.

생활 속 통합 놀이와 유·초이음교육

연계 항목	유아 교육 기관(누리 과정)	초등 교육 과정(1~2학년군)
놀이 기반 학습	놀이 중심 수업, 통합 활동	통합 교과(학교, 사람들, 우리나라, 탐험 등)
수학적 사고	수·양·비교 경험	수학(수 감각, 연산, 도형)
과학적 탐구	관찰, 실험, 호기심 자극	통합 교과(탐구 활동), 과학 기초 역량 강화
창의적 표현	조형, 표현 놀이	통합 교과, 창체(미술, 음악, 실과 연계)

⭐ 방법 ⑦
〰️ 강점 지능 맞춤형 학습

아이에게 학습이 힘든 이유는 못 해서가 아니라 자기 방식이 아니라서 일 수 있습니다. 미국의 교육 심리학자 하워드 가드너 Howard Gardner의 다중 지능 이론에 따르면, 인간은 8~9가지의 지능이 서로 다르게 발달합니다. 강점을 학습과 연결하면 아이는 할 수 있다는 긍정적 자기 인식과 학습 지속력을 함께 키워갈 수 있습니다.

아이의 강점이 학습의 실마리가 된다

아이의 기질과 흥미, 몰입하는 놀이 패턴을 유심히 관찰하면 강점 지능의 실마리가 보입니다. 강점 지능은 단순히 잘하는 것이 아니라 할 때 즐겁고 집중이 오래가는 활동에 가까우며, 이를 활용해 아이를 학습으로 자연스럽게 이끄는 것이 강점 지능 맞춤형 학습의 핵심입니다. 다음은 아이의 강점에 따른 맞춤 학습법 예시입니다.

- **음악 지능이 발달한 아이**
  외워야 할 내용 노래 가사로 만들어서 부르기, 구구단을 리듬에 맞춰 노래처럼 반복하기 등

- **신체 운동 지능이 뛰어난 아이**
  낱말 카드를 집 안 곳곳에 붙여두고 특정 낱말을 찾는 보물찾기, 몸으로 뛰면서 수 익히기 등

다중 지능 유형별 맞춤 학습 가이드

유형	특징	학습 연결법
언어 지능	말하기, 읽기, 쓰기를 좋아함	이야기로 개념 설명하기, 독후 활동, 역할극, 글쓰기, 말로 외우기
논리 수학 지능	숫자, 논리, 규칙, 퍼즐에 강함	도형 조립, 수학 퍼즐, 실험 설계, 원리 찾기 놀이, 규칙성 탐구
신체 운동 지능	몸으로 표현을 잘하고 활동적인 놀이를 좋아함	제스처 학습, 역할놀이, 체험 중심 수업, 바깥 놀이, 만들기 활동
음악 지능	노래, 소리, 리듬, 음정에 민감함	노래로 외우기, 리듬 활용 암기, 악기 연주, 음악 만들기, 상황별 배경 음악 설정
자연 탐구 지능	자연 관찰을 좋아하고 생물과 사물에 대한 호기심이 많음	산책 후 기록, 관찰 노트 쓰기, 비교·분류 놀이, 자연 실험, 반려식물 키우기
공간 지각 지능	그림, 색, 지도, 구조에 관심이 많고 시각적 이미지에 강함	그림으로 설명하기, 도해 만들기, 마인드맵, 레고·블록 조립, 지도 만들기
대인 관계 지능	사람과 잘 어울리고 공감 능력이 뛰어남	역할극, 친구와 함께 문제 해결하기, 발표하기, 가르치는 활동, 협동 과제
자기 성찰 지능	자기감정과 생각을 잘 알고 혼자 사색을 즐김	일기 쓰기, 오늘의 감정 정리, 목표 세우기, 혼자 생각하는 시간 주기

- **공간 지각 지능이 강한 아이**

  수학 문제를 그림으로 나타내 풀기, 블록·레고·그림 그리기·종이접기를 활용해 개념 표현하기 등

- **대인 관계 지능이 높은 아이**

  누군가를 가르치듯 설명하게 하거나 역할극으로 상황을 설정해 학습 유도하기,

책을 읽고 등장인물 인터뷰하기 등

모든 아이는 저마다 다른 지능의 빛깔을 품고 태어납니다. 누군가는 언어로, 누군가는 몸으로, 누군가는 음악으로 세상을 이해합니다. 부모의 역할은 아이가 가진 그 빛을 알아보고, '이런 방식으로도 배울 수 있구나!' 하고 기회를 열어주는 일입니다. 첫걸음은 언제나 부모의 따뜻한 눈길에서 시작됩니다. "우리 아이는 어떤 방식으로 세상을 만나고 있을까?" 오늘 아이의 모습을 조금 더 유심히 들여다보는 것만으로도 그 답은 이미 가까이 와 있을지도 모릅니다.

강점 지능 맞춤형 학습과 유·초이음교육

연계 항목	유아 교육 기관(누리 과정)	초등 교육 과정(1~2학년군)
개인차 존중	개별화 수업, 놀이 선택권	과정 중심 평가, 개별 맞춤 과제
다양한 표현 방식	언어·비언어적 표현	통합 교과·미술·음악 활동 연계
탐구 활동 강조	탐색, 실험, 관찰 중심	수학·과학·통합 탐구 활동 연계

★ 방법 ⑧
자기 주도 학습 기초 다지기

유아기~초등 저학년까지는 앉혀놓고 시키는 공부보다 스스로 하고 싶은 공부를 설계하는 시기입니다. 이때 경험한 공부의 즐거움이 이후 초등 고학년, 중등 학습의 자기 주도성으로 이어지지요.

습관과 동기가 만드는 자기 주도 학습

자기 주도 학습이라고 하면 흔히 혼자 공부하는 모습을 떠올리지만, 실제로는 흥미와 목표를 기반으로 계획하고 조절하며 학습해나가는 힘을 말합니다. 사실 유아기와 초등 저학년 시기에는 아이의 자기 주도성이 완성되지 않습니다. 오히려 이 시기는 일상 루틴과 습관, 배우는 즐거움, 작은 성취감을 통해 자기 주도성의 기초 체력을 기르고 준비하는 시기라고 보는 것이 더 적절하지요. 이를테면 아이가 자신이 좋아하는 공룡 책을 읽고 나서 엄마(아빠)에게 "이건 티라노사우루스야!" 하며 내용을 설명해주거나, 그 공룡을 종이에 그려보고 이름을 적어보는 활동은 아이가 스스로 주제를 선택하고 몰입하며 표현하는 자기 주도 학습의 초기 형태입니다.

이 시기에는 선택하는 경험(어떤 책을 읽을지, 어떤 색으로 칠할지 등), 학습 과정이 눈에 보이는 구조화된 활동(차례대로 스티커 붙이기, 오늘 할 일 체크 리스트 등), 성취를 칭찬받는 경험과 그 느낌(끝까지 해냈을 때의 뿌듯함 등)을 통해 아이의 마음 안에 나는 할 수 있다는 긍정적인 자아 인식을 심어줄 수 있습니다. 이러한 경험이 반복되어 쌓이면 초등 중학년 이후에 점차 목표를 세우고 계획을 조절해가며 학습을 이끌어가는 힘으로 발전하게 되지요. 즉, 유아기~초등 저학년은 자기 주도 학습이라는 열매를 맺기 위한 습관과 동기라는 씨앗을 심는 시기입니다. 다음은 아이가 자기 주도 학습의 기초를 다질 수 있는 구체적인 방법입니다.

- **학습 선택권 주기**
  - "이 중에서 오늘 제일 하고 싶은 건 뭐야?" 하며 2~3가지 놀이나 활동을 주고 고르게 합니다. → 책 읽기, 블록 쌓기, 색칠하기 중 선택
- **스스로 계획 세우기**
  - 유아는 "오늘은 ~하고 싶어요"처럼 말로 표현하거나 그림으로 그려보기
  - 초등 1~2학년은 그림과 한두 줄의 글로 오늘 할 일을 간단히 적어보기 → 그림책 1권 읽기, 블록 정리하기 등
  - 자기 이름이 적힌 하루 계획판 만들기
- **성취감 기록하기**
  - 무언가를 해낸 순간을 함께 기뻐하며 스탬프나 칭찬 도장 찍어주기
  - 활동 후에 "어떤 게 가장 재미있었어?"라고 물으며 간단한 그림으로 그리거나 말로 표현하기
- **시각 자료 활용하기**
  - 유아는 오늘의 활동을 그림 스티커로 하나씩 붙이는 놀이판 활용하기 → 달력에 스마일 스티커 붙이기, 완료한 일 옆에 하트 도장 찍기 등
  - 초등 1~2학년은 나만의 공부&놀이판, 해낸 일 붙이기 칸, 하루 미션 3개 스티커판처럼 스스로 체크하는 재미를 주는 시각 자료 활용하기

공부는 누가 시켜서가 아니라 내가 해보고 싶어서 하는 것이어야 합니다. 아이의 마음에 심어진 자기 주도성의 씨앗은 작고 느리지만 결국 스스로 자란다는 사실을 기억하세요.

자기 주도 학습 기초 다지기와 유·초이음교육

연계 항목	유아 교육 기관(누리 과정)	초등 교육 과정(1~2학년군)
자기 주도적 태도	자율 선택 활동, 일과 구성	자기 관리 역량, 학습 계획 수립 경험
학습 동기 유발	놀이 중심 흥미 유도	통합 교과 속 주제 탐구 활동
학습 과정 시각화	일과의 그림 표현, 활동 회고	그림일기, 자기 평가 구성

04
학습의 힘을 키우는 부모의 대화법

"공부하라는 말보다 배움의 즐거움을 깨우는 말이 더 큰 힘을 발휘합니다."

만 3세부터 초등 1학년 시기까지는 교과 지식보다는 탐구하는 태도와 배움에 대한 긍정적인 감정을 기르는 것이 훨씬 중요합니다. 이 시기의 학습은 공부라기보다는 놀이와 생활 속 배움에 더 가깝지요. 그래서 학습의 힘을 키우는 대화는 결과 중심의 평가가 아니라 호기심을 자극하고 도전을 응원하는 따뜻한 말이 되어야 합니다.

★ 학습의 힘을 키우는 대화가 중요한 이유

학습의 힘은 '알고 싶다', '해보고 싶다'라는 마음에서 시작되며, 이러한 마음은 부모의 언어를 촉매로 자라납니다. 다음과 같이 부모가 말의 방향을 바꾸면 아이의 마음도 바뀌지요.

"왜 또 틀렸어?" → "이번에는 어떤 점이 헷갈렸을까?"
"그걸 아직도 몰라?" → "이건 어떤 식으로 설명하면 더 쉬울까?"
"제대로 좀 해봐." → "어떤 방법으로 해보면 좋을까?"

학습의 힘을 키우는 대화의 기본 원칙 3가지

원칙1 명확한 기대를 전달한다

아이가 이해할 수 있는 구체적인 표현이 필요합니다.

"공부 좀 해." → "책상에 앉아서 읽을 책 한 권 골라볼까?"
"잘 생각해봐." → "네가 아는 만큼 말로 설명해볼래?"

원칙2 결과보다 과정에 집중한다

무엇을 배웠느냐보다 어떻게 배웠는지를 인정해줍니다.

"틀렸잖아." → "이렇게 해보려고 한 시도가 멋졌어."

> "왜 그렇게 했어?" → "다르게 해보려고 했구나. 그 생각도 좋아."
>
> 원칙3 존중과 인정의 언어를 사용한다
>
> 아이의 감정과 시도를 소중히 여기는 말을 해야 합니다.
>
> "이렇게 말해줘서 고마워."
>
> "네가 해보려는 마음이 참 예뻐."

학습의 힘을 키우는 대화법 vs 피해야 할 대화법

학습의 힘을 키우는 대화법 6가지

😊 방법 ① 선택지를 주는 질문하기

아이의 자율성과 탐색력을 키워줍니다.

"같이 해볼까, 네가 먼저 해볼래?"

"책 읽고 나서 이야기 나눌까, 그림 그릴까?"

😊 방법 ② 할 수 있다는 믿음을 담은 말하기

아이의 시도와 노력을 지지해주세요.

"엄마(아빠)는 네가 해낼 수 있다고 믿어."
"네가 하는 걸 보니까 점점 나아지고 있어."

😊 방법 ③ 생각하는 과정을 격려하기

아이의 생각을 확장시켜줍니다.

"어떻게 그런 생각을 하게 됐어?"
"이걸 다르게 표현하면 어떤 모양일까?"

😊 방법 ④ 실패했을 때 감정을 읽고 다독이기

아이의 감정과 자존감을 지켜줄 수 있습니다.

"속상했지? 그래도 해본 게 정말 멋졌어."
"다시 도전하는 네 모습이 자랑스러워."

😊 방법 ⑤ 습관 형성을 응원하기

학습의 반복과 자기만의 리듬을 즐기게 해주세요.

"매일 조금씩 하니까 점점 잘하게 되네."
"오늘도 책상에 앉은 네 모습이 멋져."

😊 방법 ⑥ 탐구와 호기심을 자극하는 말하기

놀이 속에서 자연스럽게 배움으로 이끌어주세요.

"이건 왜 그런 걸까? 같이 찾아볼까?"

"이걸 알게 되면 어디에 써먹을 수 있을까?"

피해야 할 대화법

😊 비교와 비난하는 말하기

생활의 힘에서 나온 피해야 할 대화법으로, 학습의 힘에서도 아이를 다른 사람과 비교하거나 아이의 존재를 비난하는 말은 절대 피해야 합니다.

"다른 애들은 벌써 다 알아."
"그것도 못 하면 안 되지."

😊 압박과 협박하는 말하기

아이에게 두려움, 더 나아가 공포까지 조성할 수 있습니다.

"학습지 끝까지 안 하면 안 놀아줄 거야."
"이 책 다 안 읽으면 유치원 안 보내."

😊 도전 기회를 빼앗는 말하기

아이가 새로운 것을 해보려는 마음을 사그라들게 만들고, 결국 부모나 어른에게 의존하게 될 수도 있습니다.

"그렇게 하면 안 돼. 그냥 따라 해."

"네가 하면 느리니까 엄마(아빠)가 할게."

학습의 힘을 키우는 대화는 지식을 더 많이 넣어주는 말이 아니라 아이의 마음을 열고 질문하게 만드는 말입니다. 유아기~초등 저학년 시기에는 아이가 "왜?"라는 질문을 자연스럽게 하는 것이 가장 중요한 배움입니다. 아이의 시선을 따라가며, 생각을 함께 나누고, 말 한마디로 호기심을 키워주는 것. 이것이 부모가 줄 수 있는 최고의 학습 선물입니다.

01

유·초이음교육으로 초등 입학 바라보기

"교육은 점수가 아니라 방향을 보여주는 일입니다."

- 데보라 마이어 Deborah Meier

아이의 초등 입학을 앞두고 부모의 마음은 설렘만큼이나 걱정도 큽니다. 하지만 아이의 성장은 시험처럼 기간이 정해진 것이 아닙니다. 유아기에서 초등기로의 전환은 갑자기 툭 끊어지는 것이 아니라 다음 단계로 부드럽게 서서히 이어지는 이어달리기 같은 과정이지요. 유·초이음교육은 바로 이 연결의 과정을 따뜻하게 다듬기 위한 제도적 준비이자 시선입니다. 유아기의 삶이 잘 채워졌다면 초등 준비는 별도의 프로젝트가 아니라 삶의 연장선에서 자연스럽게 헤쳐 나가면 될 일이지요.

★ 초등 입학 전,
⊪ 아이의 생활·정서·학습의 힘 점검하기

초등 입학을 앞두고 아이와 함께 점검해볼 항목을 생활, 정서, 학습 3가지 영역으로 나눠 정리했습니다. 3가지는 유·초이음교육의 핵심축으로, 아이가 초등학교 생활에 잘 적응하고 즐겁게 공부하기 위해 서로 맞물려 작동하는 기초 역량이기도 합니다.

 다음에 나오는 표는 단순 점검을 넘어 '우리 아이는 어디까지 와 있나?'를 부모와 아이가 함께 바라보는 지도입니다. 빈칸이 있다면 아직 그 방향을 향해 나아가고 있다는 뜻이지요. 이 표를 아이와 함께 확인하며 "곧 초등학생이 되는데 뭐가 기대돼?"라고 이야기를 나눠보면 어떨까요? 아이의 마음에도 초등 준비가 조금씩 자리 잡기 시작할 것입니다.

초등 입학 전, 생활·정서·학습의 힘 점검 리스트

영역	점검 항목	구체적 내용	확인
생활의 힘	등·하교 루틴	정해진 시간에 기상하고 준비할 수 있는가?	
	급식실/화장실 사용	공용 공간을 스스로 사용할 수 있는가?	
	준비물 챙기기	학용품, 실내화 등을 스스로 챙기려는 의지가 있는가?	
	이름표 붙이기	자기 물건에 관심과 소유 의식을 가지는가?	
정서의 힘	낯선 환경에 대한 두려움	새로운 장소에 가는 것을 불안해하지 않는가?	
	또래와 어울리기	놀이하며 친구와 상호 작용할 수 있는가?	
	부모와 떨어지기	일정 시간 떨어져 지내는 연습이 되어 있는가?	
	감정 표현하기	화남, 서운함, 기쁨을 말로 표현할 수 있는가?	
학습의 힘	한글 감각	간단한 글자를 읽고 의미를 추측해보는가?	
	수 개념	수를 세고, 양의 차이를 이야기할 수 있는가?	
	말·글로 표현하기	자기 생각을 말로 설명하려는 시도가 있는가?	
	앉아서 듣기	이야기나 설명을 일정 시간 집중해서 듣는가?	

학교 적응 스트레스를 예방하는 생활의 힘

"습관은 어린 날의 삶을 단단하게 해주는 보이지 않는 근육입니다."

초등학교 생활은 거창한 준비가 아닌 작은 생활 습관의 힘에서 시작됩니다. 급식실, 화장실, 등굣길, 준비물 등 반복되는 일상의 행동 하나하나가 아이의 적응과 자립의 바탕이 됩니다.

★ 급식실과 화장실 사용법 익히기

급식실 사용법

초등학교 급식실은 유치원이나 어린이집과는 분위기부터 다릅니다. 정해진 시간에 학년별로 이동하고, 줄을 서서 배식을 받으며, 넓은 공간에서 여러 학년의 아이들과 함께 식사하지요. 갓 입학한 아이는 낯선 이곳에서 자율성과 사회성을 함께 키워갑니다. (※ 학교에 따라서는 교실에서 식사하는 '교실 급식'을 시행하기도 합니다. 이 경우 고학년은 급식 당번을 정해 역할을 분담하지만, 1~2학년은 안전상의 이유로 별도 배식 역할을 맡지 않는 경우가 대부분입니다.)

😊 초등 1학년의 급식 시간 흐름 살펴보기

① 4교시 종료 후, 교실을 정리한 다음에 학년별로 정해진 시간에 한 학급씩 줄을 지어 급식실로 이동합니다. 대개 오후 12~12시 30분 사이입니다.

② 배식을 받고 자리에 앉아 식사합니다. 배식대 앞에 줄을 서서 "밥 많이 주세요", "김치는 조금만 주세요" 등 간단한 표현을 사용합니다. 음식의 양은 말로 조절할 수 있으며, 알레르기나 편식 정보는 입학 전 학교 측과 미리 공유하는 것이 중요합니다. 신입생 오리엔테이션 자료나 학교 소통 앱을 통해 조사하는 경우가 대부분이니, 그때 아이 정보를 전달하면 됩니다.

③ 식사 중에는 담임 선생님 또는 영양 선생님의 지도로 소음을 줄이고 질서를 유지합니다.

④ 식사가 끝나면 식판을 반납하고 학급별로 줄을 서서 교실로 복귀합니다. 그다음에 교실 및 운동장에서 쉬는 시간을 가집니다.

😊 아이의 원활한 급식실 사용을 위해 가정에서 해야 할 일

① 아이가 음식을 많이 흘리거나 식사 속도가 느리다면 정해진 시간 안에 먹는 연습을 합니다.

② "밥은 조금만 주세요", "반찬은 조금 더 주세요" 등 배식 표현을 말로 연습합니다.

③ 식당에 가서 아이가 직접 주문하고 음식을 받을 수 있게 유도하고 격려합니다.

④ 어린 시절 골고루 먹는 습관이 형성된 아이일수록 급식 시간을 즐겁게 받아들입니다. 다만, 입학 전부터 굳어진 편식 습관으로 인해 특정 음식을 전혀 입에 대지 못하는 경우도 늘어나고 있습니다. 이럴 땐 무조건 다 먹기를 강요하기보다는 담임 교사와의 상담을 통해 아이가 거부감 없이 시도하는 단계별 지도가 필요합니다. 학교 현장에서도 '한 입 맛보기'나 '소량만 받기' 같은 점진적 시도를 유도하지만, 무엇보다 가정과 학교의 꾸준한 소통과 협력이 중요합니다.

⑤ 초등 1학년의 점심시간은 단체 생활의 훈련이자 자립심을 키우는 소중한 시간입니다. 입학 전 식사와 관련된 작은 성공 경험들을 쌓아 급식실이 두려움이 아닌 자립의 공간이 되도록 도와줍니다.

화장실 사용법

학교에서 화장실 사용은 단순한 다녀오기 이상의 일입니다. 교실 밖으로 나가야 하고, 익숙하지 않은 구조를 마주해야 하며, 선생님에게 말하고 허락을 받아야 한다는 긴장감이 아이에게는 부담이 될 수 있습니다.

😊 초등학교의 화장실 사용 흐름 살펴보기

10분간의 쉬는 시간에는 자유롭게 다녀올 수 있으나, 줄이 길거나 친구랑 놀다 보면 갈 기회를 놓치기도 합니다. 수업 시간 중에는 반드시 손을 들고 "선생님, 화장실 다녀와도 돼요?"라고 말한 후 나가야 하지요. 입학 초기에 1학년 담임 교사는 쉬는 시간마다 먼저 "화장실 다녀올 친구 있니?"라고 배려해주는 경우가 많습니다.

😊 초등학교 화장실의 실제 상황

일부 학교는 문이 완전히 닫히지 않거나 칸막이 높이가 낮아 아이들이 불편함을 느끼기도 합니다. 세면대나 휴지 위치가 높거나 애매해서 사용에 어려움을 겪기도 하지요. 또 친구가 문을 두드리는 등 장난치는 상황이나 배변을 참다가 문제가 된 상황을 경험했던 아이는 "학교에서는 안 싸요"라는 말을 하기도 합니다.

입학 직후, 아이의 화장실 사용을 고려한다면 옷차림도 중요합니다. 멋진 정장 바지나 정교한 리본 원피스 등은 아이 혼자 입고 벗기가 어렵고, 급한 순간 실수할 가능성도 크지요. 입학 적응 기간에는 허리 밴드형 바지, 앞 단추 없는 간단한 하의 등 실용적인 옷차림이 큰 도움이 됩니다. 다만, 가정에서 아이가 해당 옷을 입고 스스로 화장실을 사용하는 연습을 했다면 꼭 제한할 필요는 없습니다. 아이에게 불편함이 없다면 자신 있는 옷차림도 괜찮습니다.

😊 아이의 원활한 화장실 사용을 위해 가정에서 해야 할 일

① 대형 마트, 도서관 등 공공장소 화장실에서 문 닫고, 잠그고, 볼일 보고, 손 씻는 과정을 연습해보세요. "수업 중 화장실에 가고 싶으면 어떻게 해야 할까?" 등을 역할놀이로 연습해보는 것도 실질적인 도움이 됩니다.

② 신입생 오리엔테이션 등 학교 방문 기회가 있다면 아이와 함께 실제 화장실 구조를 미리 살펴보는 활동도 추천합니다. 학교 화장실은 단지 용변을 해결하는 공간이 아니라 신체적 자립과 사회적 표현력을 동시에 훈련하는 장소입니다. 예를 들어 화장실이 급한 순간에 "선생님, 화장실 가고 싶어요"라고 말하는 표현력, 볼일을 보고 물을 내리고 손을 씻는 일련의 과정을 스스로 해내는 자립심은 모두 초등 생활의 중요한 첫 단추가 됩니다.

입학 전, 자신의 욕구를 말로 표현하고 스스로 해결하는 연습은 학교생활에 대한 불안을 줄이고 정서적 안정에도 큰 도움이 됩니다.

⭐ 건강한 등교 루틴 만들기

초등학교에 입학한 대부분의 아이들은 정해진 시간에 스스로 준비해 등교하는 생활을 처음 경험합니다. 유치원이나 어린이집처럼 부모님과 함께 등원하지 않고, '오전 7시 30분~8시 기상 → 스스로 준비 → 교문 통과'의 일상이 시작되지요. 다만, 입학 직후 한 달 정도는 적응 기간이라 보호자가 교문까지 동행하는 경우가 많습니다. 이 시기는 아이가 새로운 환경에 익숙해지고, 학교에 대한 심리적 안정감을 형성하는 과정으로, 이 시기가 지나면 대부분의 아이들은 스스로 등교하는 자립적 등교 루틴을 갖게 됩니다.

건강한 등교 루틴을 만드는 방법

😊 기상 시간 맞추기

아이의 수면 패턴을 고려해 매일 같은 시간에 일어나는 연습부터 시작합니다. 입학 2주 전부터는 실제 등교 시간(대개 오전 8시 30분 전후)을 기준으로 역산하여 기상·세면·식사·출발 시간을 정해 아침 일과표를 함께 만들어보세요.

😊 아침 준비 순서 시각화하기

기상 → 세수 → 아침 식사 → 양치질 → 책가방 확인 → 옷 입기 → 출발

아침 준비 순서를 그림으로 그리거나 자석 보드에 붙였다 떼는 방식으로 시각화하면 아이의 독립성과 책임감을 키워줄 수 있습니다. 이 순서를 아침마다 아이가 스스로 체크할 수 있도록 유도하면 자립심을 키우는 데도 큰 도움이 되지요.

모의 등교 체험하기

실제로 준비하여 현관에서 학교 앞까지 함께 가보는 모의 등교도 큰 도움이 됩니다. "너 혼자서도 해낼 수 있어!"라는 경험을 아이가 몸으로 익히도록 도와주세요. 이때 가장 중요한 건 함께 연습하고 응원해주는 분위기입니다. "오늘 아침도 스스로 잘했네!"라는 한마디가 아이의 학교생활에 날개를 달아주지요.

모의 등교에서 꼭 기억할 것이 있습니다. 학교에 도착해서 신발을 벗고 실내화로 갈아 신을 때 살펴보면 바닥에 주저앉아 갈아 신는 아이가 많습니다. 하지만 초등학교의 신발장 주변은 유치원과는 달리 바닥이 깨끗하지 않으며, 아이들이 많이 모여 있는 곳이라 안전도 장담할 수 없습니다. 그렇기에 벽을 짚거나 한 발에 중심을 두고 차례로 신발을 신고 벗는 연습을 미리 해두면 아이에게 큰 도움이 됩니다.

⭐ 준비물 파악하고
⋮⋮⋮ 이름 쓰기

초등학교 입학을 앞두고 준비물을 미리 구매하려는 부모님들이 많지만, 실제로는 입학식을 앞둔 2월 말이나 입학식 이후에 구체적인 준비물 목록이 안내됩니다. 따라서 너무 이르게 구매하기보다는 아이와 함께 목록을 살펴보고 그에 맞춰 하나하나 준비해보세요. 그 과정 자체가 입학에 대한 기대감과 자신감, 그리고 자기 주도성을 키우는 좋은 기회로 작용합니다.

준비물에 이름을 쓰면 생기는 놀라운 일

요즘에는 시중에 예쁘고 실용적인 이름 스티커가 많습니다. 특히 연필, 색연필, 사인펜 등의 문구류는 아이가 스스로 스티커를 붙이는 과정을 통해 준비물에 대한 애착과 소유 개념을 키울 수 있지요. 그러나 모든 물건에 스티커를 사용할 필요는 없습니다. 가위, 풀, 필통, 실내화, 우산, 컵 등에는 유성 네임펜으로 직접 이름을 써보게 하세요. 유치원에서 자기 이름 정도는 쓰는 법을 배우기도 하거니와 이름을 쓰는 과정이 아이에게 책임감과 성취감, 소속감을 부여합니다. 이러한 사소한 행동 하나하나가 실제 학교생활에서 분명한 효과를 발휘하지요.

하루를 마치고 나면 1학년 교실의 교탁 위에는 연필, 지우개, 자, 풀, 사인펜, 실내화 등 다양한 물건이 올라와 있습니다. 교사는 아이들에게 물건을 하나하나 보여주며 물어봅니다.

"이 연필, 누구 거예요? 그럼 이 지우개 주인은 누구인가요?"

그러면 아이들은 고개를 갸우뚱하며 아예 관심이 없는 듯한 모습을 보입니다. 이름 스티커가 떨어졌거나 이름이 흐릿하게 쓰여 있어 분별이 어려운 경우가 대부분이지요. 하지만 이때도 입학 전부터 부모님과 함께 준비물을 챙기고 이름을 쓰거나 스티커를 붙였던 아이들은 자기 물건에 대한 인식이 분명합니다. 준비 과정에 주도적으로 참여한 아이는 물건에 애착이 있어 잃어버린 경우에도 더 적극적으로 찾고, 친구나 선생님에게 질문하는 등 책임감 있는 태도를 보입니다. 그러므로 준비물을 준비하고, 이름을 쓰거나 스티커를 붙이는 일은 단순한 표시가 아니라 아이의 주체성과 학습 태도를 키우는 사전 작업인 셈이지요.

준비물에 이름 쓰기 체크 리스트

① 입학 전·후 안내된 준비물 리스트 확인하기
② 아이와 함께 문구점이나 온라인 쇼핑몰에서 준비물 구입하기
③ 이름 스티커는 아이가 직접 붙일 수 있는 것으로 골라 다양한 사이즈로 구비하기
④ 이름 스티커를 붙이지 않는 기타 물품은 유성 네임펜으로 직접 이름 쓰기
⑤ 준비물별 보관함이나 파우치로 분류 연습하기 (미술 도구, 위생 도구 등)

이러한 과정을 통해 아이는 학교생활의 첫 관문을 스스로 열게 됩니다. 부모님이 챙겨주는 것이 아니라 함께 준비하고 주도적으로 참여

했다는 경험은 초등 입학을 더 의미 있고 즐겁게 만들어주지요.

※ QR 코드를 스캔하여 초등 입학 준비물 리스트를 다운로드받아 살펴보세요.

 신입생 예비소집일 200% 활용하기

입학의 첫걸음, 취학 통지서

초등학교 입학을 앞두고 가장 먼저 받게 되는 문서가 취학 통지서입니다. 보통 11월 말에서 12월 초, 각 가정의 주민 등록상 주소지 기준으로 담당 행정 복지 센터에서 발급 및 우편 발송됩니다. 이 문서에는 취학 대상 아동의 이름과 주민 등록 번호, 보호자 성명 및 주소, 배정된 학교명, 예비소집일, 입학식 날짜 등이 기재되어 있으므로 절대 분실하지 않도록 주의해야 합니다. 입학 전에 이사를 계획 중이라면 별도 서류 없이 이사한 지역의 행정 복지 센터에서 취학 통지서를 재발급받아 새로 배정받은 학교에 제출하면 됩니다. (※ 취학 통지서를 온라인으로 발급받으려면 정부24plus.gov.kr를 활용합니다.)

입학의 첫 관문, 신입생 예비소집일

초등학교 입학을 앞둔 12월 말~1월 사이, 대부분의 학교에서는 신입생의 예비소집을 실시합니다. 이 자리는 단순한 설명회 이상의 의미를 지닙니다. 아이가 직접 학교를 방문해 얼굴을 보여주는 것 자체가 입학 준비의 중요한 첫 단추이기 때문이지요. 그런데 왜 얼굴을 보여주는 것이 중요할까요? 학교 측에서는 안전하고 정확한 인적 관리를 위해 신입생의 얼굴과 이름을 일치시키는 실물 확인을 진행합니다. 실제로 일부 학교에서는 사진으로 대체하지 않고, 아이와 함께 반드시 참석해야만 입학 관련 서류를 받거나 등록을 완료할 수 있습니다. 그만큼 아이의 실제 얼굴 확인이 필수 절차인 셈이지요. 입학 전 실물 확인은 향후 아동 인권 보호, 교내 사건 예방, 학급 구성의 안정성 확보 등의 측면에서도 중요한 기반이 됩니다.

예비소집일은 부모와 아이가 함께 학교 내부 구조를 직접 둘러볼 수 있는 절호의 기회입니다. 교실, 운동장, 복도, 화장실 등은 아이가 곧 적응해야 할 공간으로, 미리 둘러보면서 확인하는 경험은 입학 후 분리불안 완화와 공간 적응력 향상에 효과적이지요. 그리고 신발장 위치, 실내화 보관함 등도 함께 확인하면 아이가 등교 첫날 혼란 없이 행동할 수 있게 됩니다. 오리엔테이션 이후에는 아이와 함께 학교에 대한 인상과 느낌을 나누는 시간을 가져보세요. 단순히 "학교 어땠어?"라는 질문보다는 아이의 감정과 기억을 더 풍부하게 끌어낼 수 있는 질문을 활용하면 좋습니다. 다음과 같은 열린 질문을 통해 아이가 학교에 대해 느낀 점을 자연스럽게 이야기할 수 있도록 유도하면, 입학에 대한 긍정적인 감정과 안정감을 형성하는 데 확실히 도움이 됩니다.

"학교에서 가장 마음에 들었던 곳은 어디였어? 왜일까?"

"가장 기대되는 장소는 어디야? 운동장, 급식실, 교실 중에서?"

예비소집일에 부모가 꼭 확인해야 할 것들

- **입학 준비물 안내**
  - 문구류, 생활용품 등 구체적인 리스트 제공
  - 이름 스티커 부착 여부, 특정 규격 유무(네임펜, 실내화 사이즈 등)

- **제출 서류 및 선택 프로그램 안내**
  - 예방 접종 완료 확인서, 주민 등록 등본 등
  - 늘봄학교(초1·2 맞춤형/선택형 돌봄/선택형 교육) 신청서
  - 스쿨버스 및 급식 신청 여부, 입학식 일정표 등

- **학교와의 소통 채널**
  - e알리미, 학교 알림장 앱, 학급 소통 앱 등
  - 공지사항 확인 방법, 조퇴 및 결석 연락 절차

예비소집일 이후에는 다음과 같은 활동을 아이와 함께 해보면서 입학을 준비할 수 있습니다.

- 아이와 함께 받은 자료 다시 보기
- 교실 위치 복습하기 → 지도나 그림으로 위치 확인
- 입학식 날짜 달력에 표시하고 카운트다운 시작
- 입학 전 부모와 아이가 함께 역할극 하기 → "학교에 가서 뭐라고 인사할까?"

예비소집일을 설명만 듣는 시간이 아니라 아이와 함께 학교의 주인공으로서 경험하는 시간으로 만들어보세요. 이러한 경험이 아이에게 '지금 학교는 낯설지만, 곧 익숙해질 수 있는 곳'이라는 긍정적인 인식을 심어주고, 새로운 환경에 대한 적응력을 키워줄 것입니다.

03

학교생활에 자신감을 심어주는 정서의 힘

"낯선 환경에서도 자신을 지키는 힘, 그것이 바로 진짜 적응력입니다."

초등학교 입학은 아이가 새로운 세상과 처음으로 관계를 맺는 출발점입니다. 교실이나 급식실 같은 물리적 공간은 물론, 처음 만나는 선생님과 친구들, 혼자 선택하고 실천해야 하는 다양한 일상까지 초등학교는 유치원이나 어린이집과는 전혀 다른 모습의 사회적 장이지요. 그만큼 아이에게는 정서적 독립성과 더불어 관계를 맺는 힘, 감정을 다루는 방법, 자기 결정의 경험이 하나씩 자라야 합니다. 이때 부모가 할 수 있는 가장 중요한 일은 아이가 아이답게 이 모든 변화에 천천히 적응해나갈 수 있도록 신뢰와 안정의 틀 안에서 기다려주는 일입니다.

⭐ 새로운 환경에 적응하는 현명한 방법

"이젠 초등학생이니, 네가 스스로 다 해야 해."

아이를 준비시키려는 부모님의 마음에서 비롯된 말이지만, 자칫 아이에게는 '너는 아직 준비가 안 되었어. 이제부터 노력해서 완벽해져야 해'라는 부담으로 다가올 수 있습니다. 초등학교 입학은 아이의 인생에서 공식적인 첫 사회 진입입니다. 아이가 새로운 환경에 적응하는 데 있어 가장 중요한 것은 정서적인 안정감입니다. 이러한 안정감은 실제 공간을 경험해보는 것, 그 경험을 부모님과 함께하는 것, 그리고 그 속에서 느끼는 감정이 자연스럽게 어우러질 때 생겨나지요.

부모와 아이가 대화하며 등굣길 산책하기

입학 전에 부모와 아이가 함께 등굣길을 산책하며 나누는 대화는 아이와 학교라는 새로운 공간을 정서적으로 연결해주는 좋은 방법입니다. 여기서 연결이란, 아이가 새로운 공간을 낯설고 두려운 곳이 아니라 나와 관련 있는 곳, 앞으로 기대해볼 수 있는 곳으로 느끼게 돕는 것이지요. 다음과 같은 대화는 학교라는 낯선 사회 공간을 아이의 감정 속으로 천천히 스며들게 해줍니다.

"저기 보이는 학교, 어때? 궁금한 거 있어?"
"학교에 가면 무엇을 가장 해보고 싶어?"

"엄마(아빠)는 네가 학교 가는 걸 보면 기분이 참 이상할 것 같아. 설레기도 하고 뭉클하기도 해. 너는 어때?"

"학교에서 네가 꼭 가고 싶은 공간이 있을까? 교실, 놀이터, 도서관 같은 곳 말이야."

"혹시 걱정되는 것도 있어? 엄마(아빠)랑 같이 이야기해볼까?"

이렇게 기대와 걱정을 함께 나누는 대화는 새로운 공간과 아이의 감정을 연결하는 첫 단추입니다. 이러한 감정적 연결은 아이가 학교생활에서 마주할 크고 작은 변화에 더 유연하게 반응하도록 돕는 기반이 되어주지요.

아이 성향별로 다른 적응 방식 살펴보기

초등학교 적응은 아이마다 다르게 나타납니다. 아이의 기질과 성향에 따라 입학 전후의 말과 행동에서 뚜렷한 차이가 있기 때문이지요. 저는 그간의 기질 연구와 1학년 담임 교사로서의 풍부한 경험을 바탕으로, 아이들의 정서적 반응을 다음과 같이 4가지 성향으로 분류했습니다(분류 기준은 말의 양상, 상황 반응, 관계 맺기 방식 등에서 주로 관찰되는 아이의 특성을 중심으로 구성했습니다).

😊 호기심이 많고 사교적인 아이

① **특징**: 새로운 환경을 탐색하는 데 적극적이며 친구를 사귀는 데 거침이 없습니다.

② **대응**: 아이의 흥미를 격려하고, 즐기면서 적응할 수 있도록 일상처럼 접근합니다. → "오늘은 학교 가는 길에 숨은그림찾기 해볼까?"처럼 게임형 활동으로 편안한 분위기를 조성합니다.

😊 예민하고 조심스러운 아이

① **특징**: 낯선 공간이나 처음 보는 사람을 마주하면 긴장하고 위축됩니다.

② **대응**: 익숙함을 형성하기 위해 미리 교실 구조나 학교 사진 등을 함께 보면서 가상의 이야기로 접근합니다. → "여기가 교실이래. 자리는 이렇게 생겼대. 어디가 좋을까?"처럼 상상 놀이로 심리적 준비를 유도합니다.

😊 말은 적지만 관찰이 빠른 아이

① **특징**: 말수는 적지만 주변 상황에 대한 이해도가 높아 겉으로는 표현하지 않아도 내면은 바쁘게 움직입니다.

② **대응**: 구체적인 질문보다는 느낌을 나누는 대화로 감정을 공유합니다. → "오늘 학교에 가보니 어땠어? 그냥 느낌만 말해줘도 좋아."

😊 부모 의존도가 높은 아이

① **특징**: 항상 부모가 함께 있어야 안정감을 느끼는 성향으로 낯선 상황에 대한 불안이 큽니다.

② **대응**: 조금씩 시간을 늘려가며 분리 연습을 하고, 무엇이든 스스로 해보는 기회를 마련합니다. → 놀이터에서 10분 혼자 놀기, 미리 등

곳길 가보기 등을 함으로써 할 수 있다는 자신감을 심어줍니다.

아이는 고유한 방식으로 적응하고, 부모는 다름을 인정하는 데서부터 정서적 독립을 도울 수 있습니다. 정서적 독립성은 타고나는 것이 아닙니다. 아이가 스스로 감정을 인식하고 표현할 수 있도록 부모가 옆에서 인정해주고 지켜보는 경험을 통해 서서히 길러지는 힘입니다.

★ 새로운 관계를 효과적으로 맺어나가는 방법

"아이가 모든 친구와 잘 지내면 좋겠어요."
"선생님이 예뻐하는 아이가 되었으면 좋겠어요."

부모로서 당연히 가질 수 있는 바람입니다. 하지만 아이가 처음으로 마주하는 초등학교라는 공간은 단일한 관계가 아닌 다양한 인간관계의 총합으로 이뤄져 있습니다. 따라서 모든 사람과 잘 지내야 한다는 강박보다는 다양한 관계를 어떻게 받아들이고, 반응하고, 조절해나갈 수 있는지, 그 힘을 길러주는 것이 더 중요합니다.

관계에 대한 부모의 기대 조정이 먼저다

"모두와 친하게 지내야 해", "선생님께 사랑받는 아이가 되어야 해"와 같은 말은 아이에게 지나친 긴장과 부담을 줄 수 있습니다. 관계는 스스로 만들어가야 하는 살아 있는 경험이지, 누군가의 기준에 맞춰 성취해야 할 과제가 아니기 때문이지요. 특히 유아기에는 또래와 놀이 위주로 쉽게 친해졌지만, 초등학교에서부터는 역할 분담, 규칙 준수, 다른 아이들과의 속도나 방식 차이 등 사회적 요인이 관계 형성에 영향을 미치기 시작합니다. 이때 부모의 말 한마디가 관계의 폭을 넓힐지, 불안을 더할지 결정짓는 출발점이 될 수 있지요.

"친한 친구가 생기면 좋고, 아니어도 괜찮아."
"때로는 친구랑 다툴 수도 있어. 그럴 땐 어떻게 해야 좋을지 우리 같이 얘기해보자."

이러한 대화는 아이가 관계를 탐색과 성장의 과정으로 받아들이는 데 중요한 역할을 합니다.

교사와의 관계에서 생각해볼 점

초등학교 교사는 대개 20~30명의 아이들을 가르치고 돌봅니다. 그렇기에 깊고 밀착된 관계보다는 균형 잡힌 거리감과 의사 표현의 용기가 더 중요하지요. 아이는 저마다 교사와 맺고 싶은 관계의 형태가 다릅니다. 어떤 아이는 적극적으로 질문하며 다가가지만, 어떤 아이는 조용히 관찰하다가 조금씩 가까워지지요. 부모는 선생님이 예뻐하는 아이가 되었으면 좋겠다는 생각을 하기보다는 아이가 교사에게 필요한 말을 건넬 수 있는지, 도움을 요청할 수 있는지를 먼저 점검해야 합니다.

"수업 시간에 궁금한 게 생기면 손을 들고 말할 수 있을까?"
"모르는 게 있으면 선생님께 여쭤봐. 분명히 도와주실 거야."

이러한 질문은 아이와 교사의 심리적 거리를 확인하고, 아이의 표현력을 자연스럽게 키우는 계기가 됩니다. 아이가 직접 말로 표현하기 어려워한다면 가정에서 선생님 놀이를 하며 연습해보는 것도 효과적입니다. 이를테면 식사 중에 "오늘 엄마(아빠)를 선생님이라고 생각해. 궁금한 거 있으면 말해보는 거야"처럼 말이지요.

친구 관계에서 생각해볼 점

1학년 1학기 동안 아이는 여러 친구를 만나며 관계를 탐색합니다. 어떤 친구와는 금세 가까워지기도 하고, 어떤 친구와는 서서히 거리를 두기도 하지요. 처음에는 친했던 아이와 다툼이나 오해가 생겨 멀어지기도 하고요. 이러한 감정의 변화를 '감정의 부침'이라고 합니다. 감정의 부침은 친구 관계에서 생기는 다양한 기분의 변화와 흔들림을 자연스럽게 경험한다는 뜻입니다. 쉬는 시간에 노는 무리에 끼지 못했다거나 놀이 도중 사소한 다툼으로 울음을 터뜨리는 일은 초등 1학년 교실에서 매우 흔하게 벌어지는 장면입니다. 특히 각기 다른 기질과 배경을 가진 20~30명의 아이들이 모인 집단에서는 항상 반갑고 즐거운 일만 생기지 않습니다. 이처럼 관계에서 겪는 기쁨과 서운함, 소속과 거리감을 모두 경험하는 것이 바로 실전 사회성 수업입니다.

"요즘 특히 친하게 지내는 친구가 있어?"

"친구랑 다투면 너는 어떻게 풀고 싶어?"

이처럼 부모가 아이의 경험을 있는 그대로 들어주고, 감정에 이름을 붙여주고, 선택지를 함께 탐색해주는 태도가 중요합니다. 문제가 생길 때마다 대신 해결해주기보다는 아이 스스로 관계를 조절하고 회복해보는 기회를 주는 것, 진짜 성장으로 가는 길입니다.

★ 부모의 불안을 아이에게 전이하지 않기

저는 4남매를 키우며 10번이 넘는 입학을 경험했지만, 매번 새로운 입학을 앞두고는 낯선 긴장감과 불안을 느꼈습니다. 심지어 교육 전문가인데도 말이지요. 이러한 감정은 많은 부모들이 충분히 공감할 수 있는 부분일 것입니다. 아이의 입학을 앞두고 느끼는 부모의 불안은 단순한 걱정이 아니라 자녀의 미래를 향한 본능적인 감정입니다. 하지만 이러한 불안이 조절되지 않고 그대로 드러난다면 아이의 마음에 고스란히 전이될 수 있다는 점에서 주의가 필요하지요.

부모의 불안, 어디서 오는 걸까?

아이가 잘해내야 한다는 기대감, 또래보다 뒤처지면 어쩌나 하는 비교와 조바심, 학교 시스템에 대한 정보 부족, 아이가 독립적으로 생활할 수 있을지에 대한 걱정, 아이와 떨어져 보내는 시간에 느끼는 심리적 거리감… 이러한 감정들이 겹치면 부모는 아이에게 과도한 조언을 반복하거나 자주 확인하고 통제하려는 언행을 하게 됩니다. 문제는 이러한 모습이 의도치 않게 아이에게 '나는 스스로 해낼 수 없는 존재'라는 메시지를 주게 된다는 것이지요. 예를 들어 다음과 같은 모습이 아이에게 불안을 전이시킵니다.

"가방은 꼭 이렇게 챙겨야 해. 이건 빠뜨리면 큰일 나."
"네가 실수하면 선생님이 싫어하실지도 몰라."

자기도 모르게 헛기침을 하며 아이의 준비물을 재확인하거나 긴장된 표정으로 반복 질문하는 행동 등 부모의 표정과 말투, 작은 행동 하나하나가 아이에게는 '학교는 긴장되는 곳', '완벽하게 해야 하는 곳'으로 느껴지게 합니다.

유·초이음 시기의 아이는 왜 부모의 감정에 더 민감할까?

유아기에서 초등 저학년까지는 인지적 분화 능력과 감정 조절력이 아직 충분히 발달하지 않은 시기입니다. 이 시기의 아이는 자신의 감정과 타인의 감정을 명확히 구분하기 어려우며, 부모의 감정 상태를 자신의 책임으로 받아들이는 경향이 강합니다. 즉, 아이는 부모가 불안해하면 '학교에 가면 내가 뭔가 잘못될 수도 있나?', '학교는 정말 무서운 곳일까?' 하는 식으로 부모의 감정을 그대로 흡수해버리지요. 이는 입학 초기에 적응하는 데 심리적 부담을 키우고 대인 관계나 수업 참여에 위축을 초래할 수 있습니다.

- 엄마가 매일 "선생님 말씀 잘 들어야 해. 친구랑 싸우면 안 돼"라고 강조
  → 아이는 학교 첫날부터 선생님 눈치를 과도하게 보고 질문을 못 함
- "혹시 화장실 못 찾으면 어떡하지?"라는 아빠의 말 한마디
  → 실제로 아이는 화장실이 급했지만 말하지 못하고 실수함

이처럼 부모의 불안이 의도치 않게 아이의 행동과 감정 패턴에 영향을 주는 사례는 아주 흔합니다. 그러면 아이는 도전하기보다 실수를 회피하는 일에 집중하게 되고, 이는 자율성과 자신감의 성장을 막는 요인이 될 수 있습니다.

> **아이에게 감정을 전이하지 않는 부모가 되는 방법**
> - **감정을 있는 그대로 인식하기**: 내가 지금 불안하다는 사실을 부정하지 않기
> - **불안을 외부로 분리하기**: '이건 내 감정이지, 아이의 문제가 아니다'라고 되뇌이기
> - **불안 대신 신뢰 표현하기**: 아이에게 "넌 잘할 수 있을 거야. 네가 궁금한 건 언제든 선생님에게 여쭤보면 돼"처럼 격려 중심의 언어 사용하기
> - **자기 돌봄 실천하기**: 좋아하는 활동(산책, 음악 듣기 등)으로 감정 환기하기
> - **학교 정보 미리 알아보기**: 학교 구조, 일과표 등을 사전에 파악해 불안과 걱정 줄이기

⭐ 아이의 작은 선택과 도전을 격려하기

예시 1

"그건 네가 결정할 일이 아니야."

7세 민재는 유치원에서 좋아하는 색연필을 고르며 행복해했습니다. 하지만 엄마는 집에서 늘 "그 색보다 이 색이 더 예쁘지 않니?"라고 하면서 민재의 선택을 바꿔놓곤 했지요. 결국 민재는 자기가 무엇을 좋아하는지도 헷갈리며 친구들과의 놀이에서도 주도적으로 행동하지 못하는 모습을 보였습니다.

예시 2

"그건 위험해. 하지 마."

7세 수아는 공원에서 혼자 자전거를 타려고 했지만 아빠가 "위험하니까 다음에 같이 타자"라며 제지했습니다. 이후 수아는 무언가 새로운 것을 시도할 때마다 "혹시 하면 안 되는 건가?"라는 질문부터 하게 되었습니다.

이처럼 아이의 작은 선택과 도전을 부모가 제지하거나 대신 결정을 하면, 아이는 자신의 판단과 시도를 두려워하게 되고, 이는 입학 후 새로운 환경 적응에 큰 걸림돌이 됩니다. 그래서 부모는 아이의 작은 선택과 도전을 기꺼이 환영하고 격려해야 하지요. 다음은 7세 아이가 초등학교 입학을 앞두고 시도해볼 만한 작은 선택과 도전입니다.

- **입학식 옷 고르기**: 입학식 날에 어떤 옷을 입을지 선택해보기
- **학교 준비물 고르기**: 책가방, 신발주머니, 필통 등을 선택해보기
- **등굣길 익히기**: 부모님과 함께 학교 가는 길을 찾아보기
- **체험 학습 도시락(간식) 메뉴 정하기**: 한두 가지라도 아이가 정해보기
- **아침 준비 루틴 정하기**: 아침에 어떤 일을 먼저하고 어떤 일을 나중에 할지 정해보기
- **친구에게 먼저 인사해보기**: 부모님과 역할극으로 연습한 후 실제로 시도해보기

이러한 작은 선택과 도전은 아이의 정서 독립성, 자기 효능감, 회복탄력성과 밀접한 관련이 있습니다. 그리고 앞서 소개한 3부의 가정에서 정서의 힘 키워주는 방법 중 감정에 이름 붙이기, 감정 조절 모델링과 코칭, 좌절 경험을 존중하고 다루기, 긍정적 자기 인식 키우기와도 연결됩니다. 그렇다면 자기 선택권이 주어진 아이와 그렇지 않은 아이는 어떤 차이를 보일까요?

- **선택권이 주어진 아이**
    - 입학 후 급식 시간에 직접 반찬을 고르며 먹고 싶은 것을 말할 수 있음
    - 친구와의 놀이 시간에 주도적으로 아이디어를 제안하고 실행함

- **선택권이 없는 아이**
    - 교실에서 무엇을 해도 눈치를 보고, 교사의 지시 없이는 행동하지 못함
    - 또래 사이에서 소극적이며 자기 의사를 표현하는 데 어려움이 있음

작은 선택과 도전은 결국 아이의 정서적 독립과 사회적 적응력을 키우는 중요한 출발점입니다. 아이가 선택하고 도전해보는 경험을 통해 자기 삶에 대한 주도성을 느끼게 해주는 것. 이것이 바로 입학 전 정서 준비의 핵심임을 기억하세요.

04
초등 6년 공부의
기본기를 세우는 학습의 힘

"배움의 뿌리가 깊을수록 성장의 가지는 멀리 뻗습니다."

초등 1~2학년의 공부는 단순한 지식 전달이 아닙니다. 하루의 흐름을 따라 교실에 앉아서, 주어진 과제를 해내며, 친구와 함께 배우는 삶의 연습이자 학습 습관의 기초를 다지는 시간이지요. 이때 학습에서 중요한 것은 정답 맞히기가 아니라 "어떻게 하는지 잘 모르겠어요"라고 말하고, "한 번 더 해볼래요"라고 말하는 자신감과 지속력입니다. 특히 1학년 교실은 배우는 기쁨을 느끼고, 표현하고, 실수 속에서 성장하는 경험을 축적해나가는 공간이지요.

⭐ 초등 1학년 교육 과정 훑어보기 (feat. 국어, 수학, 통합 교과)

초등 1~2학년은 전국적으로 공통 교과서를 사용합니다. 흔히 국정 교과서라고 부르며, 현재는 '2022 개정 교육 과정'을 따릅니다.

국어 : 국어와 국어 활동

국어 교과서는 학기마다 국어 가, 국어 나, 국어 활동 3권씩으로 구성됩니다. 이 중 '국어 가'와 '국어 나'는 듣기와 말하기, 읽기와 쓰기를 통합해 학습하는 책이며, '국어 활동'은 복습용 보조 교재입니다.

초등 1학년 국어 교과서 단원명 및 주요 내용

순서	1학기	2학기
1	한글 놀이: 자모음 읽고 쓰기	기분을 말해요: 흉내 내는 말, 기분을 나타내는 말
2	글자를 만들어요: 받침 없는 글자, 이중 모음	낱말을 정확하게 읽어요: 겹받침 읽기, 인물의 생각 알기
3	받침 있는 글자를 읽어요: 받침 있는 글자 읽기	그림일기를 써요: 경험한 일 발표, 그림일기 쓰기
4	낱말과 친해져요: 받침 있는 글자 쓰기	감동을 나누어요: 만화 보고 차례 정리, 소감 나누기
5	여러 가지 낱말을 익혀요: 가족, 학교, 이웃 관련 낱말	생각을 키워요: 한글의 소중함

6	반갑게 인사해요: 상황에 맞는 인사말, 동시	느낌을 나누어요: 동시 읽고 내 생각 문장으로 쓰기
7	또박또박 읽어요: 문장 읽기, 문장 부호 알기	무엇이 중요할까요: 겪은 일 글로 쓰기(일기)
8	알맞은 낱말을 찾아요: 그림 보고 문장 완성하기	느끼고 표현해요: 시 낭송, 연극 표현

수학 : 수학과 수학 익힘

수학 교과서는 학기마다 수학, 수학 익힘 2권씩으로 구성됩니다. 이 중 '수학'은 개념 중심의 수업과 간단 문제 풀이, '수학 익힘'은 본격적인 문제 풀이와 연습 중심이지요.

초등 1학년 수학 교과서 단원명

순서	1학기	2학기
1	9까지의 수	100까지의 수
2	여러 가지 모양	덧셈과 뺄셈(1)
3	덧셈과 뺄셈	모양과 시각
4	비교하기	덧셈과 뺄셈(2)
5	50까지의 수	규칙 찾기
6		덧셈과 뺄셈(3)

통합 교과 : 학교부터 상상까지

만 3~5세에 이르는 유치원 누리 교육 과정과 마찬가지로 초등 1~2학년도 통합 교과라는 이름으로 주제 중심의 수업을 진행합니다. 삶과 배움의 연결을 중시하며, 학습 활동은 이야기, 놀이, 관찰, 만들기 등 다양한 방식으로 구성되어 있지요. 1학년 통합 교과서는 학기마다 4권씩 총 8권이며, 아이들의 생활 속 경험을 중심으로 내용이 이뤄져 학교와 학습에 자연스럽게 적응할 수 있도록 돕습니다. 다음은 1학년 통합 교과서의 명칭입니다.

- 1학기: 학교, 사람들, 우리나라, 탐험
- 2학기: 하루, 약속, 이야기, 상상

★ 국어 :
한글 읽고 쓰는 자신감 키우기(feat. 소근육 단련)

초등 입학을 앞둔 시기에 학부모들이 가장 궁금해하는 것 중 하나는 아이가 글씨를 잘 쓸 수 있을지입니다. 실제로 1학년 1학기 국어 교육은 읽고 쓰기의 기초를 다지는 데 중점을 두고 있기에 입학 전 준비는 자신감을 키우는 방향으로 접근하는 것이 바람직하지요.

초등 입학 전 선행 학습이 점점 그 세를 불려가고 있지만, 사실 입학 전이라면 아이가 완벽하게 읽고 쓰지 못해도 괜찮습니다. 학교에 들어가면 한글의 소리는 물론, 자음과 모음을 익히고 낱말을 구성하는 기초부터 차근차근 지도하기 때문이지요. 그렇기에 중요한 것은 아이가 글자에 흥미를 느끼고, '나는 할 수 있다'라고 생각하는 것입니다.

만약 입학 전에 아이에게 글씨 쓰기를 가르쳐야겠다고 생각한다면 쓰기의 기본을 떠올려 접근해보세요. 쓰기의 기본은 손과 눈의 협응력과 소근육입니다. 이는 아이에게 친숙한 놀이나 활동으로 자연스럽게 키워줄 수 있습니다.

> 가위질하기, 종이접기, 찰흙 놀이, 점토 놀이, 종이 찢기, 바늘에 실 꿰기, 끈 묶기, 단추 잠그기…

이러한 활동은 쓰기 자세를 유지하고 연필을 안정적으로 잡는 데 큰 도움이 됩니다. 실제로 초등 1학년 1학기 교과 및 창의적 체험 활동의 많은 부분은 이와 같은 조작 능력을 필요로 하지요.

쓰기의 기본을 갖췄더라도 억지로 앉혀놓고 쓰기를 강요하면 오히려 글쓰기에 대한 거부감만 키울 수 있습니다. 다음과 같은 방법으로 먼저 아이가 한글과 친해지게 해보세요.

- **동화책 함께 읽기**: 자주 듣고 보면서 반복되는 문장을 자연스럽게 익히기
- **글자 찾기 놀이**: 주변 간판이나 즐겨 보는 책에서 익숙한 글자 찾기
- **한글 스티커북, 자음 모음 퍼즐**: 눈으로 보고 손으로 맞추면서 글자의 구조 이해하기

한글과 어느 정도 친숙해지고 쓰기의 기본을 갖췄다면, 이제 짧고 부담 없는 쓰기 활동으로 이어가보세요. 이때 중요한 건 얼마나 많이 썼는지가 아니라 내가 쓴 글자가 의미 있게 다가오는 경험입니다. 다음은 쓰기 활동의 예시입니다.

- **하루 5분, 짧은 글자 따라 쓰기**: 글자 수보다는 즐겁게 해냈다는 감정이 더 중요함
- **의미 있는 단어 쓰기**: 내 이름 쓰기, 좋아하는 동물 쓰기 등 아이와 직접 관련된 주제를 쓰기에 활용함
- **작은 성취를 시각화하기**: 아이가 쓴 글자를 벽에 전시하거나 칭찬 스티커를 붙여 격려하며 자존감을 높여줌

마지막으로 입학 전 준비 시기의 핵심은 오히려 아이보다는 부모입니다. 아이가 아직 글씨를 서툴게 쓰더라도 조급해하지 마세요. "잘했다", "조금씩 나아지고 있어" 같은 말 한마디가 아이에게는 가장 큰 힘이 됩니다.

★ 수학 : 생각하고 놀이하며 수학과 친해지기

요즘은 어린이집이나 유치원에서 특별 활동이나 특성화 프로그램으로 학습지와 활동지를 하면서 수, 순서, 연산 등을 미리 배우는 경우가 많

습니다. 누리 과정은 아니고 방과후 프로그램으로 살짝 맛보는 수준 정도지요. 그런데도 이 과정에서 스트레스를 받는 아이들도 있습니다. 그러면 초등 입학 전에 아이와 함께 연산 훈련을 미리 하는 게 좋을까요?

많은 부모들이 초등 입학을 앞둔 7세 무렵, 아이에게 연산 문제집을 풀리는 방식으로 연산 훈련을 시작해야 할지 고민합니다. 그러나 교육학과 발달 심리학의 관점에서 보면, 기계적인 연산 훈련을 너무 이르게 시작하는 것에는 분명한 주의가 필요합니다.

앞에서도 언급한 바와 같이 심리학자 피아제는 7세 전후를 '구체적 조작기'라고 하여 이 시기의 아이는 수 개념을 실제 사물과의 상호 작용을 통해 획득한다고 이야기했습니다. 즉, 수학은 머리로만 이해하는 것이 아니라 손으로 만지고 몸으로 조작하면서 배우고 익혀야 하는 영역이라는 뜻이지요. 이를테면 "트럭 장난감 3개와 버스 장난감 2개를 합하면 모두 몇 개?"처럼 장난감을 직접 움직이며 더하는 활동은 단순한 덧셈을 넘어 실제 개념 형성에도 효과적입니다.

그리고 교육학자 비고츠키는 아이가 혼자 해결하지 못하더라도 어른의 도움을 받아 배울 수 있는 '근접 발달 영역' 개념을 제시하여 아이의 발달 수준에 적합한 교육적 지원의 중요성을 강조했습니다. 역시 여기서도 핵심은 아이가 놀이와 대화를 통해 자연스럽게 사고력을 확장해나가는 것이지 연산 문제를 빠르게 많이 푸는 것이 아닙니다. 그 예로 "크림빵이 2개 남아 있는데 여기서 동생이 1개 먹으면 남은 것은 몇 개야?"라고 묻는 식의 일상생활 대화는 아이가 수의 의미를 실제 맥락 안에서 사고해보도록 유도하지요.

우리나라의 유치원 누리 과정과 초등 저학년 수학 교육 과정 역시 수 세기, 묶음과 낱개, 비교 등 감각과 조작 중심의 활동을 강조하며, 1학년 수학 교과서의 구성도 이러한 흐름을 그대로 반영하고 있습니다. 그러므로 초등 입학 전이라면 연산 훈련을 시키기보다는 생활 속에서 놀이를 통해 수 감각을 충분히 키우는 것이 훨씬 더 효과적이고 바람직한 접근입니다. 예외적으로 아이가 수나 연산 문제를 유난히 좋아하고 수학 문제집에 큰 흥미를 보이는 경우라면, 아이의 흥미를 존중하되 강요가 아닌 놀이처럼 접근하는 것이 효과적이지요. 다음은 초등 입학 전, 수학을 즐겁게 준비하는 방법입니다.

- **핵심 원칙**
  - '문제 푸는 아이'가 아니라 '생각하고 놀이하는 아이'로!

- **생활 속 수 감각 키우기 활동**
  - 사과 나누기 놀이: "3명이서 사과 5개를 나눠 먹으려면 어떻게 해야 할까?"
    → 나눗셈 감각
  - 보드게임: 루미큐브, 요트 다이스, 젠가 등 → 덧셈·뺄셈·도형 감각
  - 가격 계산하기: "이 물건을 2개를 사면 얼마야?", "1,000원이면 이걸 몇 개 살 수 있을까?" → 덧셈·곱셈·나눗셈 감각, 화폐를 통한 실생활 수 감각
  - 정리 정돈 놀이: 색깔별로 블록 정리, 개수 세기 → 분류·수 세기·순서 감각
  - 그림 그리기&패턴 만들기: 줄무늬나 점점 커지는 모양 그리기
    → 수의 규칙성·도형 감각

- **초등 1학년 수학을 위한 조작 중심 활동**
  - 종이접기: 대칭 개념을 자연스럽게 익히고, 도형의 이름과 형태를 비교하며 관찰력 향상
  - 숫자 카드 만들기: 숫자(1~10) 카드를 직접 만들어서 뒤집기, 순서대로 배열하기, 더하기 게임 등에 활용하여 수 세기와 순서 감각 자극
  - 수 막대와 숫자 자석 등 교구 활용: 눈으로 보고 손으로 만지는 경험을 통해 덧셈과 뺄셈의 조작 경험을 제공하고, 비교·묶음·크기 차이 등 다양한 수 감각 확장
  - 계단 오르기와 블록 쌓기: 몸을 움직이며 순서, 높낮이, 수의 증가와 규칙성을 느끼는 활동으로, 수학 개념을 몸으로 체득하는 데 효과적
  - 계량컵과 저울 놀이: 계량컵에 물을 담거나 물건의 무게를 비교하는 활동을 통해 단위 감각과 비교 감각을 형성해 실생활 수학에 대한 흥미 유도

- **아이를 수학과 친해지게 만드는 부모의 대화법**
  - 실수를 지적하기보다는 시도 자체를 인정해주고, 결과보다는 호기심과 과정에 집중하는 말이 아이가 수학과 친해지는 데 훨씬 효과적입니다.

    ① 아이가 틀렸을 때: "틀렸어!" → "아직 어려울 수 있어. 같이 다시 해보자."
    ② 수에 흥미를 보일 때: "이건 그냥 숫자야." → "이 숫자를 어디서 본 적 있어?"
    ③ 수학 놀이를 한 후: "이제 그만 놀자." → "네가 직접 해봐서 훨씬 잘 알게 됐지?"

★ 표현하는 힘과
▥ 질문하는 힘 키우기

초등 입학을 앞둔 시기, 많은 부모들이 또 걱정하는 것 중 하나는 "우리 아이가 문제를 잘 풀 수 있을까?"입니다. 특히 수학은 1학년이더라도 덧셈과 뺄셈, 수의 크기 비교, 시계 보기처럼 정답이 분명한 문제들이 포함되어 있기에 더욱 그렇지요. 정답을 맞힐 수 있도록 준비시키고 싶은 마음은 너무나 자연스럽습니다. 하지만 정답을 맞히는 힘보다 더 중요한 것이 표현하는 힘입니다. 문제를 푸는 과정에서 아이가 막히는 부분, 헷갈리는 개념, 낯선 상황을 만났을 때 이를 질문하고 설명하고 다시 표현할 수 있는 능력이야말로 초등학교에서의 학습을 지속 가능하게 만드는 핵심 역량이기 때문이지요. 틀린 것을 넘어 어디가 어떻게 어려운지를 말할 수 있는 아이, 몰라도 자기가 아는 만큼 표현해보려는 아이는 앞으로의 학습 여정을 더욱 주체적으로 안정감 있게 이어갈 수 있습니다.

사실 수학에만 국한되진 않습니다. 국어 시간에 책을 읽고 생각을 나눌 때, 통합 교과 시간에 친구들과 함께 그림을 그리고 이야기를 만들 때, 일기를 쓰거나 발표를 할 때처럼 자기 생각과 감정을 말이나 글로 표현해야 하는 순간들이 초등학교 생활 내내 이어집니다. 특히 1학년은 거듭 이야기하지만, 아직 말과 글로 생각을 정리하는 데 익숙하지 않기 때문에 가정에서 부모가 이를 자연스럽게 연습하도록 도와주는 것이 중요합니다. 이어지는 내용은 초등 입학 전, 표현하는 힘과 질문하는 힘을 키우기 위해 부모가 해줄 수 있는 실천입니다.

- **"맞혔니?" 대신 "어떻게 생각했어?"라고 묻기**
  - 아이가 문제를 풀었을 때 정답 여부보다는 어떤 방식으로 접근했는지를 물어보세요. "왜 이렇게 풀었는지 말해줄래?", "다르게도 풀 수 있을까?"와 같은 질문도 표현하는 힘을 키우는 데 도움이 됩니다.

- **일상에서 작은 표현 기회 주기**
  - 책을 읽거나 그림을 그린 다음에 간단한 질문을 통해 자신의 느낌을 말하게 해보세요.
  "이 장면에서 기분이 어땠을까?", "주인공이 왜 그랬을까?", "넌 어떻게 했을 것 같아?"

- **틀리더라도 다시 말할 수 있게 격려하기**
  - 표현이 서툴러 틀리더라도 "그렇게 말해줘서 고마워", "한 번 더 말해줄래?"라고 해보세요. 틀림은 실패가 아니라 다시 시도할 기회임을 알려줍니다.

- **말을 끝까지 들어주기**
  - 아이가 말할 때 중간에 끊거나 바로 수정하지 말고 끝까지 말할 수 있도록 기다려주세요. 기다려주는 부모의 태도가 아이에게 표현할 용기를 주고, 표현하는 힘을 키웁니다.

- **다음과 같은 말을 꾸준히 건네기**
  - "생각한 걸 말해줘서 고마워.", "궁금한 걸 물어보는 건 정말 멋진 일이야.", "네가 어떻게 생각했는지 듣고 싶어.", "선생님께 이야기해보는 건 좋은 용기야."

물론 정답을 맞히는 것도 중요합니다. 하지만 알고 있는 것을 정확히 말하고, 모르는 것을 당당하게 물을 수 있는 아이로 자라나는 것이 훨씬 더 큰 힘입니다. 표현하는 아이는 자기 생각을 다듬을 줄 알고, 질문하는 아이는 배움의 문을 열 줄 압니다. 아이가 정답에만 머물지 않고 더 큰 힘을 키울 수 있도록 가정에서부터 표현하는 연습을 함께해주세요. 틀릴 수 있는 용기, 말할 수 있는 자신감, 그리고 물어볼 수 있는 분위기가 아이의 평생 학습 태도를 결정짓는 중요한 밑거름이 됩니다.

초등 1학년
학교생활 미리 보기

"성장은 어느 날 갑자기 이뤄지지 않습니다.
아이를 기다려주고 지켜봐준 수많은 날이 결국 오늘을 만듭니다."

초등 1학년의 하루하루는 아이에게는 낯선 도전의 연속이지만, 그 안에는 새로운 세상과 만나고, 친구를 사귀고, 자신을 표현하며 자라나는 소중한 배움의 기회가 담겨 있습니다. 입학식, 체험 학습, 운동회, 교육 과정 발표회… 아이는 조금씩 새로운 감정을 배우고 익숙하지 않았던 일을 해내며 조금 더 큰 아이가 되어가지요. 그리고 모든 순간을 함께 걷고 응원해주는 부모의 존재는 아이에게 가장 큰 안정감이자 힘이 되어 줍니다.

⭐ 초등 1학년
||| 주요 행사 살펴보기

초등 1학년은 입학식을 시작으로, 학부모 총회, 공개 수업, 학부모 상담, 체험 학습, 운동회, 교육 과정 발표회 등 다양한 행사를 경험합니다. 이런 행사들은 아이에게는 학교에 적응하고 성장하는 기회, 부모에게는 학교와 아이를 이해하는 창구가 되지요. 행사 일정과 아이의 반응을 미리 알고 준비하면 처음 맞는 학교생활을 훨씬 더 안정적이고 즐겁게 보낼 수 있습니다.

입학식 : 학교생활의 시작

대부분 3월 첫째 주에 열리며 예비소집일 이후에 아이가 처음 공식적으로 학교에 가서 맞이하는 행사입니다.

😊 입학식 진행 순서

입학식은 보통 학교 강당에서 진행되며, 아이들은 당일 아침에 반 편성표를 보고 해당 반 교실에 먼저 모였다가 담임 선생님의 인솔하에 강당으로 이동하는 방식이 일반적입니다. 간혹 반대로 강당에서 입학식을 한 뒤에 담임 선생님과 함께 교실로 이동하기도 하지요. 따라서 입학식에서 반 편성을 알려준다기보다는 그전에 이미 반이 정해져 있으며, 해당 교실로 이동하는 경우가 대부분입니다.

입학식은 교장 선생님의 환영 인사, 교가 제창, 담임 선생님 소개

등으로 구성되며, 고학년 학생들이 1학년의 입학을 축하하며 간단한 무대를 선보이거나 손편지와 작은 선물을 전해주는 등의 이벤트를 마련하는 학교도 있습니다. 아이들에게는 그 짧은 순간이 '학교는 따뜻하고 환영받는 곳'이라는 인상을 남기는 계기가 되기도 하지요.

입학식 날에는 정규 수업을 하지 않습니다. 대신 교실에 모여 담임 선생님과 첫인사를 나누고 간단한 오리엔테이션이나 활동지를 함께한 다음에 하루를 마무리하지요. 학부모들은 강당 등 별도 공간에서 학교 교육 과정, 생활 안내 등에 대한 연수를 듣기도 합니다.

😊 입학식 이후 아이의 등하교

입학 초기에는 담임 선생님이 아이들이 하교할 때 교문까지 함께 나와 부모님에게 인계하는 경우가 많습니다. 이 기간은 보통 2~4주, 즉 입학 후 첫 달 동안 계속되며, 가능하다면 이 시기에 부모가 직접 하교를 함께하며 안정감을 주는 것이 좋습니다. 맞벌이 등 사정이 있어 어렵다면 이웃 아이들끼리 짝을 이루거나 또래 부모들과 협력하여 등하교를 도와주는 것도 한 방법입니다. 앞서 2부에서도 다룬 바와 같이 입학 전후의 등하교 훈련은 학교생활의 안정성과 자율성을 높이는 데 핵심적인 역할을 합니다.

학부모 총회 : 교사와 부모가 처음 만나는 자리

입학식이 아이의 시작이라면 학부모 총회는 부모의 시작입니다. 초등 1학년이라는 여정을 함께할 담임 교사를 직접 만나고 교실 분위기와 교육 방향을 이해할 수 있는 첫 관문이지요.

😊 학부모 총회의 진행 일정과 방식

학부모 총회는 보통 입학식 후 2~3주 이내인 3월 중순 전후로 열립니다. 학교마다 철학과 상황에 따라 최대한 학부모의 참여가 수월하도록 다양한 방식으로 개최되지요.

공개 수업과 같은 날

학부모의 번거로움을 줄이고 참여율을 높이기 위해 공개 수업 후에 곧바로 이어서 학부모 총회를 진행하는 경우입니다. 대개 공개 수업 → 학교 학부모 총회 → 학급별 총회의 흐름입니다.

공개 수업과 다른 날

입학 직후인 3월에 학부모 총회를 먼저 하고, 공개 수업은 4~5월 중 별도로 진행합니다. 입학 초기인 1학년 아이들의 수업을 공개하는 것에 대한 부담을 고려한 배려입니다.

😊 학부모 총회에서 다루는 내용

학교 차원의 학부모 총회는 강당이나 다목적홀 등 넓은 공간에서 개최되며, 교장·교감 선생님의 인사, 학교 연간 교육 계획 및 생활 지도 방침 안내, 학교와 가정의 협력 사항 및 학부모회 운영 방향 소개, 녹색어머니회나 학부모폴리스 등 학부모 활동 설명 등을 다룹니다.

학급 단위 학부모 총회는 각 학급 교실에서 개최되며, 담임 교사의 교육 철학 및 학급 운영 방침을 안내하고, 생활 지도·가정과의 협조 사항·소통 방법을 공유하며, 수업 운영 방식 및 알림장, 독서 지도 등 실질 정보를 전달한 다음, 마지막으로 학부모의 질의에 응답하며 자유롭게 의견을 나눕니다.

학부모 총회에서 다루는 안건 중 가장 중요한 것은 학교 단위 대표 선출입니다. 요즘은 보통 학교 소통 앱(아이엠스쿨, e알리미, 학교종이, 하이클래스 등)을 통해 미리 후보 신청을 받고, 당일에는 간단한 소개와 인사를 나누는 방식으로 진행되지요. 이때 학급 대표 학부모, 전교 학부모회 임원(회장, 부회장 등), 학교운영위원회 학부모위원, 녹색어머니회·학부모폴리스 대표 등을 선출합니다.

😊 새내기 학부모를 위한 팁

바쁘고 낯설다는 이유로 참석을 망설이기보다는 가능하다면 학부모 총회에 꼭 참석해보기를 권합니다. 학부모 총회는 아이의 담임 선생님이 어떤 마음으로 한 해를 준비했는지 듣고, 학교생활을 함께 응원할 첫 연결 고리를 만드는 시간입니다. 부모님이 학교에 관심을 보이고 적극 참여하는 모습은 아이에게 "우리 엄마(아빠)가 내 학교생활에 함께하고 있어"라는 메시지로 전달됩니다. 이러한 정서적 지지가 아이의 안정적인 적응에 큰 힘이 됩니다.

공개 수업 : 아이의 학교생활을 대면하는 시간

공개 수업은 보통 3월 중순 학부모 총회 날에 함께 열리거나 5~6월경 따로 실시합니다. 국어, 수학, 통합 교과, 창의적 체험 활동 중 1시간의 수업을 부모가 참관하며, 이는 아이의 학교생활을 가까이에서 살펴보는 소중한 기회입니다. 공개 수업은 많은 부모들이 참석하기 때문에 별도의 의자를 놓지 않고 교실 뒤편이나 복도 공간에 자연스럽게 서서 참관하는 형태로 이뤄집니다.

아이들은 부모님이 교실에 있는 것만으로도 긴장하거나 들뜬 반응을 보입니다. 손을 번쩍 들고 적극적으로 발표하는 아이도 있지만, 조용히 앉아 교과서 귀퉁이를 만지작거리거나 위축되는 아이도 있지요. 교사는 수업의 흐름과 아이들의 반응을 세심하게 준비하고 예측하여 분위기를 안정적으로 이끌기 위해 노력합니다.

공개 수업은 부모가 아이의 태도, 친구들과의 상호 작용, 교사의 수업 스타일을 직접 확인할 수 있는 시간입니다. 하지만 이 시간을 통해 '우리 아이는 이렇구나' 하고 판단하거나 결론을 내리기보다는 아이를 있는 그대로 바라보고 응원하는 것이 더 중요합니다.

'왜 발표 안 했지?', '왜 저렇게 앉아 있지?', '어쩐지 우리 애만 집중을 못 하는 것 같아.'

혹시 공개 수업 중 아이에게서 문제가 보였다면 담임 교사와 상황을 나누고 방향을 잡아가면 그만입니다. 즉각적인 변화가 어렵다면 학교와 가정이 함께 긴 호흡으로 지켜보며 다듬어가면 되지요. 역시 가능한 한 공개 수업에 참석해주세요. 부모님이 학교에 오는 1시간이 아이에게는 '누군가가 나를 지켜봐주고 응원해주는 시간'으로 기억됩니다. 부모님이 참석하지 못한 날, 아이가 시무룩하거나 눈물을 보이는 이유는 단순히 아쉬움 때문만은 아닙니다. 아이에게는 "오늘 너를 보러 와서 참 좋았어"라는 부모님의 말 한마디가 자신감의 씨앗이 되어주기 때문입니다.

> **공개 수업에 임하는 부모의 자세**
>
> - 비교하지 말고 관찰에 집중하세요
>   "오늘 교실에서 너를 보니 정말 열심히 집중하더라."
>
> - 단정하지 말고 흐름을 지켜보세요
>   "친구들과 함께 활동하는 모습만으로도 엄마(아빠)는 정말 좋았어."
>
> - 결과보다 과정을 믿어주세요
>   "짝꿍이랑 잘 앉아 있었던 모습이 인상 깊었어."

체험 학습 : 아이가 새로운 세계를 만나는 시간

1학년 아이들에게 체험 학습은 또 하나의 큰 이벤트입니다. 보통은 학교에서 가까운 동물원, 숲 체험장, 생태 공원, 전통 문화관, 농장, 직업 체험관 등을 방문해 이뤄지지요. 체험 학습 날에 버스를 타고 단체로 이동해 친구와 도시락을 나눠 먹는 경험은 아이들에게는 설레는 첫 모험입니다. 요즘은 교육청이나 학교의 방침, 안전 문제 등으로 교외 체험 학습이 줄어들고, 학교 안에서의 주제 중심 체험 활동(생태 교실, 전통문화 체험, 직업 체험 부스 운영 등)으로 대체되는 경우가 많은데, 여기서는 교외 체험 학습을 중심으로 설명합니다.

체험 학습은 교과와 연계된 또 다른 수업의 장입니다. 2022 개정 교육 과정에 따른 1학년 1학기 통합 교과는 학교, 사람들, 우리나라, 탐구로 구성되며, 체험 학습에서는 이러한 주제들을 다음과 같이 유기적으로 연결합니다.

- **학교**: 학교의 규칙, 안전, 함께 지키기 → 학교 밖에서도 지켜야 할 규칙 실천
- **사람들**: 다양한 역할과 직업, 도움 주고받기 → 직업 체험 활동 연계
- **우리나라**: 문화, 전통, 자연환경 → 박물관, 유적지, 민속촌 견학
- **탐험**: 궁금증 해결, 관찰, 질문하기 → 생태 공원, 숲 체험 등 탐구 활동 연계

체험 학습 날, 아이들은 처음으로 친구들과 함께 멀리 간다는 마음에 설렘 가득한 하루를 시작합니다. 체험 학습 장소에서는 관찰 과제를 수행하며 평소보다 적극적인 모습을 보이기도 하고요.

교사는 사전 물품 준비와 동선 계획, 안전 교육, 관찰 활동을 세심하게 설계해 아이들이 '놀면서 배우는 하루'를 경험하도록 안내합니다. 현장에서는 이동 동선, 안전 관리, 화장실 인솔 등 작고 반복되는 일까지 긴장을 늦추지 않지요.

부모가 도시락을 준비하고 간단한 격려 한마디를 건네는 것만으로도 아이에게는 큰 힘이 됩니다. 손편지, 스티커, 응원 메시지는 아이가 체험 학습에서 '나를 응원해주는 가족이 있다'라는 안정감을 느끼게 해주지요. 또 복장, 활동 안내 등 학교 공지를 미리 확인하는 것도 부모의 중요한 역할입니다.

운동회와 교육 과정 발표회 : 학교 전체가 움직이는 날

학교에서 열리는 가장 큰 행사로, 운동회는 주로 봄 또는 가을, 교육 과정 발표회는 겨울 무렵에 열립니다. 전 학년이 참여하기 때문에 학교 전체가 들썩이는 특별한 날이지요. 예전에는 매년 두 행사를 모두 진행하는 경우가 많았지만, 최근에는 교육 과정 운영의 효율성과 수업 집중도를 고려해 격년제로 조정하는 학교가 늘고 있습니다. 운동회나 교육 과정 발표회는 준비 기간에 연습이 필요한 만큼 교과 수업이 일정 부분 조정되거나 학사 일정이 분주해지는 경우가 많기 때문이지요. 학교마다 여건은 다르지만, 수업의 연속성과 아이들의 학습 부담을 고려해서 한 해에 하나의 행사를 중심으로 운영하는 방향이 더 적절하다고 판단한 것입니다. 그러면 학교에서도 조금 더 교육 과정과 연관성이 있고 아이들의 성장을 담아낸 행사로 만들 가능성이 커집니다.

저는 시골의 소규모 학교에서 10여 년, 이후 도시의 대규모 학교에서 지금까지 교사 생활을 이어오고 있습니다. 시골 학교의 운동회는 여전히 가족 초청 중심의 축제 형태로 운영되며, 할머니, 할아버지, 형제자매까지 운동장을 함께 누비는 모습이 일상이었지요. 아이들은 응원하러 온 가족 앞에서 더 힘차게 달리고, 교사는 학부모 줄다리기, 가족 릴레이 달리기 진행까지 맡았습니다. 반면에 도시 학교의 운동회는 학급 수가 많은 데다 아파트 단지로 둘러싸여 공간의 제약까지 있어 각종 소음과 먼지 등 민원이 자주 발생합니다. 그래서 학년별 또는 학년군별(1~2학년, 3~4학년, 5~6학년 등)로 날짜를 달리하거나, 관람 대상을 제한한 상태에서 개최하는 경우가 대부분이지요. 일부 학교는 행사 전문 업

체의 도움을 받아 프로그램을 운영하기도 하고, 체험 중심의 체육 놀이마당 형태로 바꾸기도 합니다.

교육 과정 발표회는 과거 학예회라고 불렸던 시절의 무대 장기자랑 공연보다는 교과 활동과 프로젝트 학습을 정리하여 공유하는 형식으로 변화하고 있으며, 영상 제작, 소그룹 발표, 작품 전시 등 다양한 방식으로 운영되고 있습니다. 학교마다 학부모님을 초대하거나 영상을 촬영하여 공유하기도 합니다.

학부모 상담 : 교사, 부모, 아이라는 서로 다른 세계가 만나는 순간

학부모 상담은 교사, 부모, 아이라는 서로 다른 세계가 만나 서로의 관찰을 이어 붙이는 순간입니다. 아이에 대해 가장 잘 아는 사람은 단연 부모입니다. 하지만 아이가 학교에서 어떻게 생활하고, 또래와 어떤 관계를 맺는지는 교사의 눈이 더 잘 포착하지요. 그렇기에 상담은 단순한 정보 교환이 아니라 진정한 연결을 위한 진심의 대화가 되어야 합니다.

대부분의 학교는 1학기 중 4월경, 담임 교사가 아이를 한 달가량 관찰한 뒤 학부모 상담 기간을 운영합니다. 2학기에는 별도의 상담 기간 없이 수시 상담 형식(요청 시 진행)으로 운영되기도 하지요. 상담은 대면, 전화, 온라인 등 학부모의 상황에 따라 유연하게 조정할 수 있으며, 상담 요청은 필수가 아닌 선택입니다. 하지만 가능한 한 요청해보세요. 교사와 부모가 같은 아이를 두고 대화해본다는 것만으로도 그해 학교생활의 깊이가 달라지기 때문입니다.

상담 전에 교사는 아이의 수업 태도, 또래 관계, 생활 습관 등을 간단히 정리합니다. 학교에서 보였던 인상 깊었던 모습이나 걱정되는 부분을 기록해두고, '부모와 함께 협력하여 아이의 성장을 돕는다'라는 관점으로 대화를 이끌어갑니다. 모든 교사가 아이의 문제를 지적하려고 상담을 하는 것은 아닙니다. 상담은 아이의 행동을 바라보는 서로 다른 시선과 대화를 나누는 창구일 뿐입니다. 그러므로 부모는 "아이가 집에서는 감정 표현이 큰 편이에요", "요즘 잠이 줄었는데 학교생활에 지장이 있나요?"처럼 가정에서의 모습, 아이에 대한 궁금증, 자신의 고민을 교사와 솔직하게 나누는 것이 가장 의미 있는 시작입니다. 부모가 마음을 열고 이야기할수록 교사도 아이를 더 잘 이해하고 배려하게 되지요.

학부모 상담을 마쳤다면 부모는 아이를 더 신중하게 대해야 합니다. 간혹 상담 직후에 "선생님이 너 수업 시간에 딴짓한다고 하셨어", "내가 이런 말 들으려고 너 학교 보냈니?"라며 아이에게 바로 훈계를 하기도 하는데 이는 잘못된 일입니다. 학부모 상담은 아이를 바로잡기 위한 회초리가 아니라 아이를 이해하기 위한 창문이거든요. 부모가 교사의 말을 아이에 대한 문제 지적으로만 받아들이면, 아이는 '엄마(아빠)가 선생님 만나고 오는 날은 내가 혼나는 날이야'라고 기억할 수 있습니다. 그 대신 아이에게 다음과 같은 말을 건네보세요. 말 한마디가 아이에게는 '나는 신뢰받고 응원받는 존재'라는 든든함이 됩니다. 상담의 진짜 힘은 아이에게 남는 따뜻한 인상과 안정감에 있지요.

"오늘 선생님이 너에 대해 좋은 이야기를 많이 해주셨어."
"엄마(아빠)는 너를 더 잘 이해하게 돼서 참 기쁘다."

초등 1학년의 학부모 상담은 단지 생활 기록부 작성을 위한 절차가 아닙니다. 아이가 말하지 못한 마음을 부모와 교사가 나누며 서로의 이해를 넓혀가는 전환점이자 가정과 학교를 연결하는 다리입니다.

학교 행사 전후로 생각해야 할 것들

아이의 심리 변화

학교 행사는 아이에게 즐거운 기대가 되기도 하지만, 때로는 부담과 긴장의 원인이 되기도 합니다. 같은 상황이라도 아이마다 느끼는 감정의 크기와 방향이 다르다는 것이지요. 행사 전날, 활동적인 아이는 "나 1등 할 거야!" 하며 들뜨지만, 예민하고 내성적인 아이는 "망치면 어쩌지?"라며 불안을 보입니다. 이럴 때는 "처음이라 떨릴 수 있어. 엄마(아빠)도 그랬어"처럼 불안을 수용하는 말이 긴장을 낮추는 데 도움이 되지요.

행사 당일에도 아이의 감정 기복은 계속됩니다. 무대에 서기 전 긴장으로 속이 울렁거리거나 친구의 말 한마디에 기운이 꺾이기도 하지요. 이때 부모가 실천해야 할 것은 실수보다는 시도한 용기에 의미를 두고 응원하는 태도입니다. "무대에 선 것만으로도 자랑스러워", "물론 높은 등수였으면 좋았겠지만, 엄마(아빠)는 열심히 뛰는 네 모습이 더 멋졌어", "많이 속상했어? 그런데 엄마(아빠)는 그 순간을 넘긴 네가 정말 자랑스러웠어"처럼 말이지요.

행사 후 아이의 반응도 제각각입니다. 들뜬 아이는 감정을 정리할 시간이 필요하고, 무덤덤한 아이는 구체적인 칭찬으로 감정을 이끌어 줘야 하며, 실수한 아이는 감정에 공감하고 회복을 도와야 합니다. 결국, 아이는 그날의 결과보다 부모님의 반응을 오래 기억한다는 사실을 잊지 마세요.

부모의 학교 행사 참여 정도

초등 1학년에 아이를 입학시킨 부모님들이 이런 말을 자주 합니다.

"유치원 때는 행사마다 부모님을 초대했는데, 초등학교는 왠지 너무 조용하네요."

어린이집이나 유치원에서는 소풍(체험 학습), 발표회, 나눔장터, 수료식 등 부모가 함께하는 일정이 많았지만, 초등학교에서부터는 부모의 참여 기회가 눈에 띄게 줄어듭니다. 학교마다 다르지만, 대부분은 공개 수업이나 교육 과정 발표회, 학부모 상담, 체험 학습 도시락 준비 정도의 참여가 전부지요. 어쩌면 '교실 문턱이 높다'라고 느껴질 수도 있습니다. 하지만 교사는 부모가 학교에 오지 않는다고 부모의 역할을 기대하지 않는 것은 아닙니다.

1학년 담임 교사는 학교에 자주 오지 않더라도 작고 지속적인 관심을 보인 부모님을 더 오래 기억합니다. 알림장에 "감사합니다"를 남기는 부모님, 상담 후에 "가정에서 함께 돕겠습니다"라고 믿음을 전하는 부모님처럼 관심과 존중의 태도로 조용히 협력해주는 분을 말이지요.

아이 역시 학교 행사를 기점으로 부모님의 존재를 교실 안팎에서 자연스럽게 느낍니다. 도시락을 함께 준비하거나 발표 후 눈을 마주친 순간처럼 작은 연결이 아이의 자존감을 키우지요. 학교 행사는 아이의 세계에 부모가 함께 있다는 것을 보여줄 기회입니다. 행사에 참석하지 못해도 아이의 말에 귀 기울이고, 선생님에게 안부를 전하고, 아이의 하루를 관심 있게 바라보는 것만으로도 충분합니다. 부모의 존재감은 교실 밖에서도 아이에게 따뜻하게 전달되기 때문입니다.

06
방과후 활동의 모든 것

"아이에게 가장 좋은 교육은 아이의 하루를 존중하는 것입니다."

방과후 시간은 점점 단순한 돌봄을 넘어, 아이의 정서, 생활, 흥미를 아우르는 배움의 시간이 되고 있습니다. 2024년부터 전면 확대된 '늘봄학교'와 더불어, 다양한 마을 연계 프로그램과 재능 발굴형 교육 활동까지 선택지가 많아진 지금, 중요한 건 '우리 아이에게 맞는 하루'를 설계하는 부모의 시선입니다. 어떤 프로그램에 참여하느냐보다는 누구와 어떤 시간을 보내고 어떤 감정으로 하루를 마무리하는지에 주목해주세요.

⭐ 늘봄학교 : 초1·2 맞춤형, 선택형 돌봄, 선택형 교육

"돌봄 신청했는데, 선택형이 뭔가요?", "초1·2 맞춤형은 그냥 신청하면 되는 건가요?"… 초등 입학을 앞두고 학부모들의 단톡방에 자주 등장하는 질문입니다. 예전에는 학교 방과후 프로그램을 방과후학교 또는 돌봄교실로 단순하게 나눴다면, 2024년부터는 전면 확대된 늘봄학교 체제로 바뀌면서 방과후 활동이 보다 세분되고 선택 가능한 범위도 넓어졌습니다. 부모는 '무조건 많이 시키는 게 좋은가?'라고 고민하지만, 가장 고려해야 할 건 아이의 생활과 정서 리듬에 맞는 방과후 시간 설계입니다.

늘봄학교의 3가지 유형

😊 초1·2 맞춤형(기존 '초1맞춤형')

초등 1~2학년 전 학부모가 조건 없이 신청 가능한 기본 돌봄 서비스입니다. 학교 수업 후 2시간 내외로 운영되며, 놀이와 정서 중심의 안정적인 활동이 이뤄집니다. 늘봄학교의 전체적인 운영 및 관리는 초등교사 중에서 지원자가 맡고, 별도의 공간에서 아이들과 직접 만나 활동하는 일은 프로그램 강사가 맡습니다. 교실이나 별도 돌봄 공간 등 학교 여건에 따라 운영 형태가 달라질 수 있습니다.

→ 누구나 신청 가능 / 초등 1~2학년 전용 / 수업 후 휴식과 놀이 중심

😊 선택형 돌봄(기존 '돌봄교실')

맞벌이, 다자녀, 조손 가정 등 돌봄의 필요성이 입증된 경우에 신청 가능한 돌봄 연장 프로그램입니다. 보통 오후 5시나 7시까지 운영되며, 간식, 숙제 지도, 휴식, 놀이 활동이 함께 이뤄지지요. 최근에는 놀이 기반이나 주제 중심 프로그램을 접목하는 등 내용상으로 조금 더 다양한 방향으로 변화 중입니다.

→ 조건 충족 시 신청 가능 / 장시간 돌봄 필요 가정에 적합

😊 선택형 교육(기존 '방과후학교')

특기·적성 중심 수업 프로그램으로, 코딩, 독서 논술, 미술, 체육, 음악 등 강사 주도 수업이며, 희망자만 신청하는 유료 수업인 경우도 많습니다. 보통 수업이 끝난 직후 또는 오후 중 운영되며, 주 1~2회 단위로 구성됩니다.

→ 흥미나 재능 발굴 목적 / 다양한 과목 선택 가능 / 시간표 확인 필수

예비 학부모가 꼭 알아야 할 것

늘봄학교 신청은 학기와 학교마다 제출 시기와 방식이 다르기에 신입생 오리엔테이션과 가정 통신문을 꼼꼼히 살펴봐야 합니다. 중복 신청 가능 여부를 꼭 확인해야 하지요. 예를 들어 '초1·2 맞춤형 + 선택형 교육'은 가능하지만, '선택형 돌봄 + 선택형 교육'은 시간이 겹치면 조정이 필요합니다.

또 아이의 에너지 수준과 정서 상태에 따라 맞춤형 시간을 설계해 줘야 합니다. 아이마다 입학 이후의 회복탄력성, 놀이 욕구, 혼자만의 시간이 필요한 정도가 천차만별이기에 단순히 학교 끝나고 보내는 시간을 채운다기보다는 어떻게 쉬고, 누구와 놀며, 얼마나 회복하느냐를 함께 고민해봐야 합니다.

- 지훈이는 맞벌이 가정이라 선택형 돌봄을 신청해 오후 6시까지 학교에서 생활해요. 간식과 자유 놀이를 통해 정서적으로 안정감을 찾고 있지요.
- 소율이는 엄마가 재택 근무를 하기 때문에 초1·2 맞춤형만 신청했어요. 학교 수업 후 2시간 동안 친구들과 즐겁게 시간을 보낸 다음에 집에서 편하게 쉬고 있지요.
- 예준이는 미술에 관심이 많아 선택형 교육(미술·창의놀이)을 주 2회 신청해서 하고 있어요. 나머지 3일은 집에서 여유롭게 책을 읽거나 형과 함께 놀지요.

결국, 아이의 기질과 가족의 상황을 함께 고려해 아이에게 가장 잘 맞는 방과후 시간을 설계해주는 것이 핵심입니다.

★ 지역별·학교별 마을 연계 프로그램

학교 수업이 끝나고도 아이의 하루는 계속됩니다. 집으로 돌아가는 대신에 도서관에서 책을 읽거나, 행정 복지 센터에서 공예 프로그램에 참여하거나, 마을 강사 선생님과 함께 텃밭 체험을 하기도 하지요. 이처럼 학교 울타리를 넘어 지역 자원을 활용하는 '마을 연계 프로그램'은 이제 방과후 교육의 새로운 축이 되고 있습니다. 마을 연계 프로그램의 특징은 다음과 같습니다.

- 지역 주민, 기관, 지자체가 연계된 교육 프로그램
- 방과후, 주말, 방학 등을 활용해서 운영됨
- 생활 속 경험, 정서 발달, 사회성 향상에 효과적
- 학교와 분리된 공간에서 진행되기도 함 → 도서관, 마을 회관, 마을 학교 등

    마을 연계 프로그램은 대부분 사전 신청 또는 공개 모집 형식으로 운영되며, 학교나 교육 지원청 홈페이지를 통해 정보를 공유합니다. 또는 자치구나 행정 복지 센터의 교육 복지 담당자가 직접 연결해주는 경우도 있고요. 신청은 선착순이거나 소규모 정원 중심이라 조기에 마감될 가능성이 큽니다.
    마을 연계 프로그램은 가정과 학교 사이의 중간지대 역할로, 아이는 이를 통해 다양한 어른들과 만나 여러 문화를 체험하며 사회성을 넓힐 수 있습니다. 또 경험 기반의 실생활 학습은 아이의 흥미와 자율성을 키우며, 때로는 정서 지원 및 심리 회복이 필요한 아이에게 좋은 회복 플랫폼이 되어주지요.
    아이를 마을 연계 프로그램에 참여시키고 싶은 부모라면 다음의 체크 리스트를 참고합니다.

- ☑ 아이의 관심사는 무엇인가요? (자연, 책, 친구 관계, 만들기 등)
- ☑ 참여 시간이 학습이나 돌봄 일과와 무리 없이 이어질 수 있나요?
- ☑ 운영 기관의 안전, 강사 자격, 프로그램 구성은 믿을 만한가요?
- ☑ 부모가 동행해야 하나요, 아니면 아이 혼자 참여가 가능한가요?

> **지역별 마을 연계 프로그램 대표 사례**
> - 경기도: 공유학교, 지역아동돌봄센터
> - 서울: 미래교육지구, 온동네키움센터
> - 부산: 마을방과후학교, 지역사회학교
> - 기타 지역: 전남 '전남마을학교', 충북 '온마을배움터', 제주 '마을교육활동가 프로그램' 등 각 시도 교육청은 특색 있는 마을 연계 프로그램을 구축 중이며, 교육 지원청 홈페이지나 학교 알림장을 통해 수시로 안내됨

마을이 곧 학교가 되는 시대, 학교 밖에서 자라는 아이의 경험도 부모가 함께 설계해줘야 할 배움의 장입니다. 아이의 하루가 학원과 집만 오가는 구조가 아닌, 학교 → 마을 → 가정으로 순환하는 입체적 구조가 될 수 있도록 부모의 눈으로 지역 교육 자원을 살펴보는 안목이 필요합니다.

⭐ 아이에게 맞는
⋈ 방과후 활동 설계하기

요즘 방과후 활동은 이름도 복잡하고 종류도 많습니다. 늘봄학교, 마을 연계 프로그램, 학원… 선택지는 풍부해졌지만, 그만큼 어떻게 해야 할지 어려움도 커졌습니다.

저는 4남매를 키우며 3번의 초등 입학을 겪었습니다. 맞벌이 부부라 아이의 초등 입학은 그 자체로도 쉽지 않았지만, 막상 등교 후엔 학교 수업이 있으니 괜찮았습니다. 그런데 진짜 걱정은 방과후였습니다. 아이마다 기질과 강점이 제각각이라 선호하는 활동이나 시간의 흐름을 받아들이는 방식이 전혀 달랐거든요. 어떤 아이는 조용한 독서 활동을 좋아했고, 어떤 아이는 신체 활동을 안 하면 하루가 엉망이 되었지요. 경험을 통해 깨달은 건, 입학 전부터 '우리 아이는 어떤 공간에서 에너지를 긍정적으로 발산하는가?', '어떤 활동에서 안정감과 성취감을 느끼는가?'를 관찰하고 고민해야 한다는 것이었습니다. 아이가 자신을 긍정적으로 경험할 수 있는 활동을 찾는 것이야말로 방과후를 살아 있는 성장의 시간으로 만드는 열쇠인 셈입니다.

아이 맞춤형 방과후 활동을 고르는 기준 3가지

😊 기준 ① 기질(TCI 기준)

자극 추구형(활달하고 에너지가 많은 아이)

신체 활동 중심 프로그램을 추천합니다.

(예: 축구, 배드민턴, 태권도, 댄스 교실, 실외 자연 탐험 등)

위험 회피형(조심성 많고 관찰을 잘하는 아이)

정적인 체험과 소규모 프로그램을 추천합니다.

(예: 보드게임, 독서, 오르골 만들기, 도예 체험, 정원 가꾸기 등)

인내력이 강한 아이(계획적으로 몰입하는 성향)

장기 프로젝트형 활동을 추천합니다.

(예: 로봇 코딩, 목공, 과학 실험, 창작 동화 만들기, 오케스트라 등)

사회적 친밀감이 높은 아이(친구와의 상호 작용을 좋아함)

협력 중심의 모둠 활동을 추천합니다.

(예: 연극, 미션형 마을 탐험, 캠프형 프로그램, 마을 기자단, 요리 수업 등)

😊 기준 ② 하루 리듬과 체력

초등 1학년은 하루 활동량이 많아서 방과후 활동을 많이 하기보다는 지속 가능하게 꾸준히 하는 것이 중요합니다. 처음에는 주 2회 이내의 프로그램부터 시작하는 것이 바람직하며, 하루에 하나의 활동만 하는 것도 에너지 조절에 도움이 됩니다. 하지만 맞벌이 가정처럼 현실적으로 주 5회 모두 참여해야 하는 상황이라면, 아이의 기질과 흥미에 따라 활동의 강도와 성격을 조절해줘야 합니다. 이를테면 주 2~3회는 아이가 재미를 느끼며 긴장을 풀 수 있는 신체 활동, 예술 활동, 놀이 중심 프로그램으로 구성하고, 나머지는 상대적으로 정적인 활동으로 균형을 맞추는 것이지요. 돌봄이 곧 학습이 되어야 한다는 부담을 덜고, 아이가 방과후 시간에도 자기만의 리듬을 유지할 수 있도록 도와주는 것이 핵심입니다.

기준 ③ 생활·정서·학습의 균형

아이의 하루가 놀고, 느끼고, 배우는 시간으로 고루 채워질 때 비로소 균형 있는 성장을 도모할 수 있습니다. 방과후 활동을 고를 때도 한쪽으로 치우치지 않고 다음의 3가지 영역이 고르게 포함되었는지 살펴보세요.

생활의 힘을 키우는 활동

규칙과 자기 관리를 배우는 활동으로, 준비물 챙기기, 시간 약속 지키기 등 생활 습관을 기르는 데 효과적입니다.
(예: 텃밭 가꾸기, 요리 교실, 공동체 놀이, 반려동물 돌보기 등)

정서의 힘을 키우는 활동

감정 조절과 사회성을 기르는 활동으로, 또래와의 갈등 해결, 공감 능력 향상, 자신감 회복에 도움이 됩니다.

(예: 보드게임, 협력 미션 놀이, 마을 탐험, 연극 활동 등)

학습의 힘을 키우는 활동

몰입과 성취감을 경험하는 활동으로, 흥미 중심의 배움으로 자발적인 탐구와 자기 주도력을 향상시킵니다.

(예: 로봇 코딩, 창의 독서, 과학 실험, 목공 등)

일주일을 기준으로 활동을 구성한다고 생각하면 쉽습니다. 월요일과 수요일이 신체와 놀이 중심 활동(생활+정서)이라면, 화요일과 목요일은 창의적 탐구 활동(학습), 그리고 금요일은 휴식 또는 자율 활동(자기조절)으로 구성하는 것이지요. 하루의 만족감이 서서히 쌓이면, 아이는 방과후 시간을 즐겁고 의미 있는 배움의 장으로 인식합니다.

😊 실전! 아이 맞춤형 방과후 활동 설계하기

은유(8세, 활발하고 창의적인 아이)

선택형 교육 중 '축구'와 '생명 과학'을 주 1회씩 수강하고, 수업 후에는 마을 도서관에서 책을 읽으며, 주말에는 공유 학교(마을 연계 프로그램)의 연극 활동에 참여합니다. → 에너지 발산, 창의성 자극, 또래 관계 확장

은유 같은 아이는 다양한 경험을 통해 감각과 사고를 확장하며 배우는 경향이 있습니다. 부모는 아이의 관심 분야를 민감하게 포착하여

자율성과 책임감을 기를 수 있는 활동으로 연결해줘야 하지요. 아이가 주도적으로 몰입할 기회를 꾸준히 제공하는 것이 성장의 열쇠입니다.

시우(9세, 민감하고 불안감이 많은 아이)

초1·2 맞춤형만 이용하고, 이후에는 가족과 산책하거나 그림을 그리며, 주 1회 지역 아동 센터 미술 수업에 참여합니다. → 과도한 외부 활동 없이도 안정감 속에 몰입력 발달

민감하고 불안감이 높더라도 늘 혼자 또는 가족과 시간을 보내도록 하기보다는 아이가 감당할 수 있는 범위 안에서 또래와 협업하거나 어울리는 경험도 점진적으로 시도하면 좋습니다. 아이의 현재 상태를 세심하게 관찰하고, 적절한 타이밍에 새로운 활동으로 연결하는 것이 중요하지요. 불안한 아이일수록 작은 성공 경험은 큰 자산이 되며, 이러한 경험이 아이의 자존감과 사회성을 자연스럽게 성장시켜줍니다.

하린(8세, 감정이 풍부하고 언어에 강점이 있는 아이)

선택형 교육 중 '동화 구연'과 마을 연계 프로그램 중 '북 큐레이터 활동'에 참여합니다. → 정서 표현력과 사회성 함께 발달

하린이처럼 언어적 감수성이 풍부한 아이는 자기만의 이야기를 만들고 표현하는 기회를 통해 자존감을 키워갑니다. 다른 사람과의 공감대 형성도 뛰어나므로 공공의 자리에서 발표하거나 협업하는 활동이 언어와 감정 조절 능력을 함께 키워주지요. 부모는 아이의 이야기와 감정을 진지하게 들어줌으로써 자기표현의 힘을 지속적으로 북돋워줄 수 있습니다.

서준(8세, 주도적이고 승부욕이 강한 아이)

선택형 교육 중 '창의 체육'과 '보드게임'에 참여합니다. 창의 체육 수업에서는 리더 역할을 맡거나 경기에 몰입하여 에너지를 분출하고, 보드게임 수업에서는 규칙을 익히고 승패를 수용하는 연습을 병행합니다. → 주도성과 승부욕을 긍정적 에너지로 전환하며 감정 조절력도 함께 발달

서준이처럼 리더십이 강하고 이기고 싶은 욕구가 강한 아이에게는 자기감정과 행동을 조절하는 연습이 꼭 필요합니다. 단순히 "화내면 안 돼"라고 통제하기보다는 이기는 상황뿐만 아니라 지고 있는 상황에서도 자신을 돌아보는 기회를 자주 마련해주는 것이 중요하지요. 부모는 아이의 주도성과 책임감을 긍정적으로 인정해주되, 감정을 다루는 언어 표현과 갈등 상황을 다루는 전략을 함께 연습하도록 돕는 조력자 역할을 해야 합니다.

모든 활동을 다 해볼 수는 없습니다. 한두 가지로 시작해서, 아이가 스스로 선택하거나 거부해보는 경험도 중요하지요. 쉬는 시간도 성장의 일부임을 잊지 않았으면 합니다. 과도한 방과후 활동은 아이에게 부담과 지침으로 다가올 수 있기 때문입니다. 무엇을 하느냐보다 어떻게 즐기느냐가 중요한 초등 1학년입니다. 아이의 주도성과 몰입이 있는 활동이 결국 더 오래갑니다.

유·초이음교육 혁명

초판 1쇄 발행 2025년 9월 10일

지은이	허승희
펴낸이	권미경
기획편집	최유진
마케팅	심지훈, 강소연, 김재이
디자인	스튜디오 글리

펴낸곳	㈜웨일북
출판등록	2015년 10월 12일 제2015-000316호
주소	서울시 마포구 토정로 47 서일빌딩 701호
전화	02-322-7187
팩스	02-337-8187
메일	sea@whalebook.co.kr
인스타그램	instagram.com/whalebooks

ⓒ허승희, 2025
ISBN 979-11-94627-14-2 (03590)

소중한 원고를 보내주세요.
좋은 저자에게서 좋은 책이 나온다는 믿음으로, 항상 진심을 다해 구하겠습니다.